LA SAGA MICHELIN

Du même auteur

Le Dragon et la Souris
(avec Lawrence McDonald)
Christian Bourgois éditeur, « Bibliothèque asiatique », 1987

Tibet mort ou vif
Gallimard, « Au vif du sujet », 1990, 1991 et « Folio Actuel », 1993

Le Japon achète le monde
Seuil, « L'Histoire immédiate », 1991

Cabu au Japon
(avec Cabu)
Seuil, « L'Histoire immédiate », 1993

Le Choc Europe-Asie
Seuil, « L'Histoire immédiate », 1998

Cabu en Chine
(avec Cabu)
Seuil, « L'Histoire immédiate », 2000

Le Japon : la fin d'une économie
(avec Anne Garrigue)
Gallimard/Le Monde, « Folio Actuel », 2000

Pontgibaud et son canton
Alan Sutton, « Mémoire en images », 2002

Cabu en Inde
(avec Cabu)
Seuil, « L'Histoire immédiate », 2002

Volcans d'Auvergne : les montagnes et les hommes
Alan Sutton, « Mémoire en images », 2003

Les Châteaux d'Auvergne
Alan Sutton, « Mémoire en images », 2004

Villes d'eaux en Auvergne
Alan Sutton, « Mémoire en images », 2006

PIERRE-ANTOINE DONNET

LA SAGA MICHELIN

ÉDITIONS DU SEUIL
27, rue Jacob, Paris VIe

Crédits photographiques

© AFP : 12, 27, 28, 29 et le document de couverture.
DR. Collection Albert Couturier et Collection Louis Saugues pour tous les autres documents.

ISBN 978-2-02-091036-1

www.seuil.com

Remerciements

Ce livre n'aurait jamais vu le jour sans l'aide déterminante de quelques personnes, dont en particulier Albert Couturier, ancien « Bib », qui m'a généreusement ouvert son impressionnante documentation et m'a épaulé tout au long de ce projet. Des encouragements avisés m'ont été donnés par d'autres anciens de la maison. Parmi eux Louis Saugues qui, une fois de plus fidèle en amitié, m'a prêté ses documents photographiques et m'a aidé en relisant le texte qui suit. Je remercie aussi mon père, Jean-Baptiste, pour qui Michelin est une entreprise qu'il connaît bien et dont les conseils m'ont été précieux. Ma gratitude va également à ceux parmi les anciens de Michelin et ceux qui y sont toujours qui ont accepté de parler de leur expérience. Parmi eux, René Zingraff, ancien cogérant, Jean Massoubre, ancien conseiller de François Michelin, Pierre Dupasquier, ancien directeur des courses, Michel Rondreux, ancien responsable de la recherche et du développement, Jacques Champay, ancien chef de la production, Jean-Claude Pœuf, ancien responsable CFDT de Michelin. Jacques Jordan, directeur de la communication, et François Grambert, responsable du patrimoine, m'ont aussi apporté leur aide. Je remercie Jocelyne Lemaire-Darnaud qui m'a autorisé à citer certains des témoignages contenus dans son documentaire vidéo *Paroles de Bibs*, Jean-Claude Delaygues, ancien grand reporter au journal *La Montagne* devenu un ami cher, et Manuel Armand, journaliste à *La Montagne*. Enfin, il me faut ici exprimer un très grand merci à ma femme Monika et à mes enfants Jean-Julien, Pierre-Arnaud et Anne-Sophie pour leur patience et ces heures passées sur ce livre qui leur ont été en quelque sorte subtilisées.

Introduction

Il est de ces rencontres que l'on n'oublie pas. Tout juste un mois avant sa mort tragique, j'avais brièvement vu Édouard Michelin, accompagné de sa femme, venus tous les deux dans le village de Pontgibaud, proche de Clermont-Ferrand, pour y visiter des galeries des anciennes mines argentifères de cette localité qui furent exploitées jusqu'à la fin du XXe siècle. Celui qui était alors le plus jeune patron du CAC 40, dirigeant d'un géant de cent trente mille salariés dans le monde, m'impressionna par la douceur de son sourire, mais aussi et surtout par sa jeunesse. Édouard Michelin avait quarante-deux ans, exactement dix ans de moins que moi. En le voyant, détendu et avenant, au côté de son épouse, jeune et élégante, mère de six enfants, je m'étais dit qu'il est vraiment des destinées hors du commun comme celle de cet homme paraissant en pleine santé, avec son visage encore juvénile et déjà à la tête depuis six ans du plus grand groupe de pneumatiques du monde !

Lorsqu'il avait succédé à François Michelin aux commandes de la maison en 1999, il était clair pour tout le personnel que le nouveau et fringant patron était là pour durer, peut-être autant que son père qui y était resté quarante-deux ans. Le sort en a décidé autrement. Le vendredi 26 mai 2006, Édouard devait périr noyé, au large de l'île de Sein, dans le naufrage d'un petit bateau de pêche sur lequel il était parti pêcher le bar avec un professionnel de la mer expérimenté. Les circonstances exactes du drame n'ont jamais été complètement élucidées, mais une chose est sûre : la vie ne sera jamais plus tout à fait comme avant chez Michelin dont l'histoire, depuis sa création en 1832, semble devoir être jalonnée de tragédies, puisque le grand-père, l'oncle d'Édouard et d'autres membres de la famille ont eux aussi péri jeunes et de façon brutale.

Cette rencontre en avril, puis la mort inattendue d'Édouard Michelin m'ont donné l'idée d'écrire la saga de cette famille qui a présidé à une épopée industrielle proprement extraordinaire, qui a valu à l'entreprise Michelin la réputation de fleuron et de modèle emblématique pour l'industrie française.

Nous verrons que la réussite de Michelin ne s'est pas faite en un jour et, surtout, qu'elle n'est pas le fruit du hasard, mais le résultat d'une alchimie assez rare dans le monde de l'industrie : la combinaison réussie et hautement stimulante entre le génie créatif, une bonne gouvernance, un sens aigu des affaires, la priorité à la recherche et au développement et aussi l'audace, beaucoup d'audace, qualités fondamentales de ses fondateurs, les deux frères André et Édouard Michelin, qui ont été transmises à leurs descendants sur quatre générations.

En effet, sa force qui perdure depuis plus d'un siècle dans un monde où la concurrence est plus rude que jamais, la firme du Bibendum la doit avant tout à des hommes, à commencer par ses dirigeants, et en particulier à ses deux fondateurs. Rien ne les destinait à devenir des industriels, or ils se révélèrent être des inventeurs géniaux. Précurseurs dans le paysage industriel français à plus d'un titre, ils imprimèrent très tôt dans l'entreprise, pour la rendre plus performante, des règles de vie acceptées par le plus grand nombre ainsi qu'un certain style de « paternalisme industriel » que l'entreprise a conservé pour une bonne part jusqu'à une période récente.

Comment deux frères, dont l'un, Édouard, est né à Clermont-Ferrand, ont-ils pu et su propulser sur l'avant-scène du pneumatique mondial une petite entreprise d'une ville provinciale dans une région parmi les plus pauvres et les plus enclavées de France ? Quels ont été les ressorts internes grâce auxquels la dynamique ne s'est que rarement essoufflée ? Quelle a été cette bonne fortune du petit-fils, François, patron responsable, opiniâtre, économe et discret, à mille lieues de ces grands capitaines d'industrie qui, aux

États-Unis mais aussi en France, s'enrichissent et scandalisent ? Quels ont été ces ingrédients qui, mis ensemble, ont fait vivre cette saga exemplaire ?

Nous verrons que le « nerf de la guerre » fut sans conteste l'innovation. Sans cette volonté d'inventer de nouveaux procédés et de nouveaux produits, nul doute que l'affaire aurait rapidement périclité. Nous tenterons de passer en revue les autres « recettes » économiques, sociales et technologiques mises en œuvre par ces hommes de la dynastie Michelin à la tête de la firme pendant plus de cent cinquante ans ; des méthodes grâce auxquelles celle-ci s'est progressivement hissée au premier rang mondial.

Priorité à la satisfaction du client, recherche continuelle de la qualité, gestion rigoureuse qui fait penser à l'austérité que l'on prête volontiers aux Auvergnats, un certain goût du secret mais aussi du risque calculé dans les choix de développement, un sens aiguisé des affaires et du lobbying, l'accent mis très tôt sur la mondialisation de l'entreprise, la simplicité dans les contacts entre les employés et les dirigeants, des aides sociales nombreuses aux salariés et à leur famille qui sont de ce fait plus fidèles à leur entreprise : voilà quelques-unes de ces orientations qui ont, tout compte fait, peu varié depuis les origines du groupe.

Tout n'a, bien entendu, pas toujours été rose dans les ateliers de Michelin. Il y a eu des années de vaches maigres, des vagues de licenciements massifs, surtout dans la première moitié du XXe siècle, des moments de doute sur l'avenir et de grande fragilité financière, des années de grogne sociale, des décisions erronées, des périodes même où la concurrence américaine avait largement pris le dessus en matière de nouveautés technologiques. Les règles de vie sociale et la culture d'entreprise qui régissent, chez Michelin, les relations entre patrons et ouvriers ont été contestées et, quelquefois, qualifiées de paternalisme archaïque. Elles peuvent, bien entendu, prêter à controverse. Non seulement nous ne nions pas ces aspects moins positifs, mais nous donnerons dans ce livre tout l'écho qu'ils méritent à ces revers d'une médaille que l'on peut être tenté de ne regarder que d'un côté.

L'objet de ce livre n'est pas de dresser un quelconque panégyrique d'un « système Michelin » et nous nous garderons bien de le poser en modèle universel qui serait applicable à toutes les usines de France. Nous maintiendrons un regard critique, équilibré et dépassionné sur la réalité du monde Michelin. Ce devoir de neutralité ne nous interdit pas, néanmoins, de mettre aussi en relief l'exemplarité d'une culture d'entreprise comme il en existe rarement dans le monde industriel français, où la priorité donnée au profit à tout prix fait trop souvent passer au second plan l'importance déterminante de l'être humain et des relations sociales dans l'entreprise.

Le résultat en est que Michelin a bénéficié et bénéficie toujours d'une excellente image auprès des Français. À telle enseigne qu'il décroche régulièrement encore la première place parmi les entreprises préférées dans l'opinion publique française, comme l'atteste un sondage de juillet 2006[1]. Ce baromètre faisait ressortir ce qui prend des allures de plébiscite, la maison de Bibendum obtenant 86 % d'opinions favorables, contre seulement 6 % d'opinions négatives.

Doit-on voir dans ces chiffres la juste récompense d'un patient travail de fond mené par des patrons éclairés ou, plus simplement, une réaction émotionnelle après la fin tragique d'Édouard Michelin ? À l'évidence, l'entreprise a souvent été en haut du tableau des entreprises chouchoutées dans le pays et cela n'avait pas changé, au contraire, avec l'arrivée d'Édouard au sommet de la hiérarchie du groupe.

Celui-ci, comme son père, avait rapidement séduit ses employés par sa simplicité et son style direct, tout en ayant très vite engagé un processus de modernisation sociale et de plus grande transparence dans la maison. C'était là une rupture bienvenue avec les méthodes plus traditionnelles et le goût du secret exacerbé de « Monsieur François ».

1. Sondage Ipsos-Posternak Margerit réalisé pour l'hebdomadaire *Le Point* les 30 juin et 1er juillet 2006 auprès d'un échantillon de 936 personnes âgées de dix-huit ans et plus.

Ce livre puise ses sources dans des documents officiels de Michelin, de même que dans des parutions anciennes ou plus récentes consacrées à la firme, mais également auprès d'anciens « Bibs », ouvriers caoutchoutiers ou ingénieurs, qui, n'étant plus partie prenante directe de la vie de l'entreprise, peuvent en parler plus librement.

Pour la première fois dans une entreprise traditionnellement très attachée au secret, une dizaine d'anciens hauts responsables et cadres se confient sur la manufacture, son développement, son identité, ses succès et ses échecs, son avenir. Des responsables syndicaux leur apportent la repartie et condamnent un paternalisme excessif.

Nous nous attacherons, dans les pages qui suivent, à nous plonger dans l'histoire de cette saga hors normes qui constitue la première partie de ce livre. Puis, dans sa deuxième partie, nous étudierons son parcours international, avant d'aborder, dans la troisième partie, les périls de la mondialisation pour la seule entreprise française de cette taille ayant encore son siège en province.

Ce livre n'a pas la prétention à l'exhaustivité. Il n'est pas non plus l'œuvre d'un expert que je ne suis pas, mais celle d'un journaliste qui, par avance, prie le lecteur de le pardonner pour les oublis ou les erreurs qui ont pu se glisser dans le texte.

Les lignes qui suivent sont, en fait, l'expression d'un coup de cœur. Mon objectif est de montrer jusqu'à quel point la volonté et la ténacité de quelques-uns peuvent déplacer des montagnes. Cela même en France, pays saisi par le doute sur son image et son identité, et par la défiance envers ses politiques et ses patrons.

PREMIÈRE PARTIE

LES DÉBUTS D'UNE ÉPOPÉE INDUSTRIELLE EXTRAORDINAIRE

Le nom de Michelin est à jamais lié à une aventure industrielle hors du commun. Partis de rien ou presque, avec pour seul point de départ une petite entreprise familiale en déroute et menacée de faillite, deux frères, Édouard et André Michelin, vont créer en 1889 puis parvenir à développer une entreprise qui devait, plus tard, devenir un géant respecté et craint, avant de se hisser au rang de premier mondial du pneumatique. Cette épopée ne s'est pas faite en un jour ni sans efforts. Elle a été le fruit d'un esprit d'entreprise caractéristique des grands industriels de cette fin du XIXe siècle : vision de l'avenir, pari industriel, goût du risque, opiniâtreté face aux difficultés et, surtout, une audace folle dans un monde où l'on pouvait aisément faire fortune mais aussi se ruiner selon la pertinence de ses idées et de ses décisions. Dans cette société industrielle de l'époque, où de nouvelles techniques voyaient le jour et préfiguraient déjà notre monde d'aujourd'hui, ce sont quelques entrepreneurs visionnaires comme les frères Michelin qui ont imaginé, prévu, anticipé et accompagné le développement des outils, objets et technologies qui, aujourd'hui encore, font notre quotidien. Au risque de tout perdre, ils ont tout misé sur elles, pour se lancer dans la grande aventure industrielle du XXe siècle.

Parmi ces technologies d'avenir à l'époque, celles des transports plus que d'autres ont révolutionné le monde, réduisant les distances et ramenant peu à peu notre planète à la taille d'un grand village où le genre humain se déplace en tous sens [1], dans une quête sans fin de richesses, de libertés individuelles et de bien-être matériel. L'automobile, dont bien rares pouvaient alors être ceux qui pouvaient prédire l'essor, a évidemment joué un rôle central dans cette révolution. Mode de transport rapide, relativement sûr et économique, considérée à juste titre à la fois comme un instrument de liberté et un outil économique, elle a très rapidement supplanté le cheval, les calèches et autres diligences pour conquérir les populations des pays développés.

En 1900, il y avait un total de 2 897 automobiles en circulation en France. Leur passage pétaradant dans les villages semait la terreur dans la population locale. « En 1900, on comptait 8 000 véhicules automobiles dans le monde, pour 800 millions aujourd'hui », et leur nombre devrait dépasser deux milliards vers 2050, disaient en 2002 les cogérants de l'entreprise, Édouard Michelin et René Zingraff[2]. Qui l'aurait cru il y a seulement vingt ans : la Chine elle-même s'est mise à en produire par millions. Or, l'un des progrès déterminants pour le succès du véhicule automobile fut le pneumatique, élément sans lequel la voiture ne serait sans doute jamais restée qu'une lourde machine inconfortable et lente, cahotant dangereusement avec ses roues à bandages pleins sur des routes de pierraille, au risque constant de partir en morceaux ou de démolir les vertèbres de ses passagers.

Qui sont les fondateurs de Michelin, comment ont-ils procédé pour imposer leur entreprise comme l'un des grands manufacturiers du pneu, comment se sont-ils mesurés avec succès à la concurrence mondiale qui, très vite, s'est aiguisée, comment et pourquoi ont-ils en même temps innové dans les domaines alors tous neufs dans le monde de la publicité et du lobbying : voici les thèmes de ce premier chapitre historique consacré aux premières décennies de l'essor industriel de Michelin.

1. À ce sujet l'auteur renvoie à l'ouvrage *The World is Flat,* Thomas L. Friedman, Penguin Books, 2005.

2. Rapport aux actionnaires 2002.

1. Deux frères audacieux

La firme Michelin conserve dans ses coffres beaucoup d'archives sur son histoire et celle de la famille, mais ces dernières, pour l'essentiel, ne sont pas ouvertes au public. En l'absence de documents officiels, reconstituer un arbre généalogique complet sur les origines de la famille Michelin n'est donc pas chose aisée. Pour autant, malgré la discrétion de la maison Michelin sur le sujet, on peut se dire que cette histoire, si elle est considérée chez Michelin comme d'ordre privé, appartient à l'héritage commun des Français.

Or, à la différence des grands patrons américains qui sont sortis de l'anonymat dans ce pays neuf de *self made men* pour connaître la gloire en une génération, la famille Michelin est très ancienne. Dans son ouvrage bien documenté, *Dynastie Michelin*[1], René Miquel retrace ses origines de façon détaillée, mais tout de même avec un certain degré d'incertitude, jusqu'au XIVe siècle. Il y retrouve des marchands, des peintres, des notaires. Il remonte jusqu'à la septième génération pour identifier de façon certaine, sous Louis XVI, « un ancêtre incontesté » de la famille, « Louis Michelin, notaire au Châtelet de Paris, écuyer et conseiller du roi », un personnage grave et pieux. En l'absence d'actes d'état civil qui pourraient attester de l'existence de la branche avant cette date, il signale néanmoins la présence des premiers Michelin dans des archives à Troyes à la fin du XIVe siècle où ils sont maçons. Leurs descendants seront plus tard des marchands et des légistes, gravissant les échelons pour faire

1. *Dynastie Michelin,* La Table ronde, 1962.

leur entrée dans la bourgeoisie et s'établissant également à Langres, Provins et Paris. Au XVIIIe siècle, Miquel croit pouvoir déjà déceler chez le notaire Jean Michelin, conseiller du roi et marguillier de Saint-Médard, les vertus d'austérité et de sobriété qui caractériseront, plus de cent ans plus tard, Édouard Michelin, cofondateur de la manufacture, puis celles de son petit-fils, François.

Ancêtre en ligne directe, Louis Michelin, qui vécut vers 1750 et fut lui aussi notaire, conseiller du roi et écuyer, est le grand-père de Jules Michelin (1817-1870), employé aux douanes et peintre, lui-même père d'Édouard (1859-1940) et d'André (1853-1931). Les deux frères sont enterrés côte à côte dans une tombe du cimetière d'Orcines, petit village à 7 kilomètres au-dessus de Clermont-Ferrand, sur la route menant à Pontgibaud. Dans ce même caveau familial repose aujourd'hui Édouard junior, arrière-petit-fils du fondateur Édouard.

René Miquel évalue à près de cinq cents les membres de la famille Michelin descendants des deux fondateurs et de leur sœur Marie (1856-1953), épouse du colonel Maurice Hauvette. Comme nous le verrons plus loin, il y eut plusieurs mariages croisés dans la famille, dont en particulier celui d'Édouard et d'André qui épousèrent des sœurs Wolff, le premier, Marie-Thérèse et le deuxième, Sophie puis, à sa mort, Jeanne Wolff. Ces unions devaient marquer durablement l'histoire de Michelin, puisque les deux frères s'inspirèrent abondamment en matière d'œuvres sociales et de vie participative des employés des idées très avancées pour l'époque du père de ces trois sœurs, l'industriel Auguste Wolff, fabricant de pianos alors associé à un certain Camille Pleyel.

Mais l'histoire du caoutchouc en Auvergne qui préfigure la manufacture Michelin commence avant. Édouard Daubrée (1797-1864), industriel exploitant de betterave sucrière à Lavaur, en bordure de l'Allier non loin des Martres-de-Veyre dans le Puy-de-Dôme, épouse, le 14 octobre 1829, l'Écossaise Elisabeth Pugh Barker. Celle-ci, selon l'histoire officielle de la manufacture, introduisit le caoutchouc dans la région en fabriquant des balles rebondissantes élastiques pour les enfants. La jeune femme avait pour oncle Charles Macintosh, un chimiste écossais qui fut le premier au monde à parvenir à dissoudre du caoutchouc dans du benzène et qui se rendit célèbre pour sa technique d'imperméabilisation des textiles. La fabrique de sucre de la famille Daubrée ayant été dévastée lors d'une crue de l'Allier, Édouard s'intéresse à la gomme élastique et aux balles qui se vendent bien dans les écoles. Pour poursuivre son aventure industrielle, il fait venir son cousin, Aristide Barbier (1800-1863), et quitte Les Martres-de-Veyre pour créer avec lui, en 1831, une nouvelle entreprise à Clermont-Ferrand.

Les deux cousins fondent en 1863 « Barbier Daubrée et Cie » à qui ils confèrent un statut de société en commandite par actions. Plus tard, la maison Michelin reprendra à son compte ce même statut juridique qui garantit une grande liberté de gestion pour ses gérants et la met théoriquement à l'abri des OPA hostiles. Les deux cousins réalisent progressivement les atouts du caoutchouc pour la fabrication de joints, de tuyaux, de pompes d'arrosage et d'autres pièces pour machines agricoles qui représentent l'essentiel de la production de leur fabrique. Mais Aristide Barbier décède peu après, et l'entreprise familiale se met à donner des signes de faiblesse inquiétants, faisant craindre une déroute financière. S'ensuit un court intermède pendant lequel la maison fut gérée par le notaire Jean-Gilbert Bideau, ce dernier se montrant un piètre chef d'entreprise, au point de s'en retirer en 1886. Il laisse la maison en piteux état. La ruine rôde. Sur les trois cent vingt employés, il n'en restait qu'une trentaine, qui n'avaient pas été payés depuis plusieurs mois, tandis que les banques refusaient tout nouveau crédit. Or la famille Barbier était liée à celle des Michelin par Adèle (1829-1898), qui épousa Jules Michelin en avril 1852. Adèle fit appel à son fils aîné, André (1853-1931). Ce dernier, déjà membre du conseil de gérance de l'usine, ingénieur et diplômé de l'École centrale des arts et manufactures, avait fondé une entreprise de charpentes métalliques à Paris et paraissait le plus apte à reprendre les rênes de la société. Bien que très pris par ses réalisations à Paris (il fit, sur la base de ses charpentes métalliques, ériger un certain nombre d'usines, dont celles de Peugeot dans le Doubs et des cycles Clément à Levallois-Perret), il décida de rejoindre Clermont en 1886 pour, comme on le lui demandait, reprendre l'affaire familiale mal en point.

L'année 1889 marque la fondation de l'entreprise Michelin, place des Carmes, là où se trouve toujours le siège social de la firme. La première usine de Michelin, celle des Carmes, tire son nom d'un ancien couvent, celui des Carmes-Déchaussés. Le premier pneu pour voiture sortira de cette usine en 1895, alors que ne circulaient en France que deux cents automobiles. Mais entretemps, à André s'était ajouté aux commandes de la firme son frère Édouard (1859-1940), qui, appelé à la rescousse, accepta d'abandonner son atelier de peinture à Paris et sa carrière d'artiste pour devenir le vrai patron à Clermont. Comment André parvint-il à convaincre son frère de venir à Clermont-Ferrand demeure un mystère jusqu'à ce jour. Édouard déclara à son maître, le professeur de peinture William Bouguereau : « Maître, mon devoir est d'aller à Clermont et d'essayer de sauver de la ruine la petite fabrique qui constitue tout l'avoir de la famille. Il m'en coûte de renoncer à mon art, mais j'ai bien réfléchi : le devoir est là[1]. » L'histoire, racontée dans plusieurs ouvrages, veut que Bouguereau, bien que consterné, laissât partir son élève dont il disait qu'il « peint comme un cochon mais dessine comme un maître[2] ». Mais contre toute attente, ce fut l'artiste qui devint l'entrepreneur, tandis que son ingénieur de frère, dont la formation lui donnait pourtant un net avantage, joua finalement le rôle, tout aussi précieux, de génie du marketing et du lobbying.

Le 28 mai 1889, Édouard est nommé seul gérant de la firme rebaptisée « Michelin et Cie ». Lors de l'assemblée générale extraordinaire des actionnaires tenue le même jour, Édouard obtient des pouvoirs très étendus que n'ont pas systématiquement les gérants d'une société en commandite, y compris « la direction exclusive des affaires de la société ». Manuel Armand, journaliste du quoti-

1. *Édouard Michelin, 1859-1940,* brochure officielle de Michelin.
2. Olivier Darmon, *Le Grand Siècle de Bibendum,* Hoëbeke, 1997.

dien auvergnat *La Montagne,* y voit une mise à l'écart d'André savamment jouée. « Comment Édouard a-t-il réussi à évincer son frère André du contrôle du capital de l'entreprise ? Au départ, ils sont associés à parité, et plus tard, André et toute sa descendance se sont retrouvés exclus. Comment André a-t-il été mis à l'écart ? Il y a là un vrai mystère. Je crois qu'Édouard a finement manœuvré pour racheter les parts de son frère ; je ne sais pas comment cela a pu se passer, mais très clairement la famille d'André est mise à l'écart. Et cela continue[1]. » Toujours est-il qu'installée sur 12 hectares, l'entreprise était bien modeste puisqu'elle ne comptait alors que cinquante-deux employés. Selon l'histoire officielle de Michelin[2], les deux frères donnèrent néanmoins « le coup d'envoi d'une grande aventure humaine et industrielle : mettre l'innovation au service des moyens de transport modernes, outils de liberté et de développement économique ». Cette définition n'est pas usurpée.

Or Édouard et André ignoraient rigoureusement tout du caoutchouc et de ses applications industrielles ! Ils n'avaient guère idée de l'aventure dans laquelle ils se lançaient. Ils ne pouvaient, bien sûr, pas plus deviner quelle destinée attendait la manufacture. Mais, de fait, les premiers succès n'allaient pas se faire attendre, résultats d'une cascade d'initiatives techniques, industrielles et commerciales. Première de ces initiatives, prise par André en 1887 : l'entreprise fit déjà preuve d'innovation en lançant sur le marché un patin de frein pour voitures à cheval et vélocipèdes. En toile et caoutchouc, il était appelé à remplacer avantageusement les patins en fer ou en fonte qui, lorsqu'ils étaient actionnés, faisaient un bruit épouvantable. Le nouveau patin prit pour nom « The Silent ». Un nom anglais en imposait, et l'Angleterre était en avance sur le reste de l'Europe dans le domaine du vélocipède. Le patin de frein est breveté et présenté à l'Exposition universelle de 1889 où il décroche une médaille de bronze. Montré deux ans

1. Entretien avec l'auteur.
2. Site officiel de Michelin, www.michelin.com.

auparavant au Stanley Show à Londres, la principale exposition consacrée au vélo, sa mise au point révélait l'intérêt que Michelin et Cie portaient déjà aux transports. La firme continuait en même temps d'engranger des revenus substantiels de la vente de ses balles en caoutchouc, le nombre d'écoles clientes passant de quatorze en 1888 à trois cent soixante-quatre en 1894, selon les chiffres des publicités Michelin. Mais la commercialisation du patin de frein est tout de suite un succès, y compris en Angleterre, ce produit nouveau conférant du même coup à la manufacture un certain prestige ainsi qu'un début de notoriété.

2. Édouard, le meneur d'hommes, et André, un visionnaire

Si l'histoire officielle de Michelin met volontairement l'accent sur le rôle primordial d'Édouard qui n'est d'ailleurs pas contesté, André n'était pas un personnage ordinaire, tant s'en faut. C'est lui qui fut à l'origine du patin de frein en caoutchouc. Autant son frère n'aimait guère les mondanités, autant André le Parisien y prenait goût, rencontrant dans les soirées et cocktails de la capitale des personnalités importantes du monde politique ou industriel. Il n'était jamais à court d'inspiration. Il fut à la fois une sorte d'agent commercial de l'entreprise à Paris et l'inspirateur des grandes orientations techniques que devait prendre Michelin à ses origines. À Paris, il fréquentait le pionnier de l'aviation Henri Farman ainsi qu'Henri Desgranges, directeur du journal sportif *L'Auto* et inventeur du Tour de France dont la première édition prit le départ le 1er juillet 1903. Comme on le verra plus tard, la manufacture doit à André un certain nombre d'inventions et d'initiatives de premier plan. Y compris le célèbre *Guide Michelin,* dont le premier exemplaire paraît en 1900, de même que la première carte de France Michelin. C'est à lui également que l'on doit les premières bornes et pancartes de signalisation routière en France, avec la pose, à partir de 1910, de bornes d'angle en ciment armé aux intersections routières et de plaques qui indiquaient les directions ainsi que le kilométrage pour rejoindre les agglomérations voisines.

Les deux frères se ressemblaient physiquement, chaussés l'un de lorgnons et l'autre de lunettes, tous les deux dotés d'une barbe épaisse et le devant du crâne dégarni, le visage large et massif. Ils s'aimaient beaucoup, comme en témoigne une photo de 1885 où l'on voit Édouard, la tête tendrement posée sur l'épaule d'André. Mais tandis qu'André goûtait à la vie mondaine de Paris, Édouard passait ses longues journées dans l'usine où il régentait toute la vie de l'entreprise. L'un était amateur de bonne cuisine au point que son tour de taille s'épaississait, l'autre observait la frugalité et la vie simple. Indubitablement, Édouard fut celui qui introduisit et fit accepter chez Michelin les règles de la vie en usine : discipline, âpreté au travail, rigueur, sérieux, honnêteté, sens de l'économie, chasse au gaspillage. Il y a tout lieu de penser qu'Édouard était un patron plutôt autoritaire mais avec une qualité fondamentale : la faculté d'écouter son personnel.

Lorsqu'il prend la tête de l'entreprise, Édouard sait bien qu'il a tout à apprendre de ses employés. Il instaure donc la règle du dialogue avec eux. « La première nécessité était que j'apprenne mon métier. Je ne pouvais l'apprendre qu'en interrogeant les ouvriers. Il me fallait donc avoir avec eux une conversation où j'étais leur inférieur, et le meilleur moyen de les faire parler était d'avouer ouvertement et complètement mon ignorance[1] », disait-il, afin que ceux-ci lui enseignent leur expérience. Cette capacité d'écoute permit à l'artiste reconverti d'apprendre vite son nouveau métier.

François Michelin garde une tendresse particulière pour son grand-père et lui voue une grande admiration. « Mon père est mort lorsque j'avais six ans ; c'est mon grand-père qui s'est occupé de moi et il n'a eu de cesse de me faire comprendre l'essentiel du contact avec la matière (...) Il n'y avait rien de théorique chez lui. Comme n'était pas théorique pour lui l'aide apportée à la médecine du travail, aux allocations familiales, aux écoles[2]. » Il raconte comment, le jour de son arrivée à Clermont-Ferrand, Édouard apprit une leçon majeure sur l'importance de l'homme dans l'entreprise et de la confiance qu'on lui porte. « En arrivant dans la cour de l'usine, il a vu deux ouvriers en train de faire bouillir dans une

1. *Le Grand Siècle de Bibendum, op. cit.*
2. Interview au journal *La Montagne* du 16 mai 2002.

bassine une tête de cormier, un arbre connu pour sa densité et sa dureté. Étonné, il s'est approché d'eux et leur a demandé ce qu'ils faisaient. Ils répondirent : "Surtout ne le dites pas au patron, il ne veut pas que nous allions dans le jardin. Mais, vous savez, les dents d'engrenage sont devenues tellement chères en ville qu'il faut que nous nous débrouillions par nous-mêmes[1]." » C'était là un bel exemple de dévouement désintéressé de la part de ces ouvriers, de même qu'une illustration de leur volonté de réaliser des progrès. De cet instant, affirme François Michelin, son grand-père a compris que, pour réussir, il fallait parier sur l'homme, la force humaine. L'homme acteur dans l'usine mais aussi l'homme client, celui-ci étant le véritable patron qui dicte à l'entreprise la marche à suivre pour le satisfaire. François Michelin, choisi par Édouard pour lui succéder, plaça cet enseignement au cœur de son action, lorsqu'il devint à son tour le patron de la manufacture.

Il nous faut dire ici quelques mots de l'équilibre financier de l'entreprise que les deux frères reprenaient en 1889 ainsi que de sa structure juridique. Si la situation économique et financière de la maison était d'ores et déjà assainie pour l'essentiel, grâce à l'action éclairée et aux choix d'André après 1886, les deux frères étaient loin d'être majoritaires. Lionel Dumond, expert en histoire économique et connaisseur du groupe Michelin, explique qu'Édouard et André ne détenaient à l'époque avec leur mère Adèle que 19 % des actions, tandis que les familles Daubrée et Manset en comptaient 38 %. C'est l'appui de leur tante Émilie Barbier, tante Mage, la sœur d'Adèle, qui possédait 23 % du capital, qui leur permit vraisemblablement de prendre la majorité dans la maison[2]. Apparemment, c'est aussi tante Mage, une maîtresse femme, qui demanda en conseil de famille qu'Édouard prît les rênes de l'affaire. Après une augmentation de capital en 1898, la famille Michelin possédait

1. François Michelin, avec Ivan Levaï et Yves Messarovitch, *Et pourquoi pas ?*, Grasset, 1998.

2. Lionel Dumond, *L'Épopée Bibendum, une entreprise à l'épreuve de l'histoire*, Privat, 2002.

alors 56 % des parts, dont 22 % pour le seul Édouard et ses enfants. Mais la répartition du capital est depuis restée un secret jalousement gardé.

Michelin est en effet demeuré depuis lors l'une des très rares grandes entreprises françaises dotées d'un statut de société en commandite par actions (SCA), tout en étant cotées en Bourse. Le ou les gérants y bénéficient de pouvoirs de gestion élargis, mais ils sont solidairement et indéfiniment responsables des pertes sociales de l'entreprise sur leurs biens propres. Il existe deux types d'associés : les associés commanditaires qui sont les actionnaires, porteurs d'actions nominatives et responsables à concurrence de leur participation au capital, et les associés commandités, responsables des dettes de Michelin sur leurs biens propres. Le ou les gérants sont impérativement choisis dans les rangs des associés commandités. Les actionnaires, réunis en assemblée, nomment les gérants, mais avec l'accord indispensable et unanime des associés commandités. Les actionnaires nomment également les membres du conseil de surveillance et approuvent les comptes présentés par les gérants. Ils sont bien entendu habilités à percevoir des dividendes sur leurs actions. Les associés commandités ne peuvent, quant à eux, se retirer et abandonner leurs responsabilités, sauf à y être autorisés par les actionnaires, réunis en assemblée générale extraordinaire. Quant au conseil de surveillance, il contrôle la gestion de la société au nom des actionnaires[1].

Les avantages de la SCA sont clairs : celle-ci peut faire appel au public et ouvrir son capital tout en assurant une grande stabilité à ses dirigeants qui ne peuvent pas être inquiétés du fait du verrou posé dans le système de nomination des gérants. D'autre part, une entrée en Bourse permet en même temps et pour les mêmes raisons de maintenir le contrôle familial de la société. De ce fait, une OPA hostile sur Michelin de la part d'un de ses concurrents étrangers n'aurait guère de sens, puisque la gestion et le contrôle effectif de l'entreprise resteraient en toutes circonstances aux mains de la

1. Site officiel de Michelin www.michelin.com.

famille Michelin. Ce mécanisme avait été voulu par les deux fondateurs de la première entreprise Barbier Daubrée et Cie. Repris par les frères Édouard et André Michelin lorsqu'ils fondèrent Michelin et Cie, il devait être maintenu inchangé par leurs descendants François et Édouard. Légèrement modifié, il n'a pas été contesté ou remis en cause par le gérant actuel Michel Rollier.

3. Le premier pneu démontable

Désormais solidement installés aux commandes de la petite entreprise familiale, il restait aux deux frères à faire la démonstration de leur génie inventif. Ce qu'ils firent sans tarder et avec éclat. Les années qui suivirent furent fertiles en innovations qui assurèrent la notoriété et la fortune de la manufacture. À commencer par le produit qui devint et resta jusqu'à aujourd'hui le fer de lance de Michelin : le pneumatique.

La grande découverte technique qui changea la destinée de Michelin fut le pneu démontable pour vélo. Cependant, pour tordre le cou à la légende, il se trouve que Michelin n'est pas l'inventeur du pneu gonflable. Cet honneur revient à l'Écossais John Boyd Dunlop (1840-1921) qui, le 7 décembre 1888, déposa un brevet pour le premier « tube de caoutchouc gonflé avec de l'air ». Dunlop était un vétérinaire, qui, installé en Irlande, y trouva les routes impraticables, juché sur un vélo aux roues d'acier ou de bois aux bandages de caoutchouc pleins. En 1887, il mit au point et expérimenta sur le tricycle de son fils des pneus de caoutchouc gonflés à l'air qui passèrent alors pour les premiers de l'histoire mondiale.

L'histoire veut que Dunlop, qui fabriquait déjà lui-même ses propres gants en caoutchouc, eut l'idée du pneu gonflable lorsque son fils de dix ans descendit de son tricycle pour se plaindre d'avoir mal aux reins. La solution lui vint en palpant la panse d'un cheval gonflée d'air. Mais il ignorait qu'un autre Écossais, Robert William Thomson, avait en réalité déjà déposé un brevet pour la même idée de pneu gonflable en 1845. Ce que Michelin reconnaît d'ailleurs volontiers, puisque cette antériorité lui permit de gagner un procès intenté par Dunlop. « L'inventeur du pneumatique est l'Écossais Robert William Thomson, né le 29 juin 1822 à Stonehaven, ville maritime du comté de Kincardine », explique la publication interne *Bib Revue* dans son numéro 349 du 6 décembre 1963, soulignant que son brevet anglais n° 10.990 « constitue l'acte de naissance du pneumatique ». Mais, ajoute la revue, « il semble que l'invention soit arrivée trop tôt », car elle tomba bientôt dans l'oubli. Quant à Dunlop, il créa ce qui devint plus tard la Dunlop Rubber Company, mais il ne bénéficia guère de son invention sur le plan financier, au point qu'il vendit son brevet et prit sa retraite. La firme Dunlop, qui conserva donc le nom de l'inventeur, ouvrit sa première usine de pneus à Dublin en 1889 et une autre à Birmingham deux ans plus tard, première étape dans le développement d'un autre géant mondial du pneu qui, aujourd'hui encore, retire une fierté légitime dans cette invention. Quant à l'inventeur de la vulcanisation du caoutchouc en 1839, grâce à l'utilisation du soufre, ce fut l'Américain Charles Goodyear (1800-1860), mais il mourut couvert de dettes. Goodyear, l'autre grand du pneumatique, s'il cite cette invention en exemple et reprend le nom de Charles Goodyear, n'a toutefois aucun lien direct avec lui.

Le pneu de Dunlop, qui était en fait une chambre à air enveloppée dans une toile de coton tissée collée et clouée sur une jante de bois, présentait un défaut de première importance : lorsque par malheur le pneu crevait, la réparation prenait plusieurs heures, sinon toute la journée, à laquelle il fallait ajouter une nuit de séchage pour la colle. C'est là que Michelin intervient dans l'aventure du pneu, non sans brio. L'histoire est connue ; elle est racontée par le groupe Michelin dans son histoire officielle, de même que dans divers ouvrages et publications consacrés à la manufacture. Elle vaut d'être narrée ici aussi, car c'est peut-être à cause de cet épisode marquant que l'on doit le développement extrêmement rapide de Michelin. François Michelin la raconte lui-même aux journalistes Yvan Levaï et Yves Messarovitch : « Tout a commencé par l'arrivée d'un cycliste anglais dans la cour de l'usine. Sa bicyclette était chargée dans un char à bœufs car son pneu était crevé[1]. » La scène se passe un après-midi de septembre 1889, et les pneus crevés sont des Dunlop.

Aussitôt, les employés de Michelin entreprirent de le dépanner. Trois heures d'efforts furent nécessaires et il fallut laisser sécher la réparation toute la nuit. Au matin, Édouard en personne testa la réparation, mais le pneu ne tint pas longtemps et creva à nouveau. De cette expérience, le patron de Michelin retira la conclusion que le pneumatique Dunlop n'était pas adapté à un usage courant et que le succès viendrait d'un pneu démontable en un quart d'heure, même par un vélocipédiste peu expérimenté. Ce que Michelin ne dit pas, c'est que la manufacture proposa elle aussi et jusqu'en 1891 des pneus collés à la jante. Dans le plus grand secret pourtant, Édouard, assisté d'un ingénieur, qui avait rejoint la firme en 1889, ainsi que de son meilleur ouvrier, s'évertua à mettre au point le premier pneu démontable. Ce qu'ils parvinrent à réaliser au début de 1891, après plusieurs mois d'efforts. Ce premier pneu démontable était fixé à la jante par dix-sept boulons. Mais le pari était tenu : la réparation demandait quinze minutes. Une révolution ! Édouard prit immédiatement deux décisions : déposer des brevets de fabrication et faire connaître l'invention au grand public. John Boyd Dunlop attaqua en justice ceux qui s'étaient mis à commercialiser des pneus pour vélo sans avoir acheté son brevet. Mais Michelin, assisté par l'avocat Raymond Poincaré, celui-là même qui devint plus tard président du Conseil, gagna la bataille juridique.

Comment faire connaître l'existence du pneu démontable ? En prenant part à une course. Ce qui fut fait en septembre 1891, lorsque le coureur Charles Terront gagna, haut la main, la première édition de la course Paris-Brest-Paris sur un vélo équipé de pneus démontables Michelin. Il pilotait une bicyclette Humber de 21,5 kg, munie d'un frein à l'avant, d'une sacoche, d'un guidon incurvé, d'un carter de chaîne et de cale-pieds. À trente-quatre ans, le coureur

1. *Et pourquoi pas ?, op. cit.*

réussit là un exploit incroyable pour l'époque : 1 196 kilomètres en 71 heures et 37 minutes sans dormir, à une moyenne de 16,7 km/h. Le départ fut donné aux deux cent six concurrents au matin du dimanche 6 septembre 1891. La porte Maillot était noire de monde. L'épreuve suscita un grand intérêt dans le public français. Terront creva cinq fois, mais la réparation ne posa aucun problème sérieux. Mercredi 9, au petit matin, il arriva en tête à Paris, entouré d'une foule de dix mille curieux, dont beaucoup avaient attendu toute la nuit. Jiel Laval, deuxième, avait 7 h 40 de retard, tandis que le troisième n'arriva que le lendemain ! Au total, quatre-vingt-dix-neuf concurrents seulement parvinrent à terminer la course dans le délai imparti de dix jours maximum. Terront, héros et première star du vélo français, raconta les dernières centaines de mètres de la course à partir de la porte Maillot : « Je commençai à emballer tant que je le pus ! Alors ce fut du délire dans la foule qui se resserrait en courant derrière moi aussitôt que j'étais passé, et je franchis le poteau. On veut m'enlever de ma machine. Mais je descends tout seul[1]. »

Pour Michelin, comme pour Terront, la gloire est immédiate. Michelin publie une première publicité sur le pneu sur un prospectus intitulé « Pneumatique Michelin & Cie » qui se termine par cette phrase : « Le 14 juillet, Louis XVI, apprenant de la bouche de La Fayette la prise de la Bastille, s'écriait : “Mais alors, c'est une révolte ! – Non, Sire, répondit le marquis, c'est une révolution !” Nous avons la confiance que le public vélocipédique dira de notre pneumatique : C'est un perfectionnement ? – Non, c'est une révolution. » Selon la firme Michelin, un an après la victoire de Terront, plus de dix mille cyclistes roulaient sur pneus Michelin[2]. Les deux frères, Édouard et André, se voyaient confirmés dans ce qu'ils pressentaient : prendre part à une course et, si possible, la gagner était le meilleur moyen de se faire connaître et de prouver sa supériorité technologique sur les concurrents.

1. http : //lepetitbraquet.free.fr/, site non officiel de la communauté des cyclos.
2. *Édouard Michelin, 1859-1940, op. cit.*

Cette leçon bien apprise, Michelin prit part à de très nombreuses courses, cyclistes puis automobiles, en France et à l'étranger, qui constituèrent assurément un puissant levier pour asseoir sa notoriété et son prestige. Le 5 juin 1892, fort de cette première victoire, Michelin organisa d'ailleurs lui-même une autre course cycliste, Paris-Clermont-Ferrand, sur le trajet de laquelle Édouard fit semer des clous sans que les concurrents le sachent, afin de démontrer que la réparation du « Démontable » était désormais une opération de routine. La firme avait entre-temps perfectionné son pneu. Le démontage et le remontage prenaient désormais moins de deux minutes à quelqu'un de familiarisé avec l'opération et quelques minutes à un béotien. Une photo célèbre montra Édouard en train de réparer lui-même un pneu pendant la course. En décembre 1891, le Démontable de Michelin fut le clou du Stanley Show de Londres où la firme faisait des démonstrations devant des visiteurs médusés.

Première conséquence de cette opération de publicité sans précédent : les commandes de Démontables affluèrent et l'argent entra dans les caisses de Michelin dont le chiffre d'affaires grimpa de 450 000 francs à 1 800 000 francs (l'équivalent de 1,3 et 5,2 millions d'euros) entre 1891 et 1893. Fin 1893, Michelin avait vendu son Démontable à quelque dix mille adeptes du vélo. À la leçon des bienfaits des courses s'ajoutait celle des miracles de la publicité que Michelin n'était pas près d'oublier. Mais après le vélocipède, Michelin pensait déjà à l'étape suivante qui allait être plus déterminante encore : les pneumatiques pour automobiles. Dans ce domaine, le risque n'était pas moins grand, au contraire. Le marché des automobiles était encore très limité et personne ne pouvait jurer de son avenir, tandis que les contraintes techniques étaient plus lourdes que pour les pneus de vélo. La France entière comptait tout au plus quelques centaines d'automobiles en 1894 et un peu moins de trois mille en 1900. Autant dire que le marché était quasi inexistant. Compter sur son développement rapide offrant des débouchés commerciaux significatifs pour des véhicules qui tombaient souvent en panne tenait donc du pari fou.

Sur le plan technique, développer un pneu pour automobile à chambre à air fiable obligeait ses concepteurs à prendre en compte des paramètres nouveaux. Les automobiles de l'époque étaient très lourdes, exerçant une pression considérable sur le pneu qui réclamait des gommes très résistantes. D'autre part, autant un cycliste ne risquait pas grand-chose sauf à prendre quelques bosses si l'un de ses pneus crevait et s'il chutait, il en allait autrement d'un automobiliste lancé à vive allure dans un virage. Un pneu crevé pouvait envoyer dans le fossé un engin déjà peu stable et provoquer un grave accident. C'était donc un degré de responsabilité autrement plus élevé que prenait Michelin. Enfin, la voiture automobile était à l'époque extrêmement capricieuse : son moteur tombait souvent en panne, il valait mieux circuler avec son chauffeur mécanicien et ne pas trop s'éloigner d'un garage.

En attendant la vente de pneus auto à grande échelle, il y eut une étape intermédiaire, celle des pneus pour voitures légères, en l'occurrence les fiacres de Paris. En février 1896, un premier fiacre est équipé de pneus Michelin. À la fin de cette même année, plus de trois cents fiacres sur pneus roulent dans Paris, tandis que le tsar et la tsarine font leurs courses dans une Victoria et un coupé montés sur pneus Michelin : belle opération de publicité ! Ces premiers succès furent dus, en partie au moins, à André Michelin qui, de Paris, prenait soin de la promotion de la production de la firme. Les cochers demeuraient sceptiques. Mais, progressivement, Michelin parvint à les convaincre, au point qu'en 1903, pas moins de six mille fiacres roulaient sur pneus à Paris. Ils offraient aux passagers un confort sans équivalent comparés aux roues cerclées de fer qui tressautaient et faisaient un bruit affreux et aux rares voitures à chevaux équipées de pneus à bandages pleins. Pour parvenir à ce succès, Michelin dut faire l'effort de former des réparateurs qui sillonnaient Paris afin de prêter assistance, mais cet épisode constitua pour la firme une autre opération de publicité réussie. On ne tarda pas à appeler ces fiacres les « salons roulants », baptisés ainsi car l'on pouvait parler à l'intérieur sans avoir à hurler pour couvrir le bruit des roues sur le pavé parisien. Qui d'autre qu'André, à Paris, pouvait réellement organiser et réussir cette campagne de promotion auprès des propriétaires de fiacres, Édouard étant quant à lui tout entier absorbé par la vie de l'usine à Clermont-Ferrand ? Une consécration déjà : même les calèches de l'Élysée roulaient désormais sur des pneus Michelin en cette fin de siècle.

4. Des pneus pour autos, une révolution en marche

Michelin connaissait déjà un développement rapide qui lui donnait une certaine santé financière. Mais l'essentiel restait à faire : la mise au point des pneus pour autos. La firme avait embauché un ingénieur qui joua un rôle important : le chimiste d'origine alsacienne Maximilien Gerber. Dès 1894, André et Édouard annoncèrent à leurs actionnaires (en réalité presque tous des membres de la famille Daubrée et Michelin) leur intention de réinvestir l'argent gagné dans la conception des pneus automobiles. « Au lieu de distribuer de gros bénéfices, employons-les à créer un pneu pour les voitures », dirent-ils [1]. Mais les constructeurs automobiles étaient encore rares, considérés comme des illuminés. Parmi eux, en France, Amédée Bollée, René Panhard, Émile Levassor, Armand Peugeot et le marquis Albert de Dion. L'Allemagne représentait la deuxième nation en tête de la course à l'innovation automobile avec Carl Friedrich Benz (1844-1929), considéré comme l'inventeur, le 29 janvier 1886, de la première automobile fonctionnant à l'essence. C'était en fait un tricycle à moteur bicylindre quatre temps placé à l'arrière qui, lors de sa première sortie, se précipita contre un mur ! La première Benz à quatre roues attendit 1893 pour voir le jour. Dans ce club fermé outre-Rhin, il y avait également Gottlieb Daimler. Les deux constructeurs fusionnèrent en 1926 pour donner naissance à Daimler-Benz.

La compétition, une fois de plus, permit à ces vétérans de l'auto-

1. Alain Jemain, *Michelin : un siècle de secrets*, Calmann-Lévy, 1982.

mobile de développer leur créativité et de perfectionner leurs engins. Les courses automobiles furent le principal vecteur du progrès de l'auto. La première course automobile de l'histoire eut lieu entre Paris et Rouen le 22 juillet 1894, organisée par *Le Petit Journal*[1] à l'initiative de son rédacteur en chef, Pierre Giffard. La course souleva un enthousiasme inattendu. Elle fut gagnée par une De Dion munie d'un moteur à vapeur, pilotée par le comte Jules de Dion qui réalisa une moyenne honorable de 21 km/h sur la distance de 112 kilomètres. Mais c'est le marquis Albert de Dion et Georges Bouton qui fondèrent, avec Armand Trépardoux, beau-frère de Bouton, l'illustre entreprise De Dion-Bouton à Puteaux, d'où sortit leur première automobile à vapeur en 1882. Puis vint la première auto à moteur à essence en 1895, en retard certes sur Daimler, mais un bijou de technologie pour l'époque : il s'agissait d'un petit monocylindre refroidi par air de 185 cm^3, équipé de soupapes d'admission automatiques et de soupapes d'échappement commandées qui tournait à 2 000 tr/min, beaucoup plus vite que les moteurs concurrents. Le célèbre moteur, bientôt connu sous le nom de Mono, était si performant qu'il fut utilisé par de nombreux constructeurs, y compris les plus prestigieux comme Renault, Delage, Opel, Adler ou Pierce-Arrow. Le marquis Albert de Dion fut le créateur, en 1895, de l'Automobile-Club de France, création à laquelle participa André Michelin. Le succès de De Dion-Bouton fut éclatant, au point de devenir le plus grand producteur d'autos du monde en 1900 avec, cette année-là, 400 voitures et 3 200 moteurs.

Ce 22 juillet 1894, Michelin n'était pas de la partie. Les voitures des concurrents étaient toutes munies de roues en bois ou en acier à cerclages de fer ou à bandages de caoutchouc pleins. Mais André était passager d'un véhicule et étant aux premières loges eut toute latitude pour observer la course. L'engouement populaire extraordinaire suscité par cette compétition dotée d'un prix de 5 000 francs or illustrait, si besoin était, l'importance des courses, en termes de

1. Ce quotidien parut de 1863 à 1944.

notoriété et de légitimité. Quant au marquis de Dion, bien qu'arrivé premier à Rouen, sa voiture fut déclassée car jugée non conforme, au profit de deux voitures Panhard et Peugeot. Fort de cette amertume, il en vint à organiser lui-même, un an plus tard, la course Paris-Bordeaux-Paris[1]. Et là, Michelin avait décidé d'être bien présent et de le montrer. La course fut mémorable. Ne parvenant pas à convaincre un grand constructeur de monter ses pneus sur ses autos, Michelin prit l'initiative d'acquérir lui-même trois voitures pour être sûr de figurer sur la ligne de départ le 12 juin 1895, pour une course de 1 200 kilomètres : une Benz à qui ils donnèrent le nom de « L'Hirondelle », une autre auto que les frères Michelin avaient eux-mêmes construite et baptisée « L'Araignée » et enfin une Peugeot profondément modifiée munie d'un moteur Daimler de 4CV d'un poids de 1 200 kilos nommée « L'Éclair ».

Les deux premiers, Émile Levassor sur une Panhard-Levassor à deux cylindres avec des roues à cerclages de fer et Rougoulot sur une Peugeot, furent déclassés car le règlement exigeait que les voitures aient plus de deux places. Le vainqueur fut donc Koechlin, sur une Peugeot, arrivé onze heures après Levassor. Sa vitesse moyenne sur l'ensemble du trajet fut de 24 km/h, pleins de carburant, arrêts techniques et repos compris. Il avait conduit son engin à destination en un peu moins de quarante-neuf heures, pilotant jour et nuit. Quant à L'Éclair, elle arriva neuvième et bonne dernière, mais dans les temps impartis.

En fait, L'Hirondelle cassa sans dépasser Orléans, tandis que L'Araignée versa dans le fossé près de Moulins, alors qu'elle se dirigeait vers Paris pour y prendre le départ. La firme Michelin raconte l'épisode de L'Éclair, monstre doté de pneus étroits pour tricycle : « Comme les employés de Michelin refusent de la conduire, c'est aux frères Michelin d'assumer également cette

1. Amicale De Dion-Bouton : http : //perso.orange.fr/de.dion.bouton/Accueil.htm. On doit également au marquis de Dion l'organisation d'autres courses automobiles partant toutes de Paris, de même que la création du Salon de l'Auto, celle de l'Aéro-club de France et du journal *L'Auto,* qui devint *L'Équipe* à la Libération.

tâche. La course est une succession d'incidents, d'accidents et d'aventures. Les pneus doivent être remplacés tous les 150 kilomètres, et cela nécessite à chaque fois une demi-heure pour dévisser les vingt boulons qui fixent chaque roue. À trois reprises, il faut changer l'ensemble des rayons de roue. Finalement, "L'Éclair" arrive à bon port, en neuvième et dernière position mais encore dans la limite des cent heures. Comme il avait fallu changer de roues durant la course, la voiture est disqualifiée. Mais le succès du pneumatique est incontestable[1]. »

La photo de cette équipée est restée célèbre : on y voit les deux frères Michelin, moustachus, assis côte à côte sur le siège de la voiture, chacun coiffé d'un chapeau. L'engin portait le numéro 46. De fait, L'Éclair multiplia les ennuis mécaniques. La deuxième et la troisième vitesse cassèrent toutes les deux, il fallut continuer en première. Le moteur chauffait et la voiture prit feu. Puis ce fut au tour du carburateur de se détacher. On le recolla avec du mastic ! Il faudra aux deux frères soixante heures pour atteindre Bordeaux, contre vingt-deux pour Émile Levassor. Mais qu'importe, sans être un triomphe, la course était une vraie victoire pour Michelin : être dans les temps quand la majorité des concurrents n'arrivèrent jamais était, en soi, une performance suffisante pour établir la fiabilité du nouveau pneu.

Michelin tira les enseignements de la course Paris-Bordeaux-Paris. Y compris celui de la résistance encore insuffisante de ses pneus. Une équipe d'ouvriers se mit donc au travail pour l'améliorer. Michelin ne commença à commercialiser ses pneus autos qu'en février 1896, quand la manufacture jugea que ce produit était suffisamment fiable. Pour que la supériorité du pneu Michelin sur les cerclages de fer et les bandages de caoutchouc pleins puisse être démontrée de façon irréfutable il fallut néanmoins attendre janvier 1897 avec la victoire d'une voiture à vapeur De Dion-Bouton, équipée de Michelin et pesant plus de deux tonnes, lors de l'étape de La Turbie de la course Marseille-Nice-La Tur-

1. http : //www.michelin.ch/

bie. La course de 240 kilomètres, dont la portion Nice-La Turbie représentait la première course de côte de l'histoire, fut remportée le 31 janvier 1897 par le comte Gaston de Chasseloup-Laubat en sept heures et quarante-cinq minutes. Dès lors, il fut plus facile à Michelin de persuader les grands fabricants qu'étaient Bollée, De Dion, Peugeot, Panhard. Par la suite, la participation de Michelin à de multiples courses automobiles fut autant d'occasions d'afficher l'avance technologique de ses pneumatiques.

Michelin prit part à bien d'autres courses au tournant du siècle et se distingua par d'autres exploits techniques. Ainsi, en 1899, le mur des 100 km/h fut franchi par « La Jamais contente », une voiture à moteur électrique qui, le 29 avril ou le 1er mai selon les versions, atteignit la vitesse faramineuse de 105,8 km/h. Piloté par un Belge, Camille Jenatzy, l'engin, équipé de pneus Michelin, battit le record précédent de 92,8 km/h, détenu depuis mars 1899 par le même comte Gaston de Chasseloup-Laubat, vainqueur deux ans auparavant de l'étape Nice-La Turbie. Pour le moteur électrique, ce fut un coup de maître, mais aussi un chant du cygne, car il fut par la suite régulièrement supplanté par le moteur à explosion, sauf en 1902, lorsqu'une voiture à vapeur de Léon Serpollet atteignit 120,77 km/h. En 1901, la course Paris-Berlin est remportée par Henri Fournier sur une voiture du constructeur français Mors propulsée par un moteur quatre cylindres de 9 232 cm^3 de 60 CV, équipée de pneus Michelin, à la moyenne incroyable de 71 km/h.

Une autre course contribua grandement à la renommée de Michelin : celle de la coupe Gordon-Bennett, disputée en 1905 sur un itinéraire en Auvergne, qui permit de mettre en relief l'avance technique des pneus de la firme et qui fut, en même temps, un énorme coup publicitaire. Tandis que l'Automobile-Club de France hésitait à l'organiser en raison de son coût, Michelin vint à son secours en proposant de doter la course d'un prix important. Ce fut une idée d'André Michelin, encore lui ! La première course, du nom de James Gordon Bennett junior, très riche magnat de la presse et fondateur de la version européenne du *New York Herald,* dont il était propriétaire, eut lieu en juin 1900 en France, ce pays étant alors le premier constructeur automobile mondial. Les deuxième et troisième courses également, la quatrième se déroulant en Irlande et la cinquième en Allemagne. La sixième et dernière édition prit place sur un circuit de 137 kilomètres, au cœur des volcans d'Auvergne, préparé par Édouard et André Michelin, avec la participation d'automobiles de cinq pays, la Grande-Bretagne, les États-Unis, l'Autriche, la France et l'Italie. Michelin en profita pour éditer sa première carte routière, celle de l'itinéraire de la course au 1/100 000.

Le parcours, montagneux et difficile, partait de Clermont-Ferrand et menait les concurrents au pied du puy de Dôme, à Rochefort-Montagne et à Pontgibaud, avant de revenir dans la capitale auvergnate. Quatre-vingt mille spectateurs et trois cents journalistes venus de partout se pressèrent le long de la course, tandis que les pneus Michelin, largement expérimentés sur ces routes auvergnates empierrées et inégales, montrèrent leur efficacité avec le nouveau pneu « La Semelle », mis au point peu auparavant. La course fut gagnée par le Français Léon Théry, au volant d'une Richard-Brasier de 96 CV à une vitesse moyenne de plus de 100 km/h. À l'occasion du centenaire de cette coupe, Michelin et d'autres partenaires rééditèrent la même course du 2 au 5 juin 2005, avec la participation de cent cinquante véhicules d'époque, venus de onze pays, y compris une Brasier 1907 restaurée, pilotée par Édouard Michelin en compagnie de son père François. Moment émouvant, moins d'un an avant le décès d'Édouard. La coupe Gordon-Bennett eut un retentissement mondial et des retombées industrielles conséquentes.

De fait, au tournant du siècle, Michelin gagna la plupart des courses en France et à l'étranger : Paris-Marseille-Paris (1896), Marseille-Nice (1897), Paris-Amsterdam-Paris (1898), le Tour de France automobile (1899), Paris-Toulouse-Paris (1900), Paris-Berlin (1901), Paris-Vienne (1902), le circuit d'Irlande (1903), le circuit de Taunus (1904), Paris-Madrid (1908), pour ne citer que les principales[1]. En 1912, forte de toutes ces victoires, la manu-

1. *Michelin, un siècle de secrets, op. cit.*

facture annonça qu'elle ne prendrait plus part aux courses, qui lui coûtaient cher, afin de se concentrer sur les pneus tourisme et d'en réduire les coûts. En 1955 encore, la direction expliqua que « pour faire des progrès en matière d'automobile et de pneumatiques, il y a un autre moyen que la course. Il s'agit d'avoir au sein même de l'entreprise fabriquant des autos ou des pneus l'esprit de progrès, l'esprit de compétition », estimant même qu'il n'y avait « aucun enseignement à tirer du pneu de course pour le pneu tourisme ou poids lourds, puisque les problèmes qui se posent sont très différents [1] ». Mais, comme le soulignait Michelin dans ses publications officielles des années cinquante, « le souci d'équiper l'auto, voiture de l'avenir, n'absorbait pas entièrement le Patron (Édouard Michelin). En même temps, il créait des pneus pour tous les véhicules : dès 1894, la brouette et, en 1896, la voiture d'enfant, roulaient sur de l'air [2] ». Reniant ses propres déclarations, Michelin devait finalement reprendre sa participation aux courses à partir de 1965, son objectif étant alors de démontrer sur les circuits la supériorité de son pneu radial « X ». Nous verrons plus loin comment la firme du Bibendum va rafler la plupart des grandes compétitions du sport automobile et moto.

1. *Bulletin intérieur Michelin,* n° 207 du 7 juillet 1955.
2. *Édouard Michelin, 1859-1940, op. cit.*

5. Bibendum, la mascotte

Michelin, avant beaucoup d'autres, avait pleinement compris l'importance de la publicité et entendait bien en tirer le profit maximal. De ce constat apparut un personnage dont la célébrité fit bientôt le tour du monde et qui reste aujourd'hui la mascotte de Michelin : le Bibendum.

La firme attribue à Édouard l'idée originelle du Bibendum. C'est ainsi, selon l'histoire officielle telle qu'elle est relatée, que l'entrée du stand Michelin à l'Exposition universelle et coloniale qui se tient à Lyon en 1894 est décorée de deux hautes piles de pneus. Rien de plus naturel. « Édouard suggère alors à son frère : "Regarde, avec des bras et des jambes, cela ferait un bonhomme !" Quelque temps plus tard, André imagine, à partir d'un croquis du dessinateur O'Galop, de son vrai nom Marius Rossillon, un personnage représentant un buveur de bière qui s'exclame : *"Nunc est bibendum !"*, expression latine provenant d'un vers du poète Horace qui veut dire : "C'est maintenant qu'il faut boire"[1]. » Il est bien difficile, plus d'un siècle après, d'attribuer de façon certaine la paternité du fameux Bibendum. En tout cas, le dessin de O'Galop, refusé par une brasserie de Munich, évoque chez André l'image du bonhomme qu'Édouard avait vu dans la pile de pneus à l'exposition de Lyon. Le Bibendum était né, du moins dans l'imagination d'André. Il fallait encore adapter la citation latine, et André se

1. http : //www.michelin.com

rappela une expression qu'il avait lui-même utilisée plusieurs fois auparavant, « le pneumatique Michelin boit l'obstacle ».

Il lui vint donc l'idée d'attribuer cette formule au gros bonhomme. O'Galop est alors invité à adapter son dessin pour réaliser l'image d'un bonhomme constitué de pneus et fumant le cigare, la chope de bière étant opportunément remplacée par une coupe remplie de clous et de tessons de bouteille : le Bibendum, à l'embonpoint généreux, pouvait sans dommage avaler tout cela, comme les pneus Michelin étaient en mesure de « boire l'obstacle » que représentaient, pour les autres pneus, les chocs, les nids-de-poule, les clous, le verre pilé et autres débris sur la chaussée. La bonne esquisse naquit en avril 1898 et donna lieu à une série d'affiches dont la célébrité fut quasi immédiate et l'impact sur le public considérable[1]. Au Salon du Cycle de Paris en décembre 1898, un animateur déguisé en Bibendum attire la foule autour du stand Michelin et crée l'événement. La stature imposante du Bibendum correspond à celle des automobilistes de cette fin du XIXe siècle, engoncés dans d'épais manteaux, indispensables pour conduire des voitures découvertes.

La première publicité est diffusée dans la presse en 1899, suivie d'une série d'affiches de 1901 à 1913. Le Bibendum est devenu la mascotte, l'emblème et l'ambassadeur des pneus Michelin. On le voit en pied, avec ses lorgnons et son cigare à la bouche, narquois et dominateur, installé sur des véhicules publicitaires, présent sur les circuits automobiles et cyclistes (y compris le Tour de France), il parade au carnaval de Nice et de Paris. Bien en vue dans les publications de Michelin, que ce soit les guides, les cartes routières et les prospectus publicitaires, il prend pied partout où se trouve Michelin dans le monde. O'Galop réalisa des centaines d'images du Bibendum pour Michelin, tournant pour la plupart autour des thèmes de la technique du pneumatique, de l'humour parfois volontairement excessif et des courses automobiles. À l'origine, les pneus étaient étroits. Le « bonhomme aux pneus » était fait de quarante pneus. Il y

1. *Le Grand Siècle de Bibendum, op. cit.*

aurait eu, au total, une vingtaine de milliers de dessins du Bibendum produits entre 1898 et 1930[1]. Le Bibendum, bonhomme affable, rassurant, drôle, parfois grotesque, s'imposa dans l'imagerie publicitaire. Il était volontiers blagueur, correspondant en cela à l'esprit de l'époque où l'on aimait rire d'un bon mot, même peu raffiné. La concurrence était régulièrement ridiculisée sur les affiches la représentant. La première affiche, en septembre 1899, était déjà très provocatrice. On y lisait : « À votre santé, le pneu Michelin boit l'obstacle ! », et elle montrait le Bibendum derrière une table portant des lorgnons et fumant le cigare, imposant et fort au centre de l'image, entouré sur ses deux côtés par deux concurrents chétifs et déconfits, le pneu X et le pneu Y. Le « bonhomme gonflé » y était représenté à l'image de Jésus-Christ lors de la Cène. Cette première affiche de Michelin fut, dans les années suivantes, déclinée en plusieurs variantes assez proches, y compris en couleurs, toutes du dessinateur O'Galop.

Michelin fit du Bibendum le cœur de sa communication et l'utilisa ensuite sous toutes les formes publicitaires possibles : les affiches, les cartes postales, fort nombreuses à l'époque, les ballons. Il s'affichait dans des dimensions géantes sur la façade de la Michelin House, un grand bâtiment moderne ouvert en 1911 dans le quartier de Chelsea à Londres et symbole de la puissance montante de Michelin au pays de Dunlop. On voyait le Bibendum trôner partout, sur des accessoires pour automobiles, dans les garages de réparation, les expositions. André aurait voulu qu'il soit plus visible encore et imaginait sa présence jusque dans les salles de cinéma, les théâtres, les restaurants, les commerces, mais il y avait des limites à ce qu'il était objectivement possible de réaliser. Toujours dans l'esprit de l'époque, parfois grandiloquent, friand de dérision, O'Galop raconta les « aventures du célèbre Bibendum », une « vélautobiographie », sous la forme d'une planche de bande dessinée où la mascotte de Michelin naît d'un œuf couvé par une autruche dans le Sahara, œuf qui se trouvait être le crâne chauve

1. *Ibid.*

d'un illustre académicien. Recueilli par une « plantureuse nourrice » marocaine, Boï-ta-klou, « qui raffolait de clous et de verre pilé », le petit Bibendum se mit rapidement à grandir et à grossir pour, plus tard, accomplir d'innombrables exploits en gagnant de nombreuses courses automobiles.

Devant la profusion des images du Bibendum, Michelin décide en 1930 d'en réduire la diffusion qui, un temps, se limite essentiellement à l'illustration des cartes routières et des guides de voyage. En outre, le gros bonhomme ne fume plus le cigare. Il a « arrêté de fumer » en 1930, à une époque où l'opinion publique commençait à se soucier des questions de santé. Avec les années, sa métamorphose se poursuit. Ses apparitions sont à nouveau plus nombreuses. Aux États-Unis, il se heurte au puritanisme des années 1920, la Prohibition (1919-1933) interdisant l'alcool sur le sol américain. Pour un bonhomme qui est une invitation à boire, il y avait là un sérieux problème. Les publicitaires de Michelin envisagèrent de lui trouver un nom américain, mais la levée de la Prohibition régla la question.

Le personnage jovial s'adapte en fonction des pays et des besoins. En Espagne, on le voyait avec une veste de torero et une guitare en bandoulière. Au début des années soixante et pendant une vingtaine d'années, des caravanes Michelin sillonnent les stations balnéaires de France et d'Europe où elles organisent des jeux de plage avec des animateurs costumés en Bibendum. Plus tard, évoluant avec les tendances nouvelles, il perdra de son embonpoint. Le Bibendum ne sera plus constitué que de vingt-six pneus. Sa personnalité change aussi. Il n'est plus extravagant et tonitruant, mais rayonnant, rassurant et chaleureux. Il continue d'agrémenter des affiches, des publications internes, des routes et des places, les portes des garagistes et des stations-service. Il est bien présent aussi à l'occasion de courses disputées à travers le monde. Il agrémente des bouchons de radiateur en bronze, il est représenté sous forme de figurines en caoutchouc. Il est arrimé sur le toit ou les calandres des camions. Plus tard, de 1973 à 1989, on le voit à chaque étape du Tour de France, les bras croisés, sur la selle d'une moto. Plusieurs générations d'enfants ont joué avec des jeux et des jouets à l'effigie du Bibendum.

De fait, le Bibendum devait accompagner le développement de Michelin jusqu'à nos jours et ce n'est pas fini. Son nom abrégé est donné aux employés de Michelin qui deviennent en langage familier les « Bibs ». Rarement symbole fut si fort dans le monde de la publicité et dura si longtemps – plus de cent ans. Seule son apparence fut remise au goût du jour pour satisfaire aux tendances nouvelles. Le Bibendum a été une source d'inspiration pour les artistes, y compris Salvador Dalí. Le 21 juillet 1969, lorsque les astronautes américains de la mission Apollo XI effectuent leurs premiers pas sur la Lune et que le monde découvre émerveillé les images retransmises en direct à la télévision, les astronautes, enserrés dans leurs grosses combinaisons blanches, ont des airs de Bibendum, ce qui est d'ailleurs souligné par un commentateur de télévision. En 2000, cent deux ans après sa naissance, la mascotte a été élue meilleur logo du XXe siècle par un jury international réuni par le *Financial Times* et le journal canadien *Report on Business*. Aujourd'hui, le Bibendum continue sa vie. Le service du patrimoine historique de la maison Michelin a mis sur pied une exposition itinérante qui montre au public par l'intermédiaire d'une centaine d'affiches et d'objets les avatars graphiques de son personnage mythique. Celle-ci a été présentée dans une dizaine de villes d'Espagne y compris Madrid en 2006, attirant quelque deux cent mille visiteurs, avant de poursuivre son périple dans d'autres villes européennes, puis aux États-Unis et au Japon.

6. Des guides et des cartes pour le voyageur moderne

Les années charnières entre le XIXe et le XXe siècle furent une période particulièrement faste pour Michelin, tant sur le plan de son développement industriel que de son image. En 1900, une autre idée plutôt géniale née dans le cerveau d'André Michelin fut concrétisée : publier un guide Michelin. Le guide en question, dans l'esprit de son concepteur, devait être une sorte de vade-mecum à l'usage des automobilistes et vélocipédistes. Pari formidable que d'oser diffuser un tel guide alors que le marché automobile était encore embryonnaire, en France comme ailleurs. L'Hexagone ne comptait que trois mille propriétaires de voitures, or Michelin décida d'imprimer trente-cinq mille exemplaires pour cette première édition. Sur la couverture, il était précisé que ce guide de trois cent quatre-vingt-dix-neuf pages était « offert gracieusement aux chauffeurs ». L'on ajoutait, dans les premières lignes de l'avant-propos, que « le présent ouvrage a le désir de donner tous les renseignements qui peuvent être utiles à un chauffeur, voyageant en France, pour approvisionner son automobile, pour la réparer, pour lui permettre de se loger et de se nourrir, de correspondre par poste, télégraphe ou téléphone ».

Les rédacteurs du « petit livre rouge » ajoutaient, dans un message prémonitoire et d'une ambition folle : « Cet ouvrage paraît avec le siècle ; il durera autant que lui. L'automobilisme vient de naître ; il se développera chaque année et le pneu avec lui, car le pneu est l'organe essentiel sans lequel l'automobile ne peut rouler. » La prédiction se révéla juste et même bien en deçà de la réalité puisque, plus d'un siècle après, les *Guides Michelin* non seulement sont toujours là, mais ont connu au fil des ans un succès croissant, en France puis à l'étranger. Michelin promettait qu'une nouvelle édition serait publiée chaque année, « mise soigneusement à jour », grâce en particulier aux contributions des chauffeurs eux-mêmes, invités à répondre à des questionnaires. « Sans eux, nous ne pouvons rien ; avec eux, nous pouvons tout », ajoutait le *Guide*. Michelin s'engageait aussi vis-à-vis de ses lecteurs à ne céder à aucune compromission quant à la qualité des hôtels recommandés. « Nous leur promettons de rayer impitoyablement de nos listes tous les hôtels dont ils nous signaleront comme défectueux la table, la chambre, les w.-c., le service ; les dépôts d'essence mal approvisionnés ; les dépositaires du stock Michelin dont ils auraient sérieusement à se plaindre. »

Ce premier guide contenait quelques pages de publicité pour des marques d'automobiles, une liste des dépositaires de pneus Michelin, des conseils pour le démontage et le remontage des pneus pour vélos, mais aussi et surtout une nomenclature des villes classées par ordre alphabétique, ainsi que des plans et des indications concernant les distances avec les villes voisines et Paris, les principaux établissements hôteliers, la présence d'un bureau de poste, d'un téléphone public et d'un télégraphe. Les usagers y trouvaient également d'autres renseignements, tels que la présence d'une pharmacie, d'un médecin (dans les petites localités où il pouvait y avoir un doute), d'un mécanicien et de dépôts d'essence. Par souci de clarté et de concision, Michelin avait recours à des signes conventionnels, des petites icônes, pour identifier la présence de ces facilités. Déjà, les hôtels étaient classés par leur nombre d'étoiles. Un trois-étoiles était un établissement de standing « où il faut compter dépenser par jour plus de 13 francs (vin compris) ». Un deux-étoiles ne coûtait pas plus de 10 à 13 francs. Le prix d'une chambre dans un hôtel une étoile, établissement plus modeste mais convenable, variait entre 7 et 10 francs.

Dire que ce premier guide et les suivants furent populaires est un euphémisme. Le tirage ne cessa d'augmenter pour satisfaire la demande, tandis que Michelin s'attachait à le perfectionner. L'édition de 1902 comportait une liste des « bons chirurgiens », celle de 1907 classe les hôtels en fonction de leurs prix, celle de 1908 ajoute une première liste de restaurants. La liste des plans des villes s'allongea notablement, les renseignements se firent plus détaillés et plus nombreux. « Comme il paraissait régulièrement aux premiers beaux jours, la publicité de la Maison en avait fait "L'œuf de Pâques des automobilistes" », souligne le *Bulletin intérieur Michelin*[1]. Le *Guide* resta gratuit jusqu'au jour où, en 1920, selon l'histoire officielle de Michelin, « en voyage, André Michelin, indigné constata que les guides envoyés à un stockiste servaient à caler les pieds d'une table[2] ». Après cette date, il fut vendu, et les restaurants commencèrent à être notés, de même que firent leur apparition les redoutés inspecteurs anonymes, chargés de donner une notation établie sur la base d'une visite impromptue et discrète. À partir de 1926, les meilleurs restaurants reçurent une « Étoile de bonne table ». Le classement de une à trois étoiles fut utilisé après 1931, tandis que la gamme des guides s'élargissait.

La parution d'un nouveau guide était soigneusement préparée. « Depuis cinquante-quatre ans, aux environs de Pâques, une édition nouvelle du *Guide Michelin France* voit le jour. Savez-vous que la mise en vente se fait dans toute la France et à l'étranger à la même date ? Que le même jour, de petites affiches rouges et jaunes fleurissent aux vitrines des librairies de Paris, de Perpignan, de Strasbourg, de Brest, d'Anvers et de Londres ? », explique le *Bulletin intérieur* du 30 avril 1954.

Le premier guide régional vit le jour en 1926. D'abord de couleur jaune, puis verte ensuite. Il s'agissait du premier guide spécifiquement orienté sur le tourisme que publia le fabricant de pneus. Entre 1904 et 1914, Michelin édita des guides sur les pays étrangers, avec la Belgique en 1904, l'Algérie et la Tunisie en 1907, les Alpes et le Rhin en 1908, l'Allemagne, l'Espagne et le Portugal en

1. *Bulletin intérieur Michelin,* n° 29 du 20 juin 1946.
2. *Ibid.*

1910, les îles Britanniques en 1911, le Maroc en 1914, l'Allemagne en 1915 ; une gamme qui ne cessa de s'élargir.

Un siècle plus tard, le triomphe des *Guides Michelin* n'est plus à démontrer. Les éditions originales du *Guide rouge* du début du XXe siècle s'arrachent à prix d'or. Un *Guide rouge* de 1900 a été adjugé pour 81 000 francs (12 348 euros) lors d'une vente aux enchères le 21 juillet 2001 à Clermont. Le *Guide Michelin* est resté le plus grand succès de l'édition française, devant les prix Goncourt. Il existait en 2007 dix-huit versions du *Guide rouge* Michelin où sont référencés quarante-cinq mille restaurants dans une bonne partie de l'Europe et aux États-Unis. La seule version française s'est vendue à plus de 35 millions d'exemplaires, au rythme actuel de cinq cent mille par an. Au début des années soixante déjà, il s'en vendait trois cent vingt-cinq mille par an, le plus fort tirage de guides dans le monde[1]. Michelin a publié des *Guides rouges* dans vingt-deux pays, mais la bible des gastronomes ne s'est aventurée que deux fois en dehors de l'Europe, avec des guides consacrés à New York et à San Francisco. À partir de 2008, un guide sur Tokyo et les grandes tables de la capitale japonaise sera édité en japonais et en anglais. Cette première incursion en Asie fait dire à Jean-Luc Naret, directeur de la publication des *Guides Michelin* : « On n'est pas un guide français : en France on est français, en Italie on est italien, en Espagne on est espagnol. Partout, nous sommes véritablement ancrés dans le pays[2]. »

Selon qu'il attribue une étoile, en ajoute une ou en retranche une d'une année sur l'autre, le guide redouté peut faire ou défaire une réputation et drainer une clientèle importante. On estime que l'ajout d'une étoile peut apporter à un restaurant trente pour cent de clientèle en plus et que le retrait d'une étoile peut au contraire l'amputer de trente pour cent. Mais, comme l'explique le *Bulletin intérieur Michelin,* dans un article intitulé en toute simplicité « Le *Guide Michelin,* le meilleur guide du monde », les inspecteurs

1. *Bulletin intérieur Michelin,* n° 317 du 31 mars 1961.
2. Agence France-Presse, 14 mars 2007.

chargés d'évaluer la qualité des tables travaillent sans se signaler : « Ne croyez surtout pas que l'inspecteur Michelin, après avoir annoncé sa visite et décliné ses titres et qualités, déguste les petits plats préparés par le chef de cuisine à son intention… et que, gâté, gavé, dans l'euphorie qu'assurent une bonne chère et de bons vins, il soit naturellement disposé à accorder toutes les étoiles qu'on voudra bien lui demander, explique la revue. Ne croyez pas non plus que le repas lui soit gracieusement offert. Quand un des inspecteurs doit faire une enquête sur la qualité de la table, il entre sans avertissement, comme le client le plus anonyme, à l'heure des repas. Sur la carte qui lui est présentée, il établit son menu à son gré, comme le ferait tout consommateur. Le repas terminé, il demande la note et la règle. C'est seulement après, ses notes prises et son jugement fait, qu'éventuellement il peut se faire connaître et révéler le but de sa visite. (…) De cette façon, aucun traitement de faveur, aucune réduction sur le prix du repas, aucun "pot-de-vin" ne peut influencer la décision de notre inspecteur, impartial en toutes circonstances[1]. »

Michelin publie également une gamme très fournie de *Guides verts* consacrés à vingt-huit régions de France ainsi qu'à une quarantaine de pays. Le premier a vu le jour en 1946. À tout seigneur tout honneur, il était consacré à Paris. Soixante ans plus tard, le *Guide vert Paris* se vend annuellement à 70 000 exemplaires, dont 40 000 en français et 30 000 en anglais, allemand, italien, espagnol et néerlandais. Michelin publie également des *Guides verts* Europe et France, y compris en chinois ! En 2007, la maison avait en projet des versions chinoises de ses guides Italie, Espagne, Allemagne et Grande-Bretagne.

Mais revenons un peu en arrière. Il y a un siècle, les opérations publicitaires ne s'arrêtèrent pas là. En 1908, André Michelin ouvrit à Paris, boulevard Pereire, un Bureau des renseignements qui conseillait les voyageurs sur le meilleur itinéraire. Des feuilles personnalisées et intitulées « Itinéraire Michelin » étaient préparées

1. *Bulletin intérieur Michelin,* n° 317 du 31 mars 1961.

et offertes aux utilisateurs qui en faisaient la demande. Cette initiative, dont l'objectif était, comme les autres, de faciliter la vie des automobilistes, fut un autre coup de maître dans la politique de communication de la firme. Le succès ne se fit guère attendre : en 1908, un seul employé assurait le service et répondait à quelques centaines de demandes dans l'année ; en 1925, 120 employés répondaient à 154 748 demandes[1].

Le même André fut à l'origine d'une autre innovation de taille : les cartes routières. Il est vrai qu'il avait, dans ce domaine, des compétences particulières. Après des études à l'École centrale de Paris, André avait travaillé au ministère de l'Intérieur au service de la cartographie. La carte routière la plus ancienne de Michelin semble avoir été publiée à l'occasion de la coupe Gordon-Bennett en 1905. Il s'agit d'une carte au 1/100 000 de l'itinéraire de la compétition. Les études pour la publication de cartes sur la France commencèrent en 1908 dans les bureaux de Michelin. Les premières cartes commerciales, au 1/200 000, furent publiées en 1910, avec d'abord la région de Clermont-Ferrand, puis la côte méditerranéenne et la région parisienne. Tout était réalisé chez Michelin. Trois mille calques étaient préparés, un pour chacun des cantons, la totalité de la France étant couverte en 1913. Des cartes Michelin sur la Grande-Bretagne voisine, puis l'Espagne, la Belgique, le Luxembourg, la Suisse parurent dans les années 1910 et 1920. Outre qu'elles deviendront un produit rentable sur le plan commercial, elles resteront, jusqu'à aujourd'hui, un formidable instrument de publicité pour Michelin dont elles confortaient l'image de sérieux. Le Bibendum figure évidemment au dos des cartes à partir de 1919. Les cartes Michelin jouèrent un rôle important pendant la Seconde Guerre mondiale. Des versions simplifiées furent utilisées à partir de 1939 par l'armée française. Pendant le conflit, les Américains en firent des copies pour leurs propres cartes.

Parallèlement, André Michelin et son frère Édouard se lancèrent en 1910 dans un autre projet ambitieux : le bornage et la signalisa-

1. *Bulletin intérieur Michelin,* n° 29 du 20 juin 1946.

tion des routes avec la distribution gratuite aux municipalités de trente mille plaques indicatrices, toutes marquées bien sûr du nom du généreux donateur. Les deux frères menèrent, deux ans plus tard, une campagne active pour l'installation le long des routes de bornes kilométriques ainsi qu'un numérotage des axes routiers. Leur pétition, annoncée en octobre 1912 au Salon aéronautique, obtint comme premier signataire le président de la République, Armand Fallières. L'histoire veut qu'il n'aurait pas réalisé ce qu'on lui faisait signer : « Alors que le président, inaugurant le Salon de l'Aviation de 1912, passe au stand de la maison, André Michelin lui met dans la main une magnifique plume d'oie et lui fait signer la pétition. Il est probable que, sur le moment, le président ne se rendit pas très bien compte de ce qu'on lui demandait[1]. » Toujours est-il qu'en l'espace de huit semaines, deux cent mille signatures furent collectées et remises au ministère des Travaux publics.

On peut imaginer à quel point il était difficile pour un automobiliste de se repérer sur les routes de France lorsqu'il n'y avait ni panneau indicateur ni aucun repère géographique. Finalement, les choses ne traînèrent pas. Le 17 mars 1913, Jean Dupuy, ministre des Travaux publics, signa une circulaire qui donnait un feu vert officiel au numérotage des routes. Quelques années plus tard, en 1920, Michelin se distingua, toujours dans le même domaine, avec l'installation aux croisements des grandes routes des célèbres bornes de signalisation rouge et blanc à quatre faces qui, pendant des décennies, restèrent familières du paysage routier français. L'administration n'accepta ce projet qu'en 1931, mais huit ans plus tard, pas moins de soixante-dix mille bornes d'angle avaient été mises en place[2].

Les cartes connurent et continuent de connaître un engouement aussi fort que les guides. Michelin rappelle, dans ses publications officielles, que lors du débarquement des Alliés en Normandie en 1944, la manufacture leur remit un grand nombre de cartes pour

1. *Bulletin intérieur Michelin,* n° 27 du 20 mai 1946.
2. *Bulletin intérieur Michelin,* n° 99 du 16 juin 1950.

faciliter leur progression. « Une enquête fut menée par le Commandement américain, auprès d'Américains ayant séjourné en France avant la guerre : elle révéla que les cartes et les guides Michelin étaient jugés comme les meilleurs compagnons pour un voyage dans notre pays : 85 % des réponses désignaient Michelin[1]. » « Habitué, avant même le débarquement, à lire nos cartes et notre *Guide*, l'état-major interallié vint, dès son installation à Paris, nous demander de lui remettre tout ce que nous possédions comme cartes de Belgique, du nord et de l'est de la France », poursuit Michelin. Cent quatre-vingt-dix mille cartes de ces régions, cachées aux Allemands « à force de ruses », furent chargées le même jour sur des camions américains et cent quatre-vingt-quatorze mille autres cartes supplémentaires imprimées en huit jours. « D'autres commandes suivirent et plusieurs millions de cartes furent ainsi imprimées, notamment celles de l'ouest et de l'est de l'Allemagne, au millionième, spécialement dessinées pour les Alliés[2]. »

Sur le plan strictement commercial, il s'était déjà vendu en 1950 un total de 47 millions de cartes et 6 millions de guides, dont 2 millions de *Guide France* et 2 millions de guides régionaux. Gardons néanmoins en tête le fait que l'édition de guides, cartes et autres produits dérivés, en dépit de leur succès, ne représente aujourd'hui que 2 % du chiffre d'affaires de Michelin, 98 % provenant de l'activité production de pneumatiques. Cette activité dérivée concourt cependant au prestige de la marque et à son image.

La panoplie des guides Michelin s'est progressivement élargie avec le temps. Outre les *Guides Michelin (Guides rouges)* et les *Guides verts*, la manufacture publie aujourd'hui des guides *Voyager pratique* consacrés à des destinations proches comme la Toscane ou lointaines comme la Chine, des *Guides camping*, des *Guides gourmands* avec une sélection de restaurants, de marchés et de commerces de bouche, des guides *Nos coups de cœur* qui proposent des étapes de charme à prix modérés et des *Guides verts*

1. *BIB Revue* du 22 juillet 1964.
2. *Ibid.*

thématiques pour préparer son week-end et des balades clés en main. Michelin est incontestablement devenu une référence dans le domaine de la gastronomie et du tourisme. Il publie par ailleurs six cent cinquante guides et cartes touristiques. En 2005, il a vendu 20 millions de plans, cartes et atlas dans quatre-vingt-dix pays. Le groupe est devenu un acteur dans le petit monde des sites Internet de guides cartographiques avec son site *Via Michelin* disponible en cinq langues et qui reçoit plus de un million de visites par jour.

En 2005, il s'est vendu huit cent mille exemplaires du *Guide rouge,* le guide gastronomique le plus vendu dans le monde, dont 30 % en France. Il a cependant été la cible de nombreuses critiques ces dernières années, alimentées par le suicide en 2003 du chef Bernard Loiseau, dont l'établissement était classé trois étoiles au *Guide Michelin,* la sortie d'un livre de l'ancien inspecteur du guide Pascal Rémy qui dénonce les méthodes de travail[1], et enfin le piteux retrait du *Guide Benelux* 2005 qui avait noté un établissement avant même son ouverture ! Dans une interview en mars 2006, Pascal Rémy affirmait que, souvent, l'inspecteur se présente avec une carte officielle pour effectuer les visites de restaurants, reniant ainsi l'anonymat proclamé par Michelin. Quant à la mort de Bernard Loiseau, il explique que les guides « maintiennent une pression constante », mais que les grands chefs « se mettent parfois la pression tout seuls ». Nul donc ne peut affirmer l'existence d'un lien de cause à effet entre la pression mise par les guides sur les grands chefs et le suicide de Bernard Loiseau qui avait consacré une bonne partie de sa vie à son célèbre restaurant *La Côte d'or* à Saulieu.

1. *L'inspecteur se met à table,* 2004, Éd. des Équateurs.

7. Michelin se donne des ailes

L'engouement d'André Michelin pour l'aviation remonte aux premiers balbutiements de celle-ci. Édouard, absorbé par sa tâche place des Carmes à Clermont-Ferrand, n'y avait guère prêté attention, mais son frère sentit très tôt que faire voler un engin plus lourd que l'air représentait pour l'humanité un progrès technique porteur d'avenir. André avait reçu son baptême de l'air en 1896, à bord d'un ballon sphérique. L'histoire officielle veut que ce soit au cours de cette ascension qu'il décidât, avec d'autres personnalités présentes dans la nacelle, de la création de l'Aéro-Club de France. Le 23 octobre 1906, le Brésilien Alberto Santos-Dumont effectue un vol de 60 mètres à une altitude de 2 à 3 mètres, à Bagatelle, à bord de son aéroplane « 14 bis » et remporte la coupe Archdeacon de l'Aéro-Club de France. Ce prix récompensait le vol d'un engin plus lourd que l'air autopropulsé et non pas lancé par un mécanisme au sol. Le 13 janvier 1908, Henri Farman, d'origine britannique mais naturalisé français, effectue le premier vol officiel en circuit fermé de l'histoire : 1,8 kilomètre en une minute et vingt-huit secondes à bord d'un aéroplane Voisin, au-dessus d'Issy-les-Moulineaux, au sud-ouest de Paris. Il n'en fallut pas plus pour que l'imagination féconde du frère fondateur conçoive un prix afin de récompenser un exploit aérien. L'histoire officielle Michelin veut qu'il écrivît à son frère : « Puisqu'un de ces outils a pu quitter le sol, il n'y a aucun motif – étant donné la rapidité des progrès que nous avons vus s'accomplir dans l'industrie de l'automobile et l'extrême analogie qu'il y a entre le moteur d'une auto et le moteur d'un aéroplane – pour qu'avant peu on ne puisse parcourir de très grandes distances en avion. Voici donc une industrie pleine d'avenir, aussi bien du point de vue de la vie civile qu'au point de vue de la guerre. Si nous entreprenions la fabrication d'oiseaux[1] ? » Selon une autre version, il aurait écrit à Édouard : « Du moment où un aéroplane a pu voler un kilomètre, il n'y a pas de raison qu'il ne vole pas mille kilomètres[2]. » Édouard répondit que le pneu absorbait suffisamment les énergies pour penser à l'avion, mais il était d'accord pour aider l'aviation.

La maison Michelin confère à Édouard la paternité de l'idée d'une coupe Michelin annuelle dotée de 20 000 francs pour l'aviateur ayant parcouru en circuit fermé la plus longue distance, « à condition que ce record soit double au moins de celui de l'année précédente », et d'un grand prix doté de 100 000 francs qui sera remis à celui qui, le premier, parviendra à poser un aéroplane sur le puy de Dôme après avoir parcouru un trajet le faisant passer au-dessus de l'arc de Triomphe à Paris puis au-dessus de la cathédrale à Clermont-Ferrand en moins de six heures ! La coupe est gagnée en 1908 par Wilbur Wright pour un vol de 124,7 kilomètres. En 1909, Henri Farman la remporte pour un vol de 234 kilomètres. En 1910, c'est au tour de Maurice Tabuteau de gagner la coupe après un vol de 584 kilomètres. En 1911, Emmanuel Helen franchit 1 252 kilomètres et en 1914 Eugène Gilbert réalise 3 000 kilomètres ! « Ces performances peuvent aujourd'hui nous faire sourire ! Pour comprendre leur valeur, il faut se reporter à ces temps héroïques de l'aviation. Sur l'appareil de Tabuteau, un biplan Farman, il n'y avait ni boussole, ni goniomètre, ni aucun instrument de mesure. Le parachute n'existait pas, explique la manufacture. (…) Pour essayer le moteur, il fallait attacher l'appareil à un dynamomètre. Lorsque le dynamomètre indiquait un certain chiffre, les techniciens lui accordaient le droit de voler. Il suffit de jeter un

1. *Bulletin intérieur Michelin,* n° 62 du 13 février 1948.
2. *Bulletin intérieur Michelin,* n° 313 du 30 janvier 1961.

coup d'œil sur l'appareil pour comprendre les difficultés qui pouvaient naître de la pluie, du vent ou des orages[1]. »

S'agissant du grand prix, outre le pilote, l'avion devait transporter un passager, sur une distance de 350 kilomètres, avant de se poser à une altitude de 1 456 mètres au sommet du puy de Dôme. Pari fou, mais le principe du Grand Prix Michelin est proclamé le 6 mars 1908 par le président de l'Aéro-Club de France. Les candidats ont dix ans au maximum pour y parvenir. Devant l'audace d'une telle annonce, certains ne manquèrent pas de se gausser. D'autres accusèrent Michelin de se faire une publicité à bon compte : « Michelin est un malin ; ses 100 000 francs ne risquent rien ; le prix ne sera jamais gagné et, pendant ce temps, il se fera de la publicité à l'œil[2]. » Un premier essai, tenté le 7 septembre 1910 par Charles Weymann avec un passager volontaire du nom de Fay, à bord d'un biplan Farman, échoue mais de très peu puisqu'il se pose à Volvic, à moins de 20 kilomètres du but. De mauvaises conditions météorologiques l'avaient empêché d'aller plus loin. Un deuxième essai, mené le 4 octobre de la même année par les frères Léon et Robert Morane sur un monoplan Blériot, se solde par une chute à 20 kilomètres de Paris qui faillit bien leur coûter la vie. Ils s'en sortirent avec de multiples fractures. Le 7 mars 1911, Eugène Renaux prend les airs à bord d'un biplan Farman qui décolle d'un terrain à Buc, au sud de Versailles dans la banlieue parisienne, avec Albert Senouque comme passager.

Lorsque, quelques heures plus tard, leur aéronef apparaît enfin au-dessus de Clermont-Ferrand et vire au-dessus de la cathédrale, de nombreux habitants, montés sur les toits, applaudissent les deux héros du jour, tandis que les sirènes des usines et les cloches des églises retentissent. Le fragile avion continue son chemin, prend de l'altitude, puis se pose en douceur à 14 h 23 sur l'aire aménagée au sommet du volcan éteint, cinq heures et dix minutes après son décollage. Le pari était gagné, trois ans seulement après avoir été

1. *Ibid.*
2. *Bulletin intérieur Michelin,* n° 62 du 13 février 1948.

lancé ! L'affaire fit évidemment grand bruit, en France et à l'étranger. De nombreuses photographies reprises sur des cartes postales de l'époque ont immortalisé l'événement. Le prix fut remis peu après à Eugène Renaux à la Sorbonne, à Paris. André en profita pour prononcer un discours dans lequel il annonça que, dans un avenir proche, la vitesse des avions passerait de 80 km/h à 400 km/h et que le tour du monde se ferait en moins de cinq jours.

L'aventure ne devait pas s'arrêter là. Ce même jour, André avait pris à partie le ministre de la Guerre, Maurice Berteaux, présent à la cérémonie : « Montez à la tribune, expliquez au Parlement qu'il se présente un empire à conquérir, à savoir : l'empire des Airs. Avec 100 millions, au prix moyen de 20 000 francs, vous fabriquerez 5 000 aéroplanes. Cela peut être fait en un an. Ce jour-là, qui osera nous attaquer[1] ? » En 1912, les deux frères diffusèrent en grand nombre une brochure intitulée *Notre avenir est dans l'air* dans laquelle ils demandaient la fabrication de cinq mille aéroplanes militaires et la formation de cinq mille pilotes, et invitaient les Français à faire pression sur les autorités pour exiger d'elles la réalisation de ce programme. Cet appel resta lettre morte, mais peu après la diffusion de ce texte, André réunit des membres éminents de l'Association générale aéronautique qui fondèrent un comité national d'aviation militaire, dont l'une des missions était précisément de collecter les dons publics et dont le trésorier n'était autre qu'André Michelin. Ce comité parvint à réunir 4 millions de francs en deux ans, somme transmise au ministère de la Guerre début 1914 qui permit la construction de soixante-dix pistes d'atterrissage et de cent vingt avions[2].

André Michelin était l'un des rares qui, en France, avaient compris l'intérêt stratégique de l'avion dans le domaine militaire. Il garda jusqu'au début de la guerre cet intérêt pour l'aviation et ne manqua aucune occasion pour en souligner l'importance dans un

1. *Ibid.*
2. Antoine Champeaux, *Michelin et l'Aviation, 1896-1945 : patriotisme industriel et innovation,* Lavauzelle, 2006.

conflit armé, alors que les bruits de bottes se faisaient entendre de l'autre côté du Rhin. Pendant la Première Guerre mondiale, Michelin fut d'ailleurs, de sa propre initiative, mis à contribution pour la fabrication de cellules d'avions bombardiers Breguet. Les premières furent assemblées dans les usines de Clermont-Ferrand onze mois après le début de la guerre. Michelin fit don des cent premiers exemplaires, les suivants étant vendus à prix coûtant. C'est dans ces années-là que fut construite à Aulnat, dans la banlieue de Clermont-Ferrand, la première piste en dur du monde, à la demande d'Édouard, pour faire décoller les Breguet assemblés chez Michelin. Lorsque l'armistice fut signé, en novembre 1918, Michelin avait assemblé un total de 1 884 avions Breguet, 8 600 lance-bombes et 342 000 bombes, dont une partie pour les forces américaines[1].

Sitôt la guerre terminée, Michelin abandonna la construction d'avions pour revenir exclusivement à la fabrication de pneus. Il se sentait encouragé dans cette voie, il est vrai, par le fait que la manufacture avait perdu son avance technologique au sortir de la guerre, au profit des nouveaux géants américains du pneu, tels que Goodrich, Firestone et Goodyear qui maîtrisaient déjà l'utilisation du noir de carbone. Songeons que, en 1920, Michelin employait 12 000 personnes, alors que les effectifs de Goodyear étaient de 22 500, ceux de Goodrich de 23 325 et ceux de Firestone de 15 000. Michelin ne reprendra son avance technologique qu'à partir de la fin des années 1930.

1. *Ibid.*

8. La culture du secret

Pour Alain Jemain, auteur de *Michelin, un siècle de secrets*, la cause est entendue. « Depuis bientôt un siècle, l'entreprise la plus secrète d'Europe rythme ses pulsations, règle sa montre et ses ambitions en fonction de cette passion qui confine à la mystique[1] » : le secret. Étrange paradoxe : autant Michelin avait compris l'importance de la publicité qui plaçait la manufacture sur l'avant-scène de la renommée française et mondiale, autant ses dirigeants, et en particulier les deux frères Édouard et André, choisirent très tôt de cultiver le secret.

Jusqu'en 1900, la firme tirait une fierté légitime à montrer complaisamment à l'extérieur ses machines et ses ateliers. Une série de cartes postales très connue présentait encore des photos, saisissantes de précision, des grosses machines à vapeur, des laboratoires d'analyse, des divers ateliers de transformation de la gomme et de fabrication des pneus, et même des procédés de vulcanisation du caoutchouc. On y voit également les presses hydrauliques, les différentes étapes de la fabrication des chambres à air et d'autres procédés. On accueillait sans difficulté les visiteurs dans les ateliers, y compris ceux, sensibles, de la fabrication.

En 1898 et 1900, lorsque Michelin procède à deux emprunts sur le marché obligataire, il faut convaincre les épargnants de la solidité de la maison et de son avenir sur le marché mondial du pneu. Des plaquettes sont donc imprimées à leur intention, levant un peu le voile sur les capacités techniques, les marges bénéficiaires et la

1. *Michelin, un siècle de secrets, op. cit.*

situation financière de la manufacture. Le tournant se produisit aux alentours de 1900. Passé cette date, la décision est prise d'imposer le secret sur les procédés de fabrication, les intérieurs des ateliers, les équipements utilisés et, d'une façon générale, sur l'ensemble du fonctionnement de la manufacture. Il y avait, d'un côté, la publicité, les participations aux courses automobiles, les opérations publiques de soutien ou d'organisation de compétitions sur route ou dans les airs pour les avions et quantité d'autres initiatives visant, directement ou indirectement, à montrer Michelin sous le jour favorable de l'innovation et de l'avance technologique. Il y avait, de l'autre, la réalité quotidienne de la production dans les usines qui, elle, était désormais jalousement tenue à l'abri des regards extérieurs. Les employés étaient dorénavant formellement invités à faire preuve de la plus grande discrétion sur les activités de la manufacture dans leurs contacts en dehors de l'usine.

Quant à l'intérieur de l'usine, il était compartimenté en ateliers identifiés par des lettres de l'alphabet en fonction de leur activité. Il y avait ainsi l'atelier Z pour la fabrication de la gomme à partir de la matière première, l'atelier XH de production des fils textiles, l'atelier R pour les fils métalliques, les services O pour la fabrication des pneus – le plus grand de tous les services de la manufacture –, D pour le rechapage, Y pour la production des chambres à air, TV pour celle des jantes, VD pour l'entretien, J pour les achats, BL pour les bâtiments et W pour les transports et les voitures d'essai[1]. Cette nomenclature n'avait cependant rien de secret, puisque la liste complète a été publiée par le *Bulletin intérieur* de Michelin[2]. Mais les ateliers étaient séparés les uns des autres et les contacts entre eux très encadrés. Impossible de passer d'un atelier à un autre sans un « bon de circulation » signé par un chef de service.

La consigne est le silence. « Le silence est plus qu'une loi, c'est un devoir », dit Alain Jemain[3] : la consigne était de ne jamais dire

1. Ce système a été modifié à partir de 1986.
2. *Bulletin intérieur Michelin,* n° 216 du 13 janvier 1956.
3. *Michelin, un siècle de secrets, op. cit.*

à personne, sauf à sa hiérarchie, ce que l'on sait, ce que l'on fait ou ce que l'on prépare. François Michelin avait un credo : « Cinq minutes suffisent à comprendre un procédé, donc à le copier et mettre au chômage nos employés. Alors qu'il faut dix ans à nos ingénieurs pour sortir un nouveau pneu ou développer une nouvelle machine. » Cette culture du secret durera, quasi inchangée, quatre-vingts ans sans discontinuer.

Dans son *Bulletin intérieur* n° 13 de mars 1945, la direction de Michelin explique les raisons de ce secret : « Les secrets dans les Métiers ou dans l'Industrie, cela ne date pas d'hier. De tout temps, lorsqu'un artisan a découvert un procédé de fabrication ou un tour de main lui permettant de fabriquer un produit nouveau ou meilleur, son premier souci a été de tenir le procédé secret de manière à rester le seul à en tirer profit. » L'article ajoute que la mise au point d'un produit nouveau coûte cher. « Dans son prix de vente, l'inventeur est obligé de tenir compte de ces dépenses, tandis que ses concurrents, adoptant son invention, sans avoir aucun frais de recherche, pourraient vendre le même produit meilleur marché. L'inventeur serait bientôt ruiné. » Soulignant que des indiscrétions et des imprudences avaient déjà plusieurs fois permis à d'autres fabricants de profiter du travail de Michelin, la direction ajoute : « Nous sommes bien épiés et c'est pourquoi nous devons observer une stricte vigilance dans tous les domaines et à tous les instants. (...) Et on ne doit pas s'étonner si cette vigilance prend parfois la forme d'une intransigeance qui surprend certains. De n'avoir jamais permis à qui que ce soit de visiter l'Usine nous a procuré l'unique argument qui nous a permis récemment, dans des circonstances délicates, de refuser l'accès d'ateliers qui doivent rester secrets et de faire admettre ce refus. » L'article conclut par cette mise en garde : « Ne relâchons pas cette vigilance. La recherche constante du progrès est indispensable à la prospérité de l'Usine. Nous ne pourrons continuer cette recherche qui coûte cher que si nous en récoltons les fruits. Le secret est la condition nécessaire de la recherche et du progrès. »

Un ancien employé de Michelin, Albert Couturier, qui a quitté la firme à la fin de 2006 pour partir à la retraite après quarante et un ans d'activité, se souvient de ce secret érigé en dogme et en parle sans détours[1]. Il a travaillé dans plusieurs services, y compris dans les fonctions stratégiques d'organisateur, chargé à ce titre de développer les modes opératoires les plus efficaces et les plus économiques. « Le secret ? Dans chaque atelier, chaque échoppe, il y avait une grosse pancarte sur la porte : DÉFENSE D'ENTRER, ATELIER SECRET. Il était très, très rare que des individus puissent avoir accès à plusieurs ateliers différents. À chaque fois il fallait faire une demande d'autorisation. Que ce soit pour mettre en place une étude ou prendre des mesures, ou pour un dessin, obtenir cette autorisation du chef n'était pas toujours facile. Cela avait quelques inconvénients. Il n'y avait aucune notion d'interface entre deux unités. Je donnerai un exemple. Dans l'atelier A, on va mettre l'écrou sur la vis pour faire un boulon, ce qui représente la dernière opération de l'atelier A. On le transporte dans l'atelier B qui est aussi secret, où la première opération consiste à enlever l'écrou sur la vis. C'est logique, puisque l'on ne sait pas ce qui se passe chez le voisin. C'est complètement antinomique avec ce que l'on appelle aujourd'hui la *supply chain,* la chaîne d'approvisionnement qui maîtrise l'ensemble du système depuis le début de la préparation des commandes jusqu'à la fabrication. C'était la culture du secret, à outrance ! »

Albert Couturier poursuit : « On en sait quelque chose. Vous aviez les visites d'entreprises. En 1968, lorsque le président Charles de Gaulle est venu visiter Michelin, tout était bâché ! Pour que les accompagnateurs ne puissent pas voir ce qui se passait à l'intérieur. Les machines étaient bâchées. Ils ont traversé les ateliers où ils n'ont rien vu ! Aujourd'hui, il y a des visites d'ateliers. Mais peut-être qu'à l'époque, dans le contexte du procédé, on pouvait comprendre. Pour donner un exemple, le pneu radial par rapport aux concurrents avait encore trente ans d'avance technologique. Cela veut dire que pendant trente ans il a fallu protéger cette technique radiale qui a fait le bonheur de Michelin et qui a lancé la machine comme une fusée. »

1. Entretien avec l'auteur.

Mais le secret n'était-il pas poussé trop loin ?

« Si. Il était très difficile de faire une étude interservices, entre l'amont et l'aval. C'était la prérogative de quelques personnes, des stagiaires ingénieurs poussés par des personnalités importantes. C'est pour cela que l'on faisait de l'optimisation dans son coin ! Je donne un exemple : Mlle X gagnait 10 cents de dollar sur une tonne de gomme aux États-Unis, elle en faisait rentrer 150 000 tonnes, mais à la sortie on louait des bâtiments pour les stocker et cela nous coûtait 30 cents la tonne. C'était cela l'optimisation sectorielle. On ne considérait pas l'ensemble. Un autre exemple : toutes nos exportations se font en containers de 40 pieds, toutes nos importations se font en containers de 20 pieds. On passe donc son temps à promener des containers à moitié vides entre les ports du Havre et de Marseille et les usines de France. »

Cette situation a-t-elle changé ?

« Oui, assurément. Le secret s'applique encore au niveau du procédé, mais c'est à peu près tout. C'est-à-dire que les machines s'achètent de toute façon à l'extérieur. Il serait bien bête d'inscrire "secret" sur ces machines puisqu'on les achète chez Krupp et d'autres fabricants. Ce qui reste très important, c'est le procédé et un certain nombre de techniques. Le "C3M[1]", par exemple, est un procédé qui reste verrouillé dans des blockhaus, personne n'y va. Même si j'ai un très bon copain directeur du C3M, je ne peux pas y aller. Le C3M est une usine clés en main qui peut être transportée dans deux containers, l'objectif étant de la monter à proximité immédiate du constructeur automobile. On n'en est pas encore tout à fait là, mais enfin. Cette technique n'est pas sans poser quelques problèmes. On n'oubliera pas le principe de Lavoisier

1. Le C3M, pour « Carcasse Monofil Moulage Mécanique », est un nouveau procédé intégré, mis au point après quinze ans de recherches par des ingénieurs de Ladoux, à Clermont-Ferrand, qui tient dans un camion et qui transforme les sept étapes classiques de la fabrication d'un pneu en une seule. Les matières premières entrent d'un côté et le pneu sort de l'autre. Les gains de productivité sont importants. Inventé en 1993, le procédé n'est plus totalement secret, car il a été présenté dans ses grandes lignes à la presse spécialisée.

selon lequel il faut, tout de même, pouvoir amener les matières premières à demeure afin de pouvoir fabriquer les pneus, quelle que soit la situation. Nous avons implanté des usines C3M en Suède où nous avons beaucoup de difficultés à les alimenter, car le tout est secret. Je ne sais pas si vous mesurez tout ce que cela représente en transports secrets, depuis Clermont jusqu'à Göteborg, des coûts complètement astronomiques. Ce système C3M est situé à Givors. Le secret est motivé par le fait que la machine n'est pas encore industrielle, elle n'est pas connue. »

« Un autre secteur encore secret est le Micro Z, une technique particulière pour procéder au mélange et au complexage, c'est-à-dire ajouter plusieurs couches de produits différents pour pouvoir les livrer à la machine qui, elle, bâtit le pneu. » Quelle légitimité a donc cette culture du secret à outrance ? « C'était peut-être légitime dans la mesure où, par exemple, le pneu "X" devait être secret. Puisque nous n'avions pas les moyens de nous protéger autrement, nous devions tout verrouiller. Mais apposer le secret sur l'atelier de robinetterie parce que c'était du robinet Michelin, ça a évolué aujourd'hui. »

Jean Massoubre, ancien conseiller particulier de François Michelin, entré dans la firme en 1945 pour y passer quarante et un ans, parle lui aussi du secret : « La notion du secret n'était pas proclamée, encore qu'elle était assez nettement encouragée. Je me rappelle avoir vu dans les ateliers de nombreuses inscriptions, des tableaux qui rappelaient la nécessité de garder le silence sur le travail que l'on faisait dans cet atelier, sur le but que l'on poursuivait. Ce sont mes souvenirs de ma première année chez Michelin en 1946. Il y avait dans les ateliers une inquiétude de protection du secret et de l'encouragement au secret, du rappel des vertus du secret, l'importance du secret pour la Maison, tous les aspects concurrentiels qui étaient vraiment tout à fait exceptionnels. Je suis sûr qu'elle n'était pas très répandue dans les autres entreprises avec cette précision et cette insistance[1]. »

1. Entretien avec l'auteur.

Cette recherche du secret était-elle légitime ?

« C'était assez légitime, car je dois dire que l'industrie du caoutchouc est assez particulière. Le caoutchouc n'est pas un produit simple, les transformations que l'on peut lui faire subir sont multiples et, de ce point de vue-là, les concurrents étaient un peu à la même enseigne. J'ai fréquenté des gens qui ne nous parlaient guère, des gens de la maison Goodyear et Goodrich. Ces gens-là, comparés aux autres grandes sociétés américaines, observaient une attitude fermée. On visitait, oui, mais des visites extrêmement dirigées, organisées, limitées. La visite d'un atelier de Goodrich ou de Goodyear était quelque chose de minuté, de très dirigé. Ce secret était très spécifique au caoutchouc et au pneumatique, portant sur des spécialités où, en quelques minutes, sur quelques opérations, vous pouviez déceler des particularités très spéciales. Ce secret portait largement sur des nouveautés en cours de démarrage qui n'existaient qu'au stade expérimental. »

Qu'en est-il aujourd'hui ?

« Je pense que le secret existe toujours, mais c'est devenu très difficile. Dès les années soixante-dix, on sentait bien qu'il y avait non pas un relâchement, mais une moindre importance donnée à ces aspects du travail. La diversité du recrutement y était pour beaucoup. Dans les laboratoires, vous aviez côte à côte des chimistes, mais aussi des physiciens, des mécaniciens, des électriciens pour trouver des solutions à des problèmes qui nécessitaient une ouverture sur l'extérieur. Ces gens voyageaient plus, lisaient plus que par le passé. Là où le secret continue d'être respecté, c'est quand on se rapproche de la fabrication, des ateliers. C'était un domaine que l'on ne visitait pas. J'ai vu quelques procédés de fabrication, mais de loin, sans m'arrêter, chez Goodrich et chez Goodyear également. Goodrich était l'un des plus ouverts. Cela ne lui a d'ailleurs pas réussi[1]. »

Pour René Zingraff, ancien cogérant avec François Michelin pendant vingt ans jusqu'à son départ à la retraite en mai 2006, « le

1. Michelin a racheté en 1989 Uniroyal-Goodrich, le n° 2 du pneu aux États-Unis.

secret est quelque chose d'assez particulier à cette industrie du pneumatique ». « C'est en train d'évoluer cependant. Mais il s'agit d'une industrie dans laquelle, traditionnellement, les procédés étaient conçus au sein des entreprises. Ce n'était pas des procédés que vous achetiez à l'extérieur. De même que l'équipement de production, c'était souvent, jusqu'à il y a quelques années encore, des équipements conçus à l'intérieur des entreprises. Donc, on gardait jalousement les tours de main, les astuces mécaniques, électriques ou autres qui pouvaient être incluses dans ces équipements pour éviter que le concurrent ne puisse bénéficier du même avantage[1]. »

1. Entretien avec l'auteur.

9. Michelin, pionnier d'une politique sociale

Bien avant la plupart des autres entreprises en France, Michelin a innové dans un autre secteur : l'aide sociale. La multiplication des mesures sociales accordées aux employés de la manufacture fit que bientôt on parla de « Michelin-ville », une ville dans la ville de Clermont-Ferrand. Ces mesures furent telles que, il y a encore trente ans, pour bon nombre d'ouvriers, on pouvait dire que l'on « naît à la clinique Michelin, on étudie à l'école Michelin, on prie à l'église du Jésus-Ouvrier, on fait ses courses à la coop Michelin et on pratique le sport à l'ASM, l'"Association sportive Michelin"[1] ». En 1932, cela fait dire à J. Lavaud, dans la revue *Europe* à propos de l'ouvrier Michelin, qu'ainsi « se ferme le cercle qui, depuis sa naissance dans une crèche Michelin jusqu'à sa mort après laquelle on le mènera dans un fourgon automobile monté sur pneus Michelin, accaparant son travail et ses loisirs, tient enfermé le serf de cette nouvelle puissance féodale[2] ».

La première de ces mesures fut l'octroi, à partir de 1898, d'une participation aux bénéfices aux employés jugés les plus méritants. Le système, on l'a vu, fut largement inspiré de celui mis en œuvre par le fabricant de pianos Auguste Wolff. Nulle philanthropie gratuite car l'objectif était avant tout de récompenser les meilleurs de manière à les fidéliser à l'entreprise. Celle-ci remettait à ces

1. *La Montagne,* 31 mai 2006.

2. Revue *Europe* du 15 mars 1932, J. Lavaud, « Michelin ou la féodalité industrielle ».

employés chanceux, sélectionnés par elle, des parts qui leur apportaient une prime calculée sur le dividende des parts sociales. Cette prime, loin d'être négligeable, pouvait représenter dans l'année plus d'un mois de salaire. Mais seul le quart de cette somme était versé, le reste étant placé dans un fonds d'épargne-retraite rémunéré par un intérêt qui dépassait celui servi par les caisses d'épargne de l'époque. Cette participation servit aussi à Michelin d'argument pour recruter du personnel. Ceux qui devenaient participants étaient en principe les derniers à être licenciés en périodes de difficultés. Représentant moins de 6 % du personnel à la fin du XIXe siècle, les participants étaient 40 % en 1927[1]. D'autres mesures sociales vinrent s'ajouter, notamment des tarifs réduits pour les employés se fournissant dans une coopérative Michelin qui disposait de dix succursales où l'on pouvait trouver du charbon, du bois, de la viande, du vin, des vêtements, des chaussures, du mobilier et bien d'autres produits de base. Les employés bénéficiaient également de tarifs spéciaux sur les pneus Michelin. Vint ensuite la création d'un système de soins médicaux et de couverture maladie, avec des cliniques et des centres de soins pour les employés et les membres de leur famille, en fonction de leur ancienneté. Les services de santé furent progressivement développés.

La mesure phare en matière sociale fut la création par Édouard Michelin, le 30 janvier 1909, d'une « Société des habitations bon marché » qui fut chargée de la construction de centaines d'immeubles collectifs et de maisons individuelles destinés à être loués aux employés nécessiteux. Cent quatre-vingt un logements seront construits pendant la période 1909-1911, chiffre qui passa à mille cinq cent soixante-douze pour la période 1925-1929, principalement sur des terrains cédés par la ville. On parlait alors des « cités Michelin », sur le modèle anglais des cités-jardins. Les maisons individuelles offraient un confort rudimentaire, mais élevé et envié comparé à la situation calamiteuse des logements

1. Lionel Dumond, « Œuvres sociales de Michelin et Cie », 1927, in *Michelin, les Hommes du pneu,* sous la direction d'André Gueslin, Les Éd. de l'Atelier, 1993.

dans Clermont-Ferrand qui n'étaient souvent que des taudis : les locataires chanceux disposaient de quatre pièces pour une famille, de l'eau courante dans une cuisine séparée, d'une douche et d'un petit bout de jardin. Les loyers étaient sensiblement inférieurs aux prix du marché en ville.

Là aussi, l'objectif des cités ouvrières était de faciliter le recrutement et de fidéliser la main-d'œuvre. Elles poussèrent comme des champignons. Les premières furent érigées dès 1909, avec un confort encore sommaire (un étage unique et des toilettes à l'extérieur). La construction s'accéléra pendant la période de 1920 à 1929 dans les quartiers de l'Oradou, la Pradelle, Chanturge, Fontcimagne et Lachaux. La plus grande des cités construites avant la Seconde Guerre mondiale fut celle de La Plaine. Le projet y prévoyait la construction de deux mille logements, mais la moitié seulement sortit de terre avant la guerre. Le programme de construction se poursuivit après la guerre, si bien qu'en 1970 Michelin se retrouvait propriétaire de huit mille logements, immeubles collectifs et maisons individuelles, dans Clermont-Ferrand et sa périphérie immédiate. Les rues de ces cités prennent des noms évocateurs, choisis par Thérèse, l'épouse d'Édouard Michelin : rue de la Foi, de la Charité, de l'Espérance, de la Persévérance, de la Vaillance, de la Volonté, de la Confiance, de la Tempérance ou du Devoir.

En 1916, la firme inaugura un système d'allocations familiales, domaine où Michelin était également précurseur. Une somme forfaitaire était versée mensuellement en fonction du nombre d'enfants. Celle-ci se révélait nettement plus élevée que les barèmes nationaux ou ceux des caisses d'allocations familiales publiques. Michelin encourageait la natalité. L'entreprise pratiquait d'autre part délibérément une politique de salaires plus élevés que la concurrence directe, dont celle du fabricant de pneus Bergougnan à Clermont-Ferrand. Il y avait aussi les colonies de vacances organisées par Michelin. Enfin, Édouard s'attacha à parfaire l'édifice social avec la création, en 1911, de l'Association sportive Michelin (ASM). Dotée d'infrastructures élaborées (terrains de sport, gymnases, piscine, stades), elle était présidée par

Marcel Michelin, le fils d'Édouard. On pouvait y pratiquer de nombreuses activités sportives, jusqu'à la pelote basque ! Il y eut également une Amicale symphonique montferrandaise qui regroupait une troupe de théâtre, un groupe de danse, un orchestre et une chorale. Édouard avait aussi pensé à fonder une Amicale philatélique, sans oublier les arts, dispensés par l'Amicale des beaux-arts. Quant aux adeptes de la chasse, ils pouvaient accéder à prix réduits à des terrains de chasse appartenant à la manufacture. Il y avait même des sociétés de pêche, de ski, de camping, de joueurs d'échecs, de boulistes et d'arboriculteurs.

Les écoles pour les enfants des salariés de Michelin constituaient une pierre angulaire de l'édifice des aides sociales. Au fur et à mesure, le système scolaire mis en place par la manufacture s'étoffa. Dès 1912, Thérèse Michelin avait fondé un patronage qui accueillait jusqu'à cent cinquante petites filles. En 1916, trois classes furent ouvertes pour les filles à qui l'on enseignait le savoir-vivre, la morale et la couture[1]. Mais plus tard, un cycle scolaire complet de la maternelle jusqu'au bac fut mis en place, avec des écoles dans chacune des grandes cités Michelin. Sans être des écoles religieuses, ces établissements dispensaient un enseignement clairement orienté vers les principes moraux propres à la religion catholique. À partir du lycée, les élèves recevaient un enseignement technique qui, à la fin de la terminale, leur donnait un bac spécialisé. Celui-ci présentait le grand avantage, pour ceux qui le souhaitaient, de leur donner la possibilité de travailler chez Michelin. Cet enseignement technique sur mesure visait à préparer ces jeunes à travailler dans l'usine avec un savoir correspondant étroitement aux besoins de la manufacture. Déjà formés, ils étaient presque opérationnels. Pour les moins doués, il existait un apprentissage de trois ans, sanctionné par l'obtention du certificat d'aptitude professionnelle (CAP) avec, à la clé, mais pas de façon automatique, une embauche dans l'usine. Michelin disposait de dix-sept écoles en 1927. Ce nombre passa à vingt et un en 1940

1. *Bulletin intérieur Michelin,* n° 172 du 11 décembre 1953.

pour les seules écoles primaires, avec un total de quatre mille sept cents élèves [1].

Les familles n'étaient pas obligées d'envoyer leurs enfants dans ces écoles, mais la proximité et quelques mesures d'encouragement faisaient recette. Les écoles étaient bien entendu gratuites, de même que les fournitures. Ce système continua de se développer après la Seconde Guerre mondiale, préparant de bons ouvriers par milliers. Il dut cependant être entièrement démantelé en 1968, date à laquelle Michelin fut contraint par les autorités françaises de transférer toutes ses écoles à l'Éducation nationale. François Michelin, la mort dans l'âme, obtempéra. Les écoles Michelin comptaient alors six mille trois cents élèves, trois cent soixante-dix-neuf enseignants et cent soixante-dix-huit employés de services, répartis dans dix établissements scolaires [2]. À partir des années quatre-vingt, le groupe Michelin entreprit de vendre les logements, soit à leurs locataires, soit à des organismes HLM de la ville.

Du fait de toute sa scolarité effectuée dans lesdites écoles, on peut dire qu'Albert Couturier est tombé tout petit dans la marmite Michelin. « Je suis entré à l'école maternelle de Michelin à l'âge de trois ans, raconte-t-il [3], et j'ai continué jusqu'au bac technique. Les avantages apportés par Michelin à ses employés, c'est ce qu'on appelait les avantages d'avant 1968. Après la maternelle, je suis entré à l'école primaire, puis secondaire, toujours chez Michelin. L'école était entièrement gratuite. On ne se posait pas la question de la rentrée et du coût des livres comme aujourd'hui, ce qui était quand même une situation assez exceptionnelle. Mon père, originaire de Pontgibaud, était lui-même entré chez Michelin après la guerre. Il y a fait toute sa carrière, mais il est décédé de bonne heure. Après la troisième, on avait plusieurs possibilités à l'issue des examens. La plus avantageuse était encore de rester à l'école

1. *Michelin, les Hommes du pneu, op. cit.*

2. Pol Échevin, *Échec au roi, Charles Tissier, 40 ans de combats,* Les Éditions ouvrières, 1985.

3. Entretien avec l'auteur.

technique. Non seulement c'était entièrement gratuit, mais à partir de la seconde, nous avions ce qu'on appelle un petit salaire qui était calculé suivant les notes, ce qui nous encourageait à bien travailler. »

« Ce salaire était à l'époque d'environ un tiers de ce que gagnait mon père. Cela paraissait extraordinaire. Quand on était en école technique, les parents n'avaient donc rien à débourser. Il y avait bien sûr aussi des contraintes dans cette école. On travaillait cinq jours et demi, samedi matin inclus. Nous avions des vacances comme les ouvriers, c'est-à-dire un tout petit peu à Noël, un tout petit peu à Pâques et un mois en tout pendant l'été. Nous étions astreints à des stages de soudeur, monteur, on touchait à la tôlerie, la menuiserie, la mécanique, l'électricité, pour être un peu polyvalent. L'autre contrainte était que tout le monde devait réussir à la fin, sinon ça bardait fort. À l'école technique, nous étions dix à douze par classe. À la fin de la terminale, il y avait un mois de vacances, puis, dans la foulée, au boulot tout de suite. Rapidement, on m'a dit : "Vous allez travailler à l'usine de la ville de Bassens[1]." J'y ai travaillé jusqu'à la fin de 1967. Après cela, il y eut le service militaire obligatoire, direction Nouméa, d'où je suis rentré en mars 1969. Je n'ai donc pas connu mai 1968, seulement indirectement puisque nous n'avons eu ni courrier ni informations pendant un mois et demi. Mais nous avons vécu quand même ! Mon intégration à Michelin s'est faite immédiatement après la fin du service militaire. Je n'étais pas libéré que je pouvais déjà travailler. Il n'y avait aucun souci. »

Les parents d'Albert Couturier ont, en outre, bénéficié du logement Michelin. Estime-t-il que Michelin est une entreprise paternaliste ? Oui, mais dans le bon sens du terme. « Pour moi, cela est très positif. Nous étions pris en charge, c'est vrai. Nous avions la maternité, nous ne nous occupions de rien. Nous avions les dispensaires, nous étions gamins, nous allions à la piqûre. S'agissant de l'école maternelle, on ne se posait pas la question de savoir s'il y avait de

1. Bassens est une agglomération portuaire de 7 000 habitants proche de Bordeaux.

la place. Il y avait cinq mille cinq cents élèves lorsqu'en 1968 on a décrété qu'il ne fallait plus d'activité sociale qui ne soit pas pilotée par le comité d'entreprise. Cinq mille cinq cents élèves ! Comment a fait le maire de la ville ? Eh bien il a loué des instituteurs et des locaux pour la rentrée de 1968. Les colonies de vacances, c'est pareil, cela ne vous coûtait rien non plus, ou presque. »

Mais d'être ainsi totalement pris en charge par Michelin, question vie privée et libertés personnelles, cette promiscuité n'était-elle pas gênante ? « Il y avait forcément des contraintes. On vivait dans des quartiers Michelin de cités Michelin. Il y avait cinq mille habitations Michelin dans la région de Clermont à l'époque. Si on ne côtoyait pas un Michelin, c'est que l'on devait être complètement enterré. »

Albert Couturier a passé son enfance et son adolescence dans deux cités Michelin. « Depuis l'âge de trois ans, j'ai grandi dans les cités Michelin et j'étais habitué à voir un environnement Michelin. Nous n'avions jamais eu de voiture. Ma première voiture, je l'ai eue lorsque j'étais à Bassens et que je travaillais. On vivait dans le quartier entre gens de Michelin. Nous étions huit enfants dans la famille. Dans notre logement, il y avait une pièce commune, une pour les filles, une pour les parents et une pour les garçons. Il fallait cohabiter. Aujourd'hui, les enfants ont tous leur ordinateur et chacun leur pièce, chacun leur salle de bains ! Mais cela nous apprenait la valeur des choses et du travail. »

« J'ai encore un frère chez Michelin. Quant à mes sœurs, l'une est mariée avec un ex-Michelin. Comme il avait commencé à travailler à quatorze ans, il a pu prendre sa retraite l'an dernier. J'ai un deuxième beau-frère qui était aussi chez Michelin. Le problème, c'est qu'avec l'externalisation Michelin l'a incité à se mettre à son compte et lui a donné du travail. Depuis, il a son entreprise de plâtrerie peinture, mais c'est Michelin qui l'a installé en lui garantissant un minimum au départ. J'ai un autre frère qui a travaillé comme électricien puis qui s'est mis indépendant. Le petit dernier est artisan à son compte. On pouvait donc très bien ne pas aller chez Michelin. J'ai encore un autre jeune frère qui a quarante-six ans et qui travaille chez Michelin. Ainsi, sur les huit enfants que nous sommes, trois sont allés chez Michelin et deux sœurs sont mariées à des employés de Michelin. Donc, cinq sur huit sont liés à Michelin et trois ne le sont pas. »

Louis Saugues, aujourd'hui à la retraite, entré chez Michelin en décembre 1958 au service F, c'est-à-dire la recherche et les essais, avec une qualification de dessinateur profileur, ne dit rien de très différent sur ces avantages sociaux. Il récuse l'idée que vivre dans cet environnement Michelin, une fois sorti de l'usine, était difficile à supporter. Il y avait certes le sport pratiqué dans un stade Michelin, la médecine du travail Michelin, l'ouvrage pour les jeunes filles, les écoles pour les enfants : on pouvait dire que toute sa vie était organisée autour de Michelin. Mais y voir un univers quasi totalitaire, non. À l'époque, c'était dans l'ordre des choses et cela simplifiait la vie. « Si votre vie en est grandement facilitée, j'appelle cela un progrès social, pas autre chose. Moi-même, j'ai bénéficié de l'aide au logement. Avec ma femme enceinte, nous étions logés dans une pièce confinée en 1963. Huit jours après ma demande, j'avais un logement de trois pièces, dont bien sûr je devais payer le loyer. C'est une résultante du soi-disant paternalisme. Nous étions déjà très contents d'avoir quelque chose, car à l'époque ce n'était pas évident. Alors, c'est le cas de le dire, il ne faut quand même pas cracher dans la soupe ! Une autre fois, j'ai eu un accident de voiture, un avocat fut désigné par Michelin pour me soutenir et nous avons gagné le procès. Il y eut en outre une avance de trésorerie de leur part. Il y avait aussi des assistantes sociales qui prenaient soin des couples et des enfants[1]. »

1. Entretien avec l'auteur.

10. Le grand saut dans la mondialisation

Édouard et André Michelin comprirent très vite que pour garantir l'avenir de l'entreprise il était indispensable d'assurer un développement continu en France et sur les marchés étrangers. Pour contourner les barrières douanières, mais aussi pour atteindre une taille critique suffisante pour résister à la concurrence et, si possible, la vaincre. Or, pour réussir à faire connaître la marque, à établir sa réputation et à vendre des pneus à l'étranger, il n'y avait pas beaucoup de choix. Pour pénétrer des marchés fermés ou quasi fermés par une législation protectionniste, il fallait s'installer sur place. Ouvrir des usines ou des bureaux de représentation à l'étranger permettait de pénétrer sur les marchés protégés par des législations douanières restrictives, avec pour deuxième avantage clé d'être ainsi plus près des consommateurs et, par conséquent, de mieux répondre à leurs besoins. Sitôt ce constat dressé, la firme Michelin ne perdit pas de temps pour entreprendre une internationalisation fulgurante qui en fait, aujourd'hui encore, un modèle du genre.

À partir de 1900, Michelin ouvrit des agences commerciales pour la vente de ses pneus en Belgique, en Autriche, en Hollande, en Suisse, en Espagne et en Allemagne. Mais la première véritable unité industrielle fut inaugurée en Grande-Bretagne. Michelin a fêté en 2005 le centenaire de l'ouverture, le 11 mai 1905, de la Michelin Tyre Co. Limited, un centre de distribution créé à Londres, qui dispose aussi d'ateliers de caoutchouc. Michelin implanta là sa première unité hors de France. Une affiche célébra l'événement.

Dessinée par O'Galop, on y voit naturellement un « Sir Bibendum » fier et conquérant, portant un casque, une lance et un bouclier, déclarant sans complexe : « Ma force est la force de dix car mon caoutchouc est pur[1]. » La même année, Michelin employait quatre mille personnes à Clermont-Ferrand, où l'usine des Carmes s'étendait sur 30 hectares. La première grande usine de production en Grande-Bretagne fut créée en 1927, à Stoke-on-Trent, entre Birmingham et Manchester. Cinq autres sites de production seront ouverts plus tard, entre 1960 et 1973. Si bien que Michelin emploie actuellement plus de trois mille cinq cents personnes dans ce pays, réparties dans trois usines et un centre de services.

L'Italie fut la deuxième étape de l'internationalisation de Michelin, avec l'ouverture en 1906 d'une usine à Turin, ville berceau de l'industrie automobile italienne, très proche des usines Fiat. L'idée était de devenir un fournisseur privilégié du fabricant italien. L'opération réussit, puisque Michelin fut alors considéré comme un fabricant italien, sur un pied d'égalité avec Pirelli. Une deuxième usine en Italie fut ouverte en 1927 à Trente. Les pneus produits en Italie étaient de qualité égale à ceux de Clermont-Ferrand et les procédés de fabrication identiques. En Allemagne, Michelin se contenta, dans un premier temps, d'installer en 1907 un établissement de représentation à Francfort.

Après l'expérience britannique et italienne, Michelin ne tarda pas à franchir l'Atlantique et à poser le pied aux États-Unis. Pariant sur le développement rapide de l'automobile en Amérique, la manufacture y ouvrit une première usine en 1907, un an avant l'apparition de la célèbre Ford T, à Milltown, dans le New Jersey. Marcel Michelin s'y déplaça pour l'occasion et la direction y envoya un certain nombre de familles françaises expatriées, des ingénieurs et des contremaîtres, afin de bien coordonner la mise en route de cette première usine sur le sol américain. À partir de 1916, Michelin y produisit ses pneus Universal Tread, qui connurent un franc succès. La manufacture entendait y fabriquer quarante-cinq mille

1. *My strength is as the strength of ten because my rubber is pure.*

pneus par an. En 1919, prenant exemple sur le système d'aides sociales introduit à Clermont-Ferrand, Michelin construisit à Milltown cinquante-trois bungalows pour les ouvriers. Dans les années vingt, ce furent plus de deux mille employés de cette petite ville qui travaillèrent pour Michelin, dans une quinzaine de bâtiments. Mais la crise de 1929 et ses conséquences économiques dramatiques aux États-Unis auront raison de cette première tentative, et Michelin devra fermer l'usine en 1931, l'année où la firme ouvrit sa première usine de production à Karlsruhe en Allemagne. Le premier pneu en sortit le 11 novembre 1931, mais l'usine ferma ses portes en 1936, confrontée aux tracasseries administratives des autorités nazies. Michelin récupéra ses installations en 1950 et reprit la production à Karlsruhe à partir de la fin des années cinquante. Après le premier échec de Milltown, l'épopée américaine reprendra plus tard, cette fois-ci pour de bon, avec l'ouverture en 1975 de deux usines en Caroline du Sud, l'une à Greenville et l'autre à Sandy Springs. Trente ans plus tard, Michelin y emploie plus de quinze mille personnes sur un total de vingt-deux sites. Nous reviendrons sur l'aventure américaine de Michelin.

Bien qu'avortée, la première expérience américaine a cependant représenté pour Michelin un laboratoire vivant et une source d'inspiration sur les techniques de production et de management aux États-Unis. Y compris bien entendu le taylorisme, c'est-à-dire l'organisation scientifique du travail inventée par l'ingénieur américain Frederick Winslow Taylor (1856-1915). Les usines Michelin ouvrirent la voie dans ce domaine, puisqu'elles furent parmi les premières en France à introduire, dans les années vingt, les méthodes américaines de rationalisation du travail, afin surtout de pallier la pénurie de main-d'œuvre. Dans un premier temps chez Michelin, le taylorisme ne concerna que la métallurgie, où le manque de main-d'œuvre était le plus criant. La méthode fut cependant élargie peu à peu à tous les services, avec une hausse des cadences de travail. Le chronométrage des tâches fut adopté dans les ateliers à partir de 1908. On en vint à appeler familièrement les cadres chargés de l'organisation du travail « les chronos ». Augmenter la productivité devint un leitmotiv.

Plus tard, dans les années dix, les agences de vente à l'étranger devinrent des filiales avec, à leur tête, la nouvelle filiale « André Michelin et Cie ». Mais, pour le moment, internationalisation ne voulait pas dire décentralisation complète des organes de décision. La recherche était menée à Clermont-Ferrand tandis que les usines à l'étranger demeuraient contrôlées par le siège. En revanche, l'internationalisation signifiait aussi la diversification dans les sources d'approvisionnement, surtout pour l'hévéa, cet arbre servant à la production du caoutchouc naturel. C'est ainsi que, entre 1899 et 1907, la firme exploitait une plantation d'un million de plants de latex au Brésil. On sait que c'est du Brésil qu'en 1736 le naturaliste français Charles Marie de La Condamine rapporta dans ses bagages des rouleaux de caoutchouc qu'il destinait à l'Académie des sciences de Paris. Le Brésil fut jusqu'en 1870 le seul fournisseur de caoutchouc, mais sa qualité était irrégulière. En 1925, Michelin se rendit propriétaire en Indochine de 9 000 hectares à Dautieng, à 85 kilomètres de Saigon, puis l'année suivante de 5 500 hectares à Thuan Loi, où il exploitait des plants d'hévéa. Les plantations furent fréquemment la cible de pillages ou de destructions, en particulier à la fin de la Seconde Guerre mondiale. L'exploitation y fut interrompue en 1975, avec la confiscation de ces plantations par le régime communiste vietnamien. Bien plus tard, les autorités vietnamiennes proposeront à Michelin de reprendre l'exploitation de ces plantations, mais François Michelin refusa tout net, estimant que l'on ne rachète pas une seconde fois ce qui vous appartient.

L'internationalisation se poursuivit avec l'ouverture en 1933 d'une usine à Bella Vista en Argentine (fermée en 1953). En 1934, des usines étaient ouvertes à Lasarte en Espagne et à Zabehlice en Tchécoslovaquie (fermée en 1945). En 1937, une usine était inaugurée à Zuen en Belgique, à 8 kilomètres de Bruxelles et produisait, avec huit cents pneus par jour, la moitié de la consommation totale belge en 1950. Elle sera cependant fermée en 1986. Une autre usine fut inaugurée en 1940 à Bois-le-Duc, en Hollande.

L'internationalisation de la maison Michelin se poursuivit tant et si bien que, comme l'explique le *Bulletin intérieur Michelin* en février 1945 : « Avant-guerre, il existait très peu de pays de par le monde où Michelin n'était pas représenté au moins par un voyageur. Que ce soit sur les routes glacées de Laponie, sur les pistes rocailleuses et défoncées de Perse ou de Chine, dans les sables d'Afrique ou aux confins des jungles indiennes ou brésiliennes, partout nos voyageurs (représentants) luttaient pour le pavillon Michelin et pour celui de la France[1]. »

Dans son numéro suivant, le même *Bulletin intérieur* explique les raisons de l'ouverture d'usines à l'étranger. « À la suite de la guerre 1914-1918, soit pour en tirer des ressources, soit pour protéger leurs industries, presque tous les pays ont frappé l'entrée des produits étrangers de droits de douane très élevés qui interdisaient dans certains cas l'importation de pneus fabriqués en France[2]. » Si bien que, pour prendre l'exemple de l'Espagne, « un pneu Michelin qui valait 100 francs en France payait 195 francs de droits de douane pour entrer en Espagne ». Un pneu vendu 100 francs en France aurait donc dû être vendu 295 francs en Espagne. « L'usine concurrente qui existait en Espagne pouvait donc vendre les pneus fabriqués dans le pays à des prix très inférieurs. C'est ce qu'elle fit, et malgré la différence de qualité l'écart de prix était tel que nos ventes s'effondrèrent complètement. » D'où le constat de Michelin : « Il fallait donc ou renoncer au marché espagnol sans aucun profit pour l'usine de Clermont et l'économie française, ou fabriquer les pneus Michelin en Espagne. » La manufacture précise que, trois ans après l'ouverture de l'usine de Lasarte, elle avait « regagné (sa) situation sur le marché espagnol en vendant la moitié des pneus consommés dans le pays ».

Depuis, rien n'a changé dans ce principe de délocalisation et les mêmes raisons ont poussé Michelin à ouvrir d'autres usines dans le monde. Sous François Michelin, la manufacture connut à partir

1. *Bulletin intérieur Michelin,* n° 12, février 1945.
2. *Bulletin intérieur Michelin,* n° 13, mars 1945.

de 1955 un développement particulièrement rapide. D'abord en France, avec la construction d'une nouvelle usine à Clermont en 1960, celle de la Combaude, tandis que le centre d'essais de Ladoux, un ensemble de circuits de 250 hectares, était terminé en 1963. Dans le reste de la France, Michelin étendit son réseau industriel à Orléans, Bourges, Troyes, Tours, Vannes, Bordeaux, Épinal, Montceau-les-Mines, Roubaix, Cholet, Poitiers, La Roche-sur-Yon, Roanne et Le Puy. La manufacture ouvrit des bureaux supplémentaires à Paris et mit sur pied des relais de livraison de pneus dans une centaine de villes de l'Hexagone. À l'étranger, Michelin décida de renforcer durablement son implantation en Amérique du Nord. Forte de son pneu radial, la manufacture parviendra à pénétrer le marché américain.

11. Innover pour rester dans la course

La plus ancienne roue connue aurait été inventée en Mésopotamie voilà environ six mille cinq cents ans. Le premier témoignage d'un véhicule à roues, sur une tablette du temple d'Inana à Erech, en basse Mésopotamie, est daté d'environ trois mille cinq cents ans avant notre ère. Avec son apparition commence une ère nouvelle pour l'humanité. Elle est suivie de la conception du char, puis de la traction animale, la brouette, le carrosse, la diligence. La roue se modernise et s'allège avec l'apparition des rayons. Puis l'homme découvre l'énergie. Ainsi la vapeur et l'invention par l'ingénieur militaire Nicolas-Joseph Cugnot de la première voiture automobile à vapeur en 1770. L'homme poursuit sa quête de moyens de transport maniables et rapides. Apparaissent le célérifère, inventé par le comte de Sivrac en 1791, sorte de vélo en bois mais sans guidon ni pédales qui permettait de se mouvoir plus vite qu'à pied, puis la draisienne, inventée en 1817 par un Allemand de trente et un ans, le baron Karl Drais, utilisant elle aussi la force de l'homme qui devait pousser avec les pieds, mais qui était dotée d'un guidon appelé « dirigeoir ». Le baron, assis à califourchon sur cette poutre en bois, franchit 14,4 kilomètres en une heure ! La machine prend le nom en France de « vélocipède », puisqu'il fait avancer son utilisateur avec une grande vitesse (« véloce » pour rapide et « pède » pour pied). Plus tard, le Français Pierre Michaux invente en 1861 le premier vélocipède à pédales. Les premières bicyclettes avec chaîne et pneus apparurent en 1880. En apparence, rien de plus banal qu'un pneu ! Les pneus sont composés de caoutchouc naturel ou de synthèse, de noir de carbone, de silice, de soufre et d'un maillage de fils d'acier.

La vulcanisation (Vulcain était le dieu du Feu et de la Métallurgie chez les Romains) du caoutchouc permet à celui-ci de conserver ses propriétés pendant toute sa durée de vie. Cette vérité première sur la technique du pneu cache cependant une extraordinaire complexité et une étonnante diversité dans la fabrication du pneumatique et ses techniques, ce qui laisse une place considérable à l'innovation. Les domaines d'amélioration sont nombreux : la rigidité de la bande de roulement, son adhérence sur sol sec et mouillé, la résistance du pneu aux chocs, sa longévité, la capacité d'absorption des inégalités de la chaussée, le confort des passagers. Pariant sur le développement de l'automobile, Michelin y a trouvé sa fortune. Visionnaires, Édouard et André avaient anticipé le marché en devenir. De 3 000 en 1900, le nombre de voitures circulant sur les routes françaises est passé à 107 000 à la veille de la guerre de 1914-1918, puis 500 000 en 1923, 1 711 000 en 1931 et plus de 2 millions en 1939[1] ! Pour Michelin, la croissance de sa production de pneus est calquée sur celle du nombre de véhicules. De 20 000 pneus par an produits en 1898, ce chiffre passe à 20 000 par jour en 1956. Les ateliers qui s'étendaient sur 16 000 mètres carrés en 1898 couvraient plus de 300 000 mètres carrés en 1956[2].

La manufacture n'aurait jamais connu pareil succès sans avoir constamment innové. Pionnière dans plusieurs domaines comme nous l'avons vu, tels que le premier pneu vélo démontable, la participation aux courses automobiles, l'édition de guides et de cartes pour les automobilistes, la manufacture doit l'essentiel de sa réputation à la qualité de ses pneus. C'est là le cœur de son métier et c'est là que se concentrent les efforts au siège de la firme, place des Carmes, à Clermont-Ferrand. Tandis qu'André règne sur la communication et l'image de Michelin à Paris où il met son génie créatif au service de nombreuses initiatives, Édouard, dans

1. *Bulletin intérieur Michelin,* n° 99 du 16 juin 1950.
2. *Bulletin intérieur Michelin,* n° 224 du 11 mai 1956.

les usines de la capitale auvergnate, fait montre d'opiniâtreté et d'un travail acharné pour, sans cesse, renforcer les positions de Michelin sur le marché national ainsi qu'à l'étranger. À Paris, les relations publiques et à Clermont-Ferrand, la sobre réalité quotidienne de la production. Mais, dans ce registre, Michelin n'a pas toujours été le champion, confronté à une concurrence américaine très puissante, servie par la taille du marché américain qui dépassait de très loin ceux d'Europe.

Plusieurs avancées techniques importantes ont jalonné l'histoire du pneumatique depuis le début du XIXe siècle. Elles n'ont pas toutes été l'œuvre de Michelin, tant s'en faut, mais la manufacture clermontoise y a joué un rôle prépondérant. En 1905, Michelin met sur le marché un pneu baptisé « la Semelle », constitué d'une nappe croisée de coton et de caoutchouc couverte d'une couche de cuir et munie de rivets d'acier collés lors de la vulcanisation. Ce pneu constitue, pour l'entreprise, une réelle prouesse technique. 1908 voit le lancement du premier pneu jumelé destiné à équiper les poids lourds. 1913 est l'année de l'invention de la roue en acier démontable qui préfigure les roues de secours. En 1917, pour la première fois, Michelin utilise du noir de carbone dans la fabrication de ses pneus dont la longévité est ainsi multipliée par cinq. Mais dans ce domaine les fabricants américains disposent d'une avance technique incontestable. La guerre interrompt un temps les innovations techniques qui reprennent juste après. Dès 1919, l'usine d'Estaing de Clermont-Ferrand se dote d'une piste dite « va et vient » pour tester l'endurance des pneus. D'autres furent ajoutées et, longtemps, ces constructions de béton s'élevant dans les airs à chaque extrémité firent partie du paysage industriel clermontois. Certaines subsistent encore.

La même année, Michelin introduisit dans les carcasses de ses pneumatiques des nappes de fils textiles parallèles. Le pneu dit « Câblé » était le prélude à l'apparition en 1923, du pneu « Confort » ; premier pneu tourisme à basse pression (2,5 bars), plus large, dont la durée de vie était d'environ 15 000 kilomètres. Michelin innovait en France, mais, aux États-Unis, Firestone avait presque en même temps lancé son propre pneu à basse pression. En 1929, Michelin inventa le pneu sur rail et la fameuse Micheline. En 1932, le « Superconfort » succéda au pneu « Confort », c'était un pneu à très basse pression qui pouvait rouler 30 000 kilomètres avant remplacement ! En 1934, le pneu « Stop » à lamelles autorisait une meilleure adhérence sur les routes mouillées. En 1937, le « Pilote » offrait une meilleure tenue de route à grande vitesse, puis, en 1938, le « Métalic » vit le jour, premier pneu à carcasse d'acier pour poids lourds. C'était là le premier pneumatique combinant le caoutchouc et le fil d'acier, dont la caractéristique principale est de mieux résister à l'échauffement et aux charges importantes.

Jacques Champay, ancien responsable de la production des pneus chez Michelin, souligne l'importance du « Métalic » qui fut, dans une certaine mesure, le précurseur du pneu radial : « Nous sommes dans les années trente. Les pneus pour poids lourds sont constitués de renforts textiles. Leur capacité de charge est limitée, on ne parvient plus à les faire progresser. Les ingénieurs se doutent bien que si l'on parvenait à remplacer le textile par du métal, cette capacité de charge serait augmentée. Cela ne s'était encore jamais fait. Les problèmes paraissaient insolubles : mettre au point les alliages, réaliser un câble suffisamment endurant, assurer la liaison métal-caoutchouc. Les industriels eux-mêmes affirmaient que du fait de la rigidité introduite par l'acier, le pneu “Métalic” était un objet impossible à fabriquer. Et il est vrai que cela n'alla pas sans difficultés. Les anciens encore présents au début de ma carrière (en 1961) m'ont dit que pendant deux ans, les véhicules chargés de tester les premiers pneus ne dépassaient pas la ville de Riom, soit une quinzaine de kilomètres. Il faut rendre hommage à ces équipes d'avoir su surmonter les échecs et finalement d'avoir eu le courage du progrès. Car le “Métalic” contenait en germe la révolution du Radial. Peut-être est-ce à cette époque qu'il faut situer le début du Michelin moderne[1]. »

1. Entretien avec l'auteur.

12. Michelin invente un nouveau pneu, le « X »

1946 est une date très importante pour Michelin avec le dépôt le 4 juin d'un brevet pour le premier pneu au monde à carcasse radiale. Ce pneu, conçu dans le plus grand secret, ne sera commercialisé qu'en 1949 sous le nom de « X », mais bientôt monté en série sur de nombreuses voitures, dont la fameuse Citroën Traction Avant. Il permettra à Michelin de consolider pour des années son leadership mondial dans le domaine de l'innovation technologique. Son inventeur fut l'ingénieur Marius Mignol. François Michelin explique cette découverte : « La carcasse radiale est née des difficultés de la carcasse classique. Le pneumatique classique ne permettait pas de dépasser les 130 km/h sans éclater. Il a fallu trouver un pneu qui chauffait moins[1]. »

L'itinéraire de Marius Mignol témoigne de la possibilité pour les meilleurs d'évoluer vite à l'intérieur de l'entreprise puisque, comme Michelin se plaît à le rappeler, l'inventeur était entré en qualité d'ouvrier typographe pour devenir ensuite « l'ingénieur pneumatique du siècle », selon les termes de François Michelin[2]. Participèrent à cette invention les chercheurs Saintfrizon et Châtaigner qui, sous la houlette du gérant Robert Puiseux, mirent au point les premiers prototypes. À la différence des pneus conventionnels, le pneu à carcasse radiale présente une bande de roulement plus rigide grâce à trois nappes de câbles métalliques croisées (d'où le nom de

1. *Et pourquoi pas ?, op. cit.*
2. *Ibid.*

pneu« X ») constituant une carcasse radiale en rayon. Le principe retenu est de dissocier la bande de roulement des flancs du pneu qui jouent désormais davantage leur rôle d'amortisseurs.

Le pneu « X » donnera à la manufacture une avance technologique d'au moins dix ans sur la concurrence, qui tardera mais ne put faire autrement que de copier cette avancée technologique. Ce pneu représentera pour la firme une source de revenus extraordinaire. Michelin en tirera pendant longtemps une bonne partie de sa fortune financière et de sa renommée. En effet, le pneumatique à carcasse radiale offrait de multiples avantages comparé à ses concurrents conventionnels. Il apportait une meilleure tenue de route avec une moindre déformation de sa structure dans les virages, une sécurité plus grande avec un freinage plus performant en raison de sa meilleure adhérence et une résistance à l'éclatement plus élevée, une longévité nettement accrue, pouvant atteindre plus de 40 000 kilomètres, une réduction de la consommation et, enfin, un confort supérieur avec un pneu globalement plus souple. Fort de cette percée concernant les voitures de tourisme, Michelin ne tarda pas à fabriquer des pneus à carcasse radiale pour les poids lourds (à partir de 1952), le génie civil (1959), l'aviation (1981) et la moto (1987).

« Le radial est l'expression de cette volonté fondamentale des fondateurs André et Édouard Michelin, mon grand-père, et des différents gérants qui leur ont succédé de donner aux personnes de la Maison les moyens de se perfectionner, de devenir ce qu'elles sont et de faire des expériences. Je crois que c'est une des caractéristiques essentielles de notre maison. Le pneu radial et son développement en traduisent admirablement l'esprit, à savoir innover pour donner toujours plus, ce que demande le client. Ça a été le génie de M. Marius Mignol et de ceux qui ont travaillé avec lui. Ce pneu était exceptionnel puisque en termes de coût de fabrication, il revenait à peine 10 % plus cher alors qu'il faisait trois fois plus de kilomètres[1] », explique François Michelin. « La décision de fabri-

1. Interview au journal *La Montagne* du 16 mai 2002.

1. Entrée des ateliers Michelin au début du XXe siècle.

2. Ouvriers de Michelin devant l'entrée de l'usine des Carmes.

3. Sortie des ateliers Michelin au début du siècle dernier.
4. Édouard Michelin dans les années 1920.

5. Rare photo d'André Michelin dans les années 1920.

6. Usine Michelin de Clermont-Ferrand, la fabrication des roues en bois.

7. Le lavage des gommes il y a cent ans dans un atelier de Clermont-Ferrand.

8. Hall des expéditions de petite vitesse dans les années 1910.
À noter que les pneus voiture sont tous emballés.

9. Quai des expéditions de grande vitesse.

10. Le va-et-vient pour tester les pneumatiques, une image familière de Clermont-Ferrand.

11. Frise de la voiture « L'Éclair » qui, en 1895, prit part avec succès à la course Paris-Bordeaux-Paris.

12. Des observateurs assistent à l'installation de la première jante démontable créée par Michelin, qui est testée pour la première fois sur le circuit du Mans, le 26 juin 1906, avant le premier Grand Prix de l'Automobile Club de France (ACF), qui deviendra les 24 heures du Mans.

13. Circuit du Mans. Édouard Michelin en compagnie d'un coureur.

14. Eugène Renaux et Albert Senouque s'apprêtent à gagner le Grand Prix Michelin, le 7 mars 1911, en se posant au sommet du Puy-de-Dôme après un trajet de 350 kilomètres en moins de six heures.

quer le radial en grand a été prise par M. Puiseux[1]. Moi, je suis monté dans le bateau et, par la suite, je n'ai eu de cesse de développer ce produit sur tous les marchés. En 1950, nous étions dix fois plus petits que Goodyear ou que Firestone, puisqu'à l'époque le chiffre d'affaires de Michelin était égal au bénéfice de Goodyear. Nous sommes maintenant à la même taille grâce à la technique », ajoute-t-il.

À l'époque, Michelin n'était plus partie prenante des courses automobiles, sa direction ayant décidé qu'il était préférable d'économiser pour réduire les prix des pneus. Mais les pilotes ne s'y trompèrent pas et furent nombreux à adopter le pneu « X » pour, dans les années cinquante, gagner en partie grâce à lui le Rallye de Monte-Carlo, les Mille Miles, le Rallye de l'Acropole et la course Liège-Rome-Liège.

Pourtant, si le discours officiel chez Michelin présente Marius Mignol comme le père du pneu « X », tous ne sont pas aussi dithyrambiques. Pour Michel Rondreux, qui fut longtemps le patron de la recherche et du développement chez Michelin, sans l'aide des chercheurs de la maison, le pneu radial n'aurait sans doute jamais vu le jour : « C'est un des points où, tout en le comprenant, je n'étais pas en accord avec François Michelin qui n'hésitait pas à dire "le pneu radial a été inventé par Marius Mignol". C'est vrai qu'il a eu un rôle déterminant dans l'opération, mais s'il n'y avait pas eu à côté tout un ensemble de compétences, y compris dans le domaine du procédé, le pneu radial ne se serait pas développé. Cela n'enlève rien à ses qualités et aux essais qu'il a pu conduire à l'époque[2]. » Michel Rondreux reconnaît pourtant volontiers que l'invention du pneu « X » a représenté pour l'entreprise une avancée technique et commerciale majeure. « Le pneu radial est parti d'une idée simple, explique-t-il. L'un des problèmes majeurs du pneumatique était l'échauffement, ce qui réduisait sa durée de vie.

1. Robert Puiseux, gérant de Michelin de 1940 à 1955 puis cogérant avec François Michelin, est aussi le gendre d'Édouard Michelin dont il épousa la fille, Anne.

2. Entretien avec l'auteur.

Lorsqu'on analysait les raisons de l'échauffement, c'était lié aux déformations dans les structures telles qu'elles étaient avec les pneus croisés classiques. »

« D'où l'idée de séparer les fonctions et donc de séparer les déformations liées à la suspension, la souplesse du pneu, et le besoin de traction dans le sommet. Mais pour développer cela, un certain nombre d'éléments étaient nécessaires. Nous avons profité d'inventions qui avaient été faites précédemment avec le pneu poids lourds qui avait déjà des renforts en câbles métalliques, le “Métalic”. Il était impératif de parfaitement maîtriser l'adhésion du caoutchouc sur les câbles métalliques. Mais cela avait été fait avant le pneu radial, et le pneu radial en a profité au maximum. Alors il a fallu aussi être capable à l'époque de développer des mélanges de gomme tout à fait adaptés aux différentes fonctions : les flancs devaient être parfaitement souples, le sommet devait résister à l'usure. Nous avons dû développer des mélanges appropriés, et c'est là que les services matériaux se sont donnés au maximum. Il nous était demandé de repenser complètement le procédé de fabrication. »

Jacques Champay, ancien responsable de la production des pneus chez Michelin, se souvient du succès du radial : « On peut sans doute considérer que le Michelin moderne, sans tomber dans le travers qui consiste à ne considérer moderne que ce que l'on a soi-même connu, commence avec le pneu radial. (...) Inventeur d'une solution révolutionnaire, le pneu radial, Michelin a su dans le même temps inventer et développer le procédé pour le réaliser. Car ce produit de nouvelle conception rendait obsolètes toutes les solutions industrielles existant jusque-là. Matériaux nouveaux, construction du pneu différente et beaucoup plus précise, il était nécessaire de repenser entièrement l'outil de production. Il faut rendre hommage aux dirigeants de l'époque qui ont eu l'intuition du gigantesque potentiel de progrès que recélait la solution radiale et qui ont eu, dans le même temps, l'audace d'entreprendre la mise à plat de l'outil industriel. (...) À cette époque, Michelin devait être quelque chose comme le septième manufacturier dans le monde, les Américains dominaient le marché. Sans doute la révolution est-elle plus facile dans une entreprise en développement que chez un leader installé. Mais je pense que la cause première d'une telle réussite est que la passion du progrès, le sens de l'anticipation, l'acceptation du risque également étaient de longue date profondément "ancrés dans les gènes"[1] » chez Michelin.

« En fait, les responsables de l'entreprise croyaient au succès et au développement de l'automobile, mais surtout ils comprirent que l'utilisateur de cette automobile finirait par exiger les solutions les plus appropriées. C'est ce qui s'est passé : le pneu radial s'est imposé en Europe, en Amérique et finalement dans le monde entier. Pour cela, Michelin a forcé les feux : une à deux usines implantées chaque année sur la planète, pendant de nombreuses années. Un effort exceptionnel, sans doute au-delà de ce qui est habituellement considéré comme raisonnable. Il y avait une chance à saisir qui ne repasserait pas une deuxième fois. Et il est vrai que les concurrents, après avoir résisté, ont fini par se rallier au radial, avec un décalage dans le temps. Si la solution s'imposait, la reconversion pour eux n'était pas chose facile », dit encore Jacques Champay.

Cependant, la commercialisation du pneu radial ne fut pas si simple. Michel Rondreux explique que si le pneu radial avait d'énormes qualités, il avait aussi des défauts, dont celui d'être particulièrement exigeant à l'égard des voitures et des suspensions. Par conséquent, il fallait adapter les voitures au pneu, pour l'utiliser dans les meilleures conditions. « Ce qui a posé des tas de problèmes au début. Mais heureusement Michelin était à l'époque propriétaire de Citroën, il a pu imposer ce qu'il voulait chez Citroën. » Pour commercialiser le radial à grande échelle, Michelin prit la décision de développer un nouveau pneu qui, délibérément, « perdait un peu des qualités du pneu "X" du départ avec un pneu moins typé », le « ZX », « moins rigide, moins performant d'une certaine façon, mais qui a permis de le faire adopter par les constructeurs, notamment européens, en particulier Volkswagen ».

1. Entretien avec l'auteur.

« À partir du moment où nous avions commencé une collaboration avec un constructeur, les choses ont, par la suite, évolué. Nous sommes ensuite revenus à des pneus plus typés, ayant l'avantage des caractéristiques des pneus radiaux, mais dans une coopération constante avec les constructeurs », ajoute Michel Rondreux.

Le pneu « X » a-t-il fait la fortune de Michelin ? Oui, incontestablement. « Sans le pneu radial, Michelin ne serait pas là où il est, il aurait peut-être disparu. C'est vraiment ce produit qui a permis le succès de Michelin. Aujourd'hui, il est universellement adopté, affirme Michel Rondreux. Aux États-Unis, c'est avec le pneu radial que l'on a abordé le marché et c'est parce que nous sommes arrivés à convaincre Ford de l'utiliser sur ses voitures de haut de gamme » ; Ford trouvait là le moyen de se distinguer de son grand concurrent General Motors à l'époque. « Cela a d'ailleurs été très difficile de nous introduire ensuite chez General Motors. »

Outre le pneu radial, une autre innovation a grandement contribué au développement de Michelin après la Seconde Guerre mondiale : la mise au point des caoutchoucs synthétiques originaux, à laquelle Michel Rondreux a participé très activement. Au début de 1942, l'invasion japonaise des plantations d'Extrême-Orient obligea les Américains à créer de toute urgence une gigantesque industrie du caoutchouc synthétique qui leur donna une avance considérable sur leurs concurrents européens. Il appartenait à Michelin de relever ce défi [1]. Michelin devait donc rattraper son retard. Fin août 1958, la manufacture crée une société avec Shell-Saint-Gobain prévoyant la construction à Berre-l'Étang d'une usine d'une capacité annuelle de 50 000 tonnes de caoutchouc de synthèse. « Cette décision de participer activement à la fabrication de caoutchouc synthétique et de concrétiser ainsi le résultat de nos recherches se situe au même rang que d'autres décisions ou découvertes très importantes qui jalonnent la vie de la Maison [2] », annonçait la direction.

Michelin continuait sur sa lancée. « François Michelin a fait un

1. *Bulletin intérieur Michelin,* n° 160 du 7 mai 1953.
2. *Bulletin intérieur Michelin,* n° 270 du 19 septembre 1958.

pari énorme en 1962 qui a été d'acheter la licence Philips pour la production du polybutadiène et la création d'une unité de production de polybutadiène dans l'usine de Bassens, poursuit Michel Rondreux. C'est vraiment lui qui a pris la décision et l'a imposée, sachant que dans un premier temps nous étions très embêtés avec ce produit-là, parce que les pneus qui avaient des bandes de roulement en polybutadiène avaient une résistance à l'usure exceptionnelle mais une adhérence plus que quelconque. Il y eut deux conséquences. La première fut la recherche de mélanges de caoutchouc permettant de compenser le manque d'adhérence et la deuxième de stimuler des recherches chez Michelin pour l'élaboration de polymères synthétiques originaux qui, depuis, ont permis des développements tout à fait exceptionnels. » Les succès de Michelin en formule 1 doivent beaucoup à ces caoutchoucs synthétiques dont la firme est plus tard devenue le premier producteur mondial. Aujourd'hui, on ne fabrique plus de polybutadiène, mais divers caoutchoucs synthétiques, résultats « de cette philosophie d'évolution progressive mais systématique de Michelin, de façon à être toujours au top en matière d'innovation ». Or actuellement, « dans les pneus voitures, il n'y a pratiquement que du caoutchouc synthétique, presque pas de caoutchouc naturel », souligne Michel Rondreux. Les pneus poids lourds, cependant, font encore largement appel au caoutchouc naturel.

13. Du jamais-vu : des trains et le métro sur pneus

En 1931, Michelin se lance dans le pneu rail et dévoile la première Micheline, une locomotive rapide montée sur des pneus spéciaux adaptés au rail. Deux Michelines de vingt-quatre places entrent en service en 1932, d'abord sur le réseau Est de la France. D'autres sont testées dans les colonies, puis dans d'autres secteurs du réseau français. Les premiers essais avaient eu lieu en 1929 avec une automobile 40 CV Renault montée sur des pneus ordinaires mais munis de flasques de guidage. C'était là une nouvelle tentative de diversification du pneumatique. On sait le développement rapide de ce nouveau mode de transport. Les Michelines ont, pendant des décennies, rythmé la vie de millions de voyageurs dans les campagnes françaises. Onze Michelines sont en circulation sur le réseau Est en 1938, année où l'on teste une nouvelle Micheline électrique de deux cent cinquante-six places. Sa popularité devint telle que, aujourd'hui encore, la Micheline est associée aux autorails de toutes sortes. En 1939, cent vingt-cinq Michelines assuraient des services réguliers et totalisaient mensuellement 750 000 kilomètres. En 1946, elles avaient parcouru 30 millions de kilomètres[1]. L'une d'entre elles avait, à elle seule, couvert 450 000 kilomètres en 1939. Leur fiabilité et leur régularité n'étaient plus à prouver.

Michelin n'eut guère de mal à démontrer l'existence de deux atouts de taille pour le pneu rail. Le confort, d'abord. « La Micheline

1. *Bulletin intérieur Michelin,* n° 33 du 26 septembre 1946.

assure un confort que l'on ne connaît pas dans les trains les mieux suspendus. Le pneu supprime non seulement les chocs et les trépidations mais aussi le bruit. Dans une Micheline, on peut causer à voix normale, comme chez soi[1]. » Deuxième atout : la vitesse. La Micheline accélérait beaucoup plus vite qu'un train conventionnel et atteignait sa vitesse normale en 600 mètres contre 1 500 mètres pour le train. D'autre part, elle freinait beaucoup mieux, s'arrêtant en 160 mètres lorsqu'elle roulait à 80 km/h alors qu'il fallait au train de l'époque plus de 1 000 mètres. « Aussi, une Micheline omnibus va-t-elle aussi vite qu'un train express. En outre, comme elle est légère et ne fatigue pas la voie ferrée, elle peut rouler à 100 km/h sur des lignes où la vitesse du train est limitée à 60 km/h. » Quant aux crevaisons, Michelin affirmait que cet inconvénient était marginal puisqu'il y avait à déplorer une crevaison pour un million de kilomètres parcourus ! La Seconde Guerre mondiale mit temporairement fin à la circulation des Michelines, sauf dans les colonies où leur exploitation continua, mais non sans difficultés du fait de la pénurie de pneus et de pièces de rechange. Le trafic reprit dès 1945, mais Michelin décida, officiellement pour « se consacrer uniquement à la fabrication du pneu », d'interrompre la fabrication des Michelines, confiée à des constructeurs travaillant sous licence.

En 1951, c'est au tour du métro parisien d'abandonner la roue métallique pour le pneu, Michelin naturellement. La première rame circule le 14 novembre 1951 sur la ligne reliant la station Porte-des-Lilas à la station Pré-Saint-Gervais. La RATP en espérait de meilleures performances qu'avec le matériel classique sur fer. En raison d'une adhérence supérieure sur le rail, le métro pouvait désormais enregistrer de meilleures accélérations, un freinage plus efficace et la circulation sur des pentes plus importantes. D'autre part, fini les horribles grincements des métros à roues métalliques dans les virages pour des rames qui étaient nettement moins secouées. Le confort des voyageurs s'en trouvait notablement amélioré. Ce que Michelin proclame dans son *Bulletin inté-*

1. *Ibid.*

rieur du 30 novembre : « Les avantages que le pneu est susceptible d'apporter au métropolitain sont, en particulier : le silence – on glisse en douceur, sans cahots, sans entendre, et pour cause, le martèlement des roues métalliques sur les rails, la légèreté avec, comme conséquence immédiate, une économie dans la consommation de courant ; on peut dès maintenant prévoir qu'elle sera de l'ordre de 30 %, la possibilité d'avoir tous les essieux moteurs, ce qui représente un intérêt certain pour un véhicule devant démarrer tous les 600 mètres environ, des accélérations et des freinages remarquables, impossibles à obtenir sur un métro roulant sur des rails d'acier. » Le métro sur pneus confirma rapidement ces points forts, et les autres réseaux de métro du monde entier ne tardèrent pas à s'équiper de la même façon. Le métro sur pneus devint progressivement la norme partout. Nous pouvons ainsi citer, pêle-mêle, Lille, Marseille, Toulouse et, à l'étranger, Atlanta, Chicago, Dallas, Miami, Mexico, Montréal, Orlando, Osaka, Seattle, Séoul, Taipei, Tokyo.

DEUXIÈME PARTIE

MICHELIN, NUMÉRO UN MONDIAL

Bien que très rapidement devenu dominant sur le marché français dès le début du XXe siècle, Michelin est resté pendant plus de la moitié de son histoire un modeste « petit » face aux fabricants américains. C'étaient David et Goliath. En 1955, lorsque François Michelin commence à prendre les commandes au côté de Robert Puiseux, la maison n'est encore qu'une entreprise de pneumatiques de dimension européenne, largement distancée en taille par des grands noms d'outre-Atlantique comme Goodyear, Firestone, Uniroyal, Goodrich. Nous avons vu que Michelin était dix fois plus petit que Goodyear ou Firestone et que son chiffre d'affaires annuel représentait les seuls bénéfices de Goodyear. En 1960, Michelin n'est encore que le septième fabricant mondial. Mais, avec opiniâtreté, la firme clermontoise poursuivit son internationalisation, procéda à quelques rachats d'entreprises judicieux et décida de s'implanter à grande échelle en Amérique du Nord, d'abord au Canada au début des années soixante-dix, puis aux États-Unis à partir de 1975, avec pour objectif affiché de se mesurer chez eux aux mastodontes américains. La commercialisation du pneu « X » puis l'implantation en Amérique du Nord constituèrent deux dates charnières pour le développement de Michelin. Le groupe se hisse au troisième rang mondial en 1974, au second en 1978 et au premier à partir des années quatre-vingt-dix. Quelles ont été les clés de cette ascension étonnante et jusqu'à quel point Michelin est-il une entreprise pas tout à fait comme les autres ?

1. Les « valeurs » de Michelin

Contrairement aux procédés de fabrication dont le secret était jalousement gardé, les recettes à la base du succès mondial de Michelin n'ont rien de secret. Les employés de la maison les connaissent pour les pratiquer tous les jours. La plus importante de ces recettes est un ensemble de « valeurs » léguées par les deux frères fondateurs qui, plus de soixante ans après leur mort, continuent de représenter le cœur de l'édifice tout entier. Ces « valeurs » sont les ressorts qui font tourner la machine Michelin au quotidien, sources de motivation pour les employés, d'engagement et de fidélité pour leur entreprise.

Un mot a, très tôt, pris une importance déterminante : celui de respect. Respect du client, respect des faits et respect de l'employé. Viennent ensuite d'autres « valeurs » fondamentales, constamment mises en avant par Édouard et André, puis reprises par leurs successeurs, telles que économie, chasse au gaspillage, innovation, progrès. Sur la base de ces mots simples qui, aujourd'hui, peuvent paraître quelque peu désuets, une sorte d'alchimie s'est néanmoins élaborée dans les ateliers et les bureaux. Cette alchimie a permis la mise en œuvre du fonctionnement aussi harmonieux que possible de la maison Michelin. Puisqu'une entreprise doit ses performances et sa notoriété d'abord aux hommes et aux femmes qui travaillent pour elle, les deux frères et les gérants qui ont pris leur relève à la tête de l'entreprise ne l'ont jamais oublié, au point de faire de la culture d'entreprise un des points cardinaux érigés en dogme.

Revenons d'abord sur l'histoire. À Paris, on l'a vu, André assurait un gros travail de marketing. Depuis 1901, il publiait dans *L'Auto-Vélo* des causeries hebdomadaires intitulées les « Lundis de Michelin » faisant l'éloge de la firme. Il prenait de nombreuses initiatives dont on a montré l'audace et le côté visionnaire. Pendant ce temps, dans les usines de Clermont et bientôt dans celles de l'étranger, Édouard disséminait avec constance la « bonne parole » du patron. Il s'agit des « Notes d'Édouard Michelin », présentées comme des « causeries » et des « conférences », publiées à intervalles plus ou moins réguliers, certaines à l'attention des cadres et d'autres pour les employés à tous les niveaux de la hiérarchie. Faisant usage d'un vocabulaire volontairement simple et faussement naïf dans sa formulation, Édouard avait pour premier objectif de rassembler son personnel dans une adhésion commune autour d'idées fortes qui devaient régir les méthodes de travail et les relations dans l'entreprise. Beaucoup de ces notes allaient délibérément contre des idées reçues, telles que « les performances à tout prix » ou « le chef a toujours raison ». D'autres, au contraire, reprenaient des antiennes aujourd'hui largement connues dans le monde industriel mais qui, à l'époque, témoignaient d'un esprit d'entreprise et de la recherche absolument prioritaire de la satisfaction du client. Quelques titres de ces notes sont éloquents. « N'abusons pas des moyennes », « Idées préconçues », « L'esprit d'observation », « Le succès de la Maison est dû à la bonne qualité de nos pneumatiques », « Gaspillages », « Comment faire des économies », « Les petits ruisseaux font les grandes rivières », « Comprendre », « Économie et qualité ».

Dès la première « Causerie aux contremaîtres sur la qualité » prononcée en 1919, Édouard donne le ton : « Il y a un point de départ qu'il faut que tout le monde ait présent à l'esprit : le succès de la Maison est dû à la bonne qualité de nos pneumatiques. (...) Nous avons des clients qui sont venus chez nous dès le début de notre fabrication – il y a vingt ans maintenant – et qui n'ont presque jamais pris d'autres pneus que chez nous, parce qu'ils sont bons. » Autre vérité : pour que les employés travaillent bien, il faut les comprendre, les respecter et les motiver. Il appartient donc aux cadres, y compris aux jeunes ingénieurs « qui ignorent complètement ce que sont les ouvriers », d'écouter et de comprendre avant de donner des ordres (note de 1928 intitulée « Du commandement »).

Écouter et comprendre, principes de base, avaient pour corollaire un système de « suggestions », fermement encouragées dans l'entreprise. Les ouvriers et autres employés, sur leurs postes de travail et habitués à leur tâche, comprennent souvent mieux ce qui peut être amélioré que l'encadrement qui voit cette réalité de plus loin. À eux donc de faire des suggestions. « Faire une suggestion, c'est signaler un progrès à accomplir, un inconvénient à éviter, une économie à réaliser, un gaspillage à supprimer, un défaut à éliminer, un risque d'accident à écarter et proposer une solution si possible », explique le *Bulletin intérieur* du 1er janvier 1954. Il précise que les auteurs de suggestions jugées bonnes et mises en œuvre « reçoivent des gratifications » qui ont varié de 300 francs à 50 000 francs en 1953. La lutte contre le gaspillage et la recherche d'économies deviennent une obsession chez Édouard. Une bonne partie de ses notes y est consacrée, invitant le personnel à traquer les dépenses inutiles, les démarches redondantes ou contradictoires, les méthodes de travail inefficaces dans une entreprise « écrasée par les frais généraux et la paperasse » (note « Économies et paperasses » de 1930).

Il conclut cependant une note de 1928 en disant : « Je rappelle que, bien entendu, nous ne voulons faire d'économies, ni sur la qualité ni sur la paie du personnel. » Il reprend ce même thème dans une note de 1931 intitulée « Économie ». « Nous avons reçu une suggestion qui nous propose en substance ceci : puisqu'il faut faire des économies, nous vous proposons de baisser les salaires de 10 %, aussi bien ceux des employés que ceux des ouvriers. Nous répondons énergiquement : non. Voici pourquoi : nous avons à lutter contre les Américains. À notre avis, le Français ordinaire, le Français fonctionnaire, sera battu par l'Américain. Mais le Français d'élite le battra. Nous voulons une Maison composée d'hommes d'élite. Mais un personnel d'élite a droit à une surpaye, et nous ne consentirons jamais à ne pas la lui donner. Voici pourquoi nous n'avons pas l'intention de toucher aux salaires. » Édouard aime à comparer la situation en France et aux États-Unis, pays montré en exemple. Dans une note de 1929 intitulée « Quelques comparaisons », il indique par exemple qu'en France une ouvrière procède au bobinage de 0,8 stator à l'heure tandis qu'en Amérique, avec une machine très perfectionnée, l'ouvrière en réalise dix.

Observer et respecter les faits est une autre constante. « Je vous demande de développer chez vous l'esprit d'observation. L'observation est une chose qu'on n'apprend pas à l'école. Or, c'est essentiel – il faut vous exercer à observer. Par conséquent, récoltez des faits ; cherchez le fait qui vous éclairera sur le problème ou la question que vous avez à étudier ; développez cet esprit chez vous, développez-le aussi chez ceux qui sont sous vos ordres », dit-il dans une « Conférence » sur l'esprit d'observation en 1929. Accélérer les cadences devient un autre objectif. Deux notes intitulées « Aller vite » y sont consacrées en 1937 puis en 1939. « Dans les circonstances actuelles, il est indispensable de se cramponner pour aller vite, dit-il. Je voudrais que pendant l'année 1939, la Maison se donne comme principal but d'aller vite », car « la lenteur est le défaut principal des grosses maisons, et une cause de leur ruine ».

Dans les années cinquante, les employés médaillés de Michelin recevaient en cadeau une petite brochure dressant un portrait flatteur d'Édouard Michelin. Véritable hagiographie du « Patron », cette publication ne tarissait pas d'éloges sur l'auguste personnage, « celui qui fut le créateur et l'animateur de notre Maison », passant d'ailleurs quasi sous silence l'action, pourtant décisive aussi, de son frère André. « Vous savez que le Patron a réalisé une œuvre immense. Mais il est difficile d'imaginer ce qu'il lui a fallu de travail, d'énergie de prévision et d'entreprise pour la mener à bien », indiquait cette plaquette dans son introduction signée des cogérants de l'époque, Robert Puiseux et Pierre Boulanger. On y trouve néanmoins une série de recommandations qui constituent le cœur de son système de valeurs, à commencer par l'observation des faits. Dans une note sur « l'éducation des apprentis », il est dit : « Édouard Michelin voulait d'abord qu'on apprît aux apprentis la sincérité vis-à-vis des hommes et des faits. Cette sincérité vis-à-vis des faits, disait-il, est à la base de toute méthode scientifique et, par conséquent, de tout progrès. »

S'agissant de l'observation, « prendre l'habitude de l'observation et savoir observer, voilà une chose capitale » car « si l'on ne sait pas regarder, comment pourrait-on trouver un fait ? Comment faire une enquête ? Comment juger un homme ? »[1]. Édouard affirme s'être appliqué cette méthode à lui-même lorsqu'il devint le gérant de l'entreprise : « J'ai eu à faire marcher une usine où il y avait cinquante personnes. Une partie des fabrications était bonne, une autre partie mauvaise. Il n'y avait pas d'ingénieurs ; un contremaître seulement, qui n'était pas capable et qui ne connaissait qu'une partie de la fabrication. J'ignorais complètement la fabrication du caoutchouc. La première nécessité était que j'apprenne mon métier. Je ne pouvais l'apprendre qu'en interrogeant les ouvriers. Il me fallait donc avoir avec eux une conversation où j'étais leur inférieur, et le meilleur moyen de les faire parler était d'avouer ouvertement et complètement mon ignorance. »

Les « valeurs » de la maison Michelin étaient abondamment disséminées auprès du personnel par l'intermédiaire des publications internes de l'entreprise, et surtout par le *Bulletin intérieur* – publié dans les années quarante et cinquante –, auquel a succédé à partir des années soixante *La Revue Bib*. Le respect des faits y est, bien entendu, un thème privilégié. Dans un édito intitulé « Aller au fait », le *Bulletin intérieur* numéro 103 du 29 septembre 1950 souligne : « Nous savons tous que la vieille règle de l'usine, c'est d'aller au fait. » Estimant qu'il faut se méfier de l'opinion, la revue conclut : « Au contraire, les faits ne trompent pas. Ils sont ce qu'ils sont et ne peuvent mentir. L'amour des faits entraîne l'horreur du mensonge et dégoûte des bavardages et des discours. » La notion de progrès et de productivité y est de nombreuses fois traitée dans les éditoriaux en première page. En mai 1945, dans son numéro 15, la revue estime qu'après la fin de la guerre « l'usine ne retrouvera la prospérité que si le pneu Michelin demeure toujours le meilleur pneu ».

1. *Édouard Michelin, 1859-1940, op. cit.*

« Nous devons donc être constamment à la recherche de nouveaux progrès, afin de ne pas nous laisser devancer par d'autres », poursuit l'éditorial, pour qui la notion même de progrès a souvent suscité le scepticisme. « À l'heure actuelle, il ne viendrait à l'idée de personne de mettre en doute le progrès qui a été apporté par des inventions telles que celles de la navigation à vapeur, du gaz d'éclairage, de la machine à coudre, du moteur à explosion. Cependant, les hommes auxquels nous les devons : Jouffroy, Lebon, Thimonnier, Fernand Forest ont dû lutter toute leur vie, pour les faire admettre. Tous se sont heurtés à l'indifférence, à l'incompréhension ou à l'hostilité générale. » Dans son numéro 67, du 28 mai 1948, le *Bulletin intérieur* titre : « On n'en a jamais fini avec le progrès », ajoutant dès le début de l'article consacré à la mise au point d'une nouvelle chambre à air plus étanche : « C'est la devise constante de la Maison. »

Dans son numéro 92 du 30 décembre 1949, le même *Bulletin intérieur* explique ce que peut être le progrès en France en général, et chez Michelin en particulier : « La meilleure définition qu'on puisse en donner, c'est de dire que le seul progrès réel est celui qui se traduit par l'augmentation du pouvoir d'achat et l'élévation du niveau de vie de tous. » Quant à la productivité, grâce à sa croissance, « les prix baissent, car il faut moins d'heures de travail ou moins de matières premières, ou moins d'énergie, pour fabriquer un objet de qualité égale ou même améliorée. (…) Les prix baissant, chacun avec la même somme peut acheter davantage de choses meilleures : c'est là la marque du véritable progrès. » Et la revue de conclure que la France, dans ce domaine, est en retard comparée à d'autres pays industrialisés comme les États-Unis, les Pays-Bas et le Danemark. « Production, productivité, progrès : trois mots qui, bien attelés ensemble, conduisent à la prospérité », ajoute l'édito non signé. Quant à la chasse au gaspillage, la littérature officielle de Michelin en parle régulièrement. « Maintenant, parlons d'économies », titre le *Bulletin intérieur* du 13 mars 1959 dont les intertitres sont « Petites économies = grande maison », « Voir plus loin que le bout de son nez », « Économies = progrès et avenir ». Dans son numéro du 27 février, la même revue titre « Parlons du gaspillage » et martèle les mots d'ordre : « Gaspiller, c'est voler le client », « gaspiller, c'est mettre en péril notre propre situation ».

Une autre « valeur » constamment mise en avant avec la même insistance est le respect du client. C'est lui qui a le dernier mot et qui, par son choix, assure la prospérité de l'entreprise. Dans son numéro 33 du 29 septembre 1946, un édito signé du gérant de l'époque, Pierre Boulanger, mentionne en titre « Sa majesté le client » et affirme : « Lorsqu'il fixe son choix, sur tel ou tel modèle, à tel ou tel prix, agissant en maître, et c'est légitime puisque c'est lui qui paie, le client accomplit l'acte fondamental qui conditionne toute l'activité des producteurs. Les millions de choix qu'il fait chaque jour représentent non seulement les plus irrévocables des décisions, mais aussi les plus sages. » Il ajoute : « Soyons reconnaissants au client du concours qu'il nous apporte. Se plaindre de ce qu'on nomme ses fantaisies cache trop souvent l'incompréhension, la connaissance superficielle des besoins du consommateur, la paresse du fournisseur. Il est un instrument de mesure presque parfait pour apprécier l'utilité ou la valeur d'un article. » Dans son numéro 93 du 13 janvier 1950, la revue précise qu'être au service du client « a toujours été la devise de la Maison » : « En fin de compte, c'est le client qui commande et, pour parler familièrement, c'est lui qui nous tient. Il faut donc le satisfaire de notre mieux. »

Il en découle directement la notion de qualité, autre « valeur » sur laquelle les deux frères fondateurs, puis les gérants de Michelin qui leur ont succédé ont sans cesse mis l'accent. « Pour faire un pneu de qualité, quelles sont les conditions à remplir ? », s'interroge le *Bulletin intérieur* dans son numéro 49 du 16 mai 1947. « Il faut, avant tout, une doctrine patronale de la qualité, une volonté constante de ne jamais s'en écarter ; cette doctrine a toujours été suivie par Michelin. » La revue constate que « l'esprit qualité va ordinairement de pair avec l'esprit progrès », mais, insiste-t-elle, « la doctrine patronale reste la même : "la qualité avant tout" ».

Cela implique qu'il faut accepter d'éliminer tout ce qui présente un défaut ou une anomalie, « afin de ne jamais laisser aller un produit défectueux vers la clientèle ». L'auteur de l'édito explique ainsi que le premier pneu « Métalic » a été fabriqué en 1932, les premiers essais industriels ayant eu lieu en 1937 et les premières ventes « seulement en 1938 après des centaines d'essais de types de pneus successifs ». Dans son numéro 46 du 4 avril 1947, la même revue explique que de juin 1895 à février 1896, Michelin avait fabriqué des pneus d'automobile, mais s'était refusé à les vendre, « même à prix d'or », car ses essais ne lui donnaient pas satisfaction. « S'engager dans la voie de la qualité, c'est trouver le moyen le plus sûr de gagner la confiance de la clientèle, et maintenir scrupuleusement cette qualité, c'est gagner sa fidélité si nécessaire à la marche des entreprises importantes », ajoute le magazine interne. Et de conclure : « Il y a d'ailleurs, au sujet de la qualité de nos pneus, une légende qu'il faut détruire : jamais Michelin ne s'arrêtera dans la voie de la qualité ou du progrès par la crainte de voir les ventes se raréfier si les pneus duraient plus longtemps ; c'est, bien au contraire, par la qualité que nous devons étendre nos débouchés. »

2. Culture d'entreprise ou paternalisme ?

Des entretiens avec un certain nombre d'anciens collaborateurs de l'entreprise de tous niveaux dans la hiérarchie, il ressort un constat largement partagé : la maison Michelin doit sa force à une culture d'entreprise très particulière qui s'est développée dès les origines, sous la houlette principalement des frères fondateurs, puis de leurs successeurs à la gérance. Les anciens dirigeants de Michelin tout comme ceux qui sont aux commandes actuellement aiment à utiliser l'expression « l'esprit Michelin ». Par définition, il s'agit là de facteurs immatériels non quantifiables, mais il ne fait nul doute que la qualité des relations au sein du personnel a joué et joue toujours un rôle déterminant dans la bonne marche de l'entreprise. Certes, les temps ont changé. On ne gère pas de la même façon une petite usine de cinquante ouvriers à la fin du XIXe siècle et un géant industriel de cent trente mille employés au début du XXIe siècle. Jusqu'à une période assez récente, François Michelin connaissait une bonne partie de son personnel à Clermont-Ferrand et s'attachait, autant qu'il le pouvait, à tisser un lien personnel avec lui. Les ouvriers au plus bas de l'échelle connaissaient leur patron. Aujourd'hui, du fait de la taille de Michelin et de son internationalisation, ce n'est plus possible. La maison s'est donc « normalisée », mais ceux qui l'ont quittée récemment estiment qu'il y reste encore un certain particularisme. Quelques-uns de ces ingrédients qui donnent vie à une culture d'entreprise sont toujours là, dans les usines en France et à l'étranger.

Une critique récurrente est formulée à l'égard de Michelin : celle du paternalisme de ses dirigeants envers les employés. Comme le disait le syndicaliste Charles Tissier, « Michelin te prend dans le ventre de ta mère et ne te lâche qu'après ta mort[1] ». « Le réseau d'œuvres sociales était énorme. Un formidable moyen pour le patron de tenir son personnel », ajoutait-il. Il est vrai que les œuvres sociales de Michelin, les cités, les cliniques, les écoles, les magasins, les stades, les colonies de vacances Michelin ont forcément créé pour une bonne partie de ses ouvriers et employés un univers commun où l'entreprise occupait une place démesurée.

André Gueslin, professeur d'histoire sociale à l'université Paris-VII-Jussieu, parle de « culture et idéologie patronales » et souligne que, avant son décès en 1940, Édouard Michelin avait développé « une discipline quasi militaire dans les ateliers avec une hiérarchie très forte qui (allait) devenir de plus en plus pesante[2] ». « Les ouvriers ne désignent vite les frères Michelin – et particulièrement Édouard – que sous le vocable "le(s) patron(s)" », dit-il. Les frères veulent être des exemples pour leurs ouvriers, tandis que « la naïveté des propos relatés dans les revues internes procède d'une volonté de faire des ouvriers les "enfants" d'un "père-patron" ».

À partir de 1958, la manufacture fait fabriquer par l'Administration des Monnaies une nouvelle médaille du travail à l'effigie d'Édouard qui récompense les ouvriers ayant travaillé vingt-cinq, trente-cinq et quarante-cinq ans dans l'entreprise. Nous ne sommes pas très éloignés d'un culte de la personnalité. Quant au vocable de « patron », il est resté très longtemps profondément incrusté dans les usages de la maison Michelin, puis utilisé de la même façon pour les successeurs des deux frères. Le même André Gueslin explique que la « culture patronale Michelin » est faite d'un « subtil alliage de mentalité innovante et d'esprit d'économie » combiné aux rites de la religion catholique dont les fêtes symboliques, comme l'arbre de Noël, s'intègrent dans le système social

1. *Échec au roi, op. cit.*
2. *Michelin, les Hommes du pneu, op. cit.*

Michelin[1]. Les Michelin, dit-il, « ont souhaité faire de la firme clermontoise un organisme d'exception, fortement différent du reste des entreprises françaises » mais « en définitive, en examinant la culture Michelin, on en retire plutôt l'idée qu'elle est en quelque sorte l'idéal type de la culture patronale de son époque ». Tout cela est probablement juste et a perduré bien après la mort des frères fondateurs, y compris dans une large mesure pendant les années de « règne » de François Michelin.

Ce dernier a d'ailleurs abordé directement le sujet : « Le paternalisme consisterait à penser que puisque les gens n'ont rien – et vous tout – il faut tout leur donner. C'est considérer que vous savez mieux qu'eux ce qui leur fera du bien. Voilà ce qu'est le paternalisme[2]. » Mais, ajoute-t-il, « est-ce que l'instauration des allocations familiales – et Michelin fut le premier dans ce domaine – a été du paternalisme ?... Les écoles... ? ». Pour François Michelin, « la bonne attitude consiste à apprendre à pêcher plutôt qu'à donner du poisson ». Lionel Dumond, enseignant d'histoire à l'université Paul-Valéry de Montpellier-III, est tout aussi direct qu'André Gueslin. « Dotée de moyens importants, la politique paternaliste de la firme a été conçue comme une vitrine. Elle y parvient à un niveau rarement atteint en France[3] », dit-il, soulignant que deux éléments font de l'entreprise une organisation familiale : le regard des ouvriers sur leur patron et la participation de sa famille à la direction de la firme. Ajoutons à cela une aversion profonde de la direction à l'égard des syndicats qui, elle aussi, a perduré puisque, comme le souligne Lionel Dumond, les tentatives d'organisation syndicale ont été systématiquement combattues jusque dans les années trente ; les meneurs syndicaux étant souvent licenciés sans autre forme de procès. Dans une certaine mesure, cette aversion subsiste encore à l'heure actuelle, Michelin n'acceptant les syndicats dans ses usines que contraint et forcé par la législation.

1. *Ibid.*
2. *Et pourquoi pas ?, op. cit.*
3. *L'Épopée Bibendum, une entreprise à l'épreuve de l'histoire, op. cit.*

Or, de l'avis de certains ouvriers, la situation chez Michelin était loin d'être idyllique. Pour Antoine Barrière, « même si les intentions n'étaient pas toujours très pures, il faut bien reconnaître que certains patrons comme Michelin ont donné une impulsion considérable à l'extension des services sociaux, alors que d'autres malgré de larges possibilités n'ont pas fait grand-chose[1] ». Mais, dit-il, la médaille a son revers. Il explique que la triche pour tenir les quotas de production était un phénomène assez courant, dans un système où pour toucher un salaire plein il fallait respecter les cadences de production. Il y avait des primes pour récompenser un travail satisfaisant et des amendes pour sanctionner un travail mal fait. D'où la triche qui créait « un assez mauvais climat » dans certains ateliers. « Pour le patron, c'était peut-être du vol, mais pour les ouvriers, c'était de la débrouillardise, le système D bien ancré dans l'esprit français. C'était autant de récupéré auprès du patron qui de toute façon, pour eux, ne fait que voler les ouvriers[2]. » L'alcool, les chahuts posaient aussi problème, dans un univers de travail parfois démotivant. « Il faut essayer de comprendre ce que représente ce travail monotone poursuivi pendant des jours, des semaines, des mois, des années et même toute une vie sans aucune possibilité de modification », dit-il.

Pol Échevin, ancien syndicaliste CFDT, dresse un tableau de la situation plus dur encore, parlant de Michelin comme d'une multinationale ayant « à sa tête un monarque exerçant le pouvoir absolu. Non seulement sur le pneumatique – il a inventé la carcasse radiale – mais aussi sur la vie sociale, culturelle et religieuse de “son” personnel[3] ». Il raconte, dans son livre, comment, enfant, Charles Tissier, futur dirigeant syndicaliste chez Michelin, doit à chaque entrée ou sortie de classe dans l'école Michelin réciter la prière maison : « Seigneur, bénissez papa, maman, tous mes parents. Faites-moi devenir bien sage et bien grand. Et bénissez la famille Michelin. »

1. *Michelin vu de l'intérieur, op. cit.*
2. *Ibid.*
3. *Échec au roi, op. cit.*

Il explique que l'instruction religieuse occupait une place de choix dans l'éducation avec, dans ces écoles Michelin, un apprentissage par cœur du catéchisme. Et Pol Échevin d'ajouter : « L'ouvrier qui, à la fin des années quarante, franchit la porte du bureau de la place des Carmes n'entre pas dans un lieu de production ordinaire. Il doit non seulement remplir correctement son contrat de travail, mais tout est fait pour qu'il adhère, bon gré mal gré, à la philosophie de la dynastie Michelin. Dans l'usine et hors de l'usine, chaque acte de sa vie et de celle des siens est conditionné, programmé par un réseau très serré d'œuvres en tout genre. La Russie communiste, a dit Lénine, c'est les soviets, plus l'électricité. Michelin, c'est la carcasse radiale, plus le paternalisme. »

Dans son ouvrage *Michelin, un siècle de secrets*[1], le journaliste Alain Jemain n'y va pas par quatre chemins lorsqu'il évoque les dogmes régissant la vie de l'entreprise : « Les dogmes qu'invoquent en permanence les dirigeants de la maison imprègnent à tous les échelons, dans tous les établissements, dans tous les pays, l'organisation du groupe, comme le travail et les réflexes quotidiens, l'analyse économique comme les stratégies de développement. Dès lors qu'on franchit le seuil de la Compagnie générale des établissements Michelin, sous quelque latitude que ce soit, ils sont à adopter en bloc sans espérer la moindre concession ou le moindre infléchissement. » Chez Michelin, le pouvoir ne se partage pas. Ce qui fait dire à Alain Jemain que dans la manufacture s'exerce un « centralisme monarchique absolu ». « Le pouvoir chez Michelin n'est pas collégial. Il est monarchique. Et le monarque qui risque sa fortune, son nom, sa réputation, gouverne. »

1. *Op. cit.*

3. Les anciens « Bibs » parlent

Les anciens dirigeants de Michelin ont rarement accepté de parler en public. La culture du secret leur imposait réserve et prudence dès lors qu'ils abordaient la question de leur travail à l'extérieur de l'usine. Pour la première fois, plusieurs parmi ceux qui ont occupé des fonctions de premier plan dans l'entreprise acceptent de parler. Leur témoignage offre un regard particulièrement intéressant sur la vie à l'intérieur de l'entreprise.

Que répondent ces anciens collaborateurs à ceux qui taxent Michelin de paternalisme archaïque et de système monarchique ? Que pensent-ils de cet « esprit Michelin » ou de ce qu'il en reste ? Comment voient-ils l'avenir de l'entreprise ? De façon générale, le paternalisme patronal de Michelin n'est pas vraiment contesté, mais le tout est une question de définition, et la plupart estiment que les employés y ont trouvé leur compte. Bien rares sont les anciens cadres « Bibs » qui n'évoquent pas Michelin de façon positive. Mais ils s'accordent pour estimer que la manufacture ne peut plus fonctionner aujourd'hui comme hier et que l'avenir sera probablement difficile.

René Zingraff

René Zingraff a été pendant vingt ans tout en haut de la hiérarchie du pouvoir chez Michelin, en qualité de cogérant au côté de François Michelin jusqu'à son départ à la retraite en mai 2006. Occupant ainsi le rang stratégique de numéro deux de l'entreprise, son avis sur toutes ces questions, après quarante-trois ans passés dans la maison, est à ce titre intéressant.

Quel a été l'héritage pour Michelin de l'œuvre des deux frères fondateurs et qu'en reste-t-il aujourd'hui ? « C'est ce système de valeurs, c'est-à-dire l'innovation et l'amélioration permanente du produit, le respect des autres, le respect des hommes, le respect des faits, le respect des actionnaires. Tout cela a été apporté par les frères Michelin. La remise en cause permanente est aussi une force au sein d'une entreprise comme Michelin. Ne pas se satisfaire de ce qui est fait, mais s'efforcer de toujours faire mieux, en y faisant participer toutes les catégories de personnels. Je pense que ce sont les frères fondateurs qui ont créé cet état d'esprit-là. C'étaient des personnalités vraiment extraordinaires[1] ! »

« Dans un domaine où l'on n'est plus capable de suivre leur exemple aujourd'hui, ils ont fait preuve de beaucoup d'audace dans la publicité. C'était d'une agressivité terrible. "La route vaincra le rail", pour ne citer qu'un slogan. Aujourd'hui, je ne sais pas si les règles nous autoriseraient à le faire. Ils ont été audacieux et créateurs. D'ailleurs, ce début du XXe siècle a été d'une grande richesse, quand on observe l'histoire. Nous nous étions penchés, il y a quelques années, sur les brevets qui avaient été déposés au début du XXe siècle. Un petit peu à l'image de Jules Verne, les gens faisaient preuve d'une belle créativité. En particulier au travers de l'élaboration de brevets dont les techniques et les matériaux disponibles ne permettaient pas de les concrétiser. Un peu comme Jules Verne envoyait une fusée sur la Lune – il imaginait cela sans qu'à l'époque on soit, bien sûr, en mesure de le réaliser –, eh bien, de la même façon, au niveau de la conception et de l'élaboration de pneumatiques, il y a des personnes éclairées qui ont imaginé des techniques que l'on peut mettre en œuvre aujourd'hui car nous avons maintenant les matériaux et technologies pour le faire. Ils

1. Entretien avec l'auteur.

ont donc imaginé, un peu comme Léonard de Vinci qui imaginait l'hélicoptère. C'était une période faste en créativité et les frères Michelin l'illustrent très bien. »

Il se trouve que les deux frères étaient en outre complémentaires, avec le gestionnaire à la barre dans l'usine à Clermont et le créatif à Paris pour lancer des initiatives. René Zingraff rappelle qu'Édouard Michelin, avant de devenir le grand industriel qu'il fut, était un artiste peintre, et son frère, André, un ingénieur qui avait réalisé un certain nombre de constructions métalliques, en particulier à Saigon en Indochine. Cette complémentarité continue de marquer profondément l'entreprise. « Quand l'entreprise Daubrée a connu des difficultés et que l'on fit appel aux frères Michelin pour contribuer à remettre l'entreprise sur ses rails, il se trouve que l'ingénieur est devenu le génie du marketing et l'artiste le génie industriel. » Voilà posé concrètement le problème de l'étiquette trop rapidement collée à quelqu'un. Ce n'est pas parce que l'un avait fait les Beaux-Arts et l'autre Centrale que le premier devait devenir le responsable de l'image de l'entreprise et l'autre l'ingénieur. « En ce qui les concerne, cela s'est totalement inversé. On s'est efforcé et on s'efforce toujours chez Michelin de rester dans cet état d'esprit. On embauche un ingénieur, mais peut-être va-t-il réussir dans le commerce. » François Michelin racontait souvent l'exemple de Marius Mignol, l'inventeur du pneu « X », entré comme typographe et employé à la comptabilité, jusqu'à ce qu'il soit repéré par Édouard Michelin car il avait mis au point une règle à calcul pour sa comptabilité. Édouard dit alors de lui : « Mais voilà un homme créatif, pourquoi pas lui faire faire du pneu ? » C'est ainsi que Marius Mignol a été très rapidement orienté vers le service de recherche, avec le bonheur que l'on sait, et qu'il a, quelques années après, mis au point le pneu radial, explique René Zingraff.

Plus de soixante ans après leur mort, l'héritage des deux frères fondateurs est encore très présent chez Michelin. « C'est d'ailleurs tout le génie de ces gens-là que d'avoir mis en place un système de valeurs qui perdure. Ce qui montre d'ailleurs que ce sont vraiment des valeurs, car celles-ci sont indépendantes de la notion de temps », dit-il, tout en soulignant la confusion faite parfois entre des valeurs et des comportements ou des attitudes. « Les systèmes, les modes de fonctionnement doivent évoluer, en fonction de l'évolution des technologies, de l'environnement. Les valeurs restent. J'ai eu souvent ce type de discussions avec des responsables dans l'entreprise qui faisaient quelquefois la confusion. Alors j'entendais dire : "Ah non, on ne fait pas cela chez Michelin !" Qu'est-ce qu'on ne fait pas chez Michelin ? Telle chose ? Au contraire, ce qu'on doit faire, c'est changer justement. C'est dans le cadre des valeurs de l'entreprise qu'il faut s'adapter à l'environnement, savoir utiliser des techniques modernes avec efficacité. »

De l'avis de René Zingraff, comment et pourquoi Michelin est-il devenu numéro un mondial si vite ? Il en revient aussitôt aux valeurs de la maison. « Ce sont ces valeurs auxquelles les collaborateurs adhèrent qui font que l'entreprise est ce qu'elle est aujourd'hui. Parmi elles, il y a le respect des hommes. Sans prétendre être parfait, on cherche dans l'entreprise à mettre cette pratique en valeur. » L'ancien dirigeant se souvient de l'importance qu'il avait lui-même donnée aux relations humaines et au respect des hommes. « Ma carrière m'a conduit à m'occuper du personnel pendant quelques années. En tant que cogérant, je lui ai consacré une bonne partie de mon temps et me suis efforcé de mettre cette valeur en avant », dit-il. Sur ce point, René Zingraff était en phase avec François Michelin : « Je pense que c'est d'ailleurs l'une des raisons pour lesquelles il m'avait appelé, parce qu'il a senti que j'étais sensible à cet aspect des choses. »

« Nos attaches provinciales et plus particulièrement auvergnates sont aussi, selon moi, une force pour l'entreprise. Dans mes fonctions de gérant, j'ai eu l'occasion de fréquenter un certain nombre d'aréopages parisiens, et j'avais parfois l'impression d'être le canard dans une couvée de cygnes. Je ne réagissais pas comme la plupart des "Parisiens" – ce n'est pas péjoratif – qui, devant une situation, avaient tendance à suivre des effets de mode. On est un peu en dehors de ces courants-là à Clermont-Ferrand. On n'en subit pas les effets, en particulier les effets négatifs. ». La proximité de la nature, la proximité aussi des gens sont des facteurs qui favorisent un contact entre la direction et le personnel, bien qu'avec cent trente mille salariés il soit désormais plus difficile pour un patron d'entretenir un contact individualisé avec tous les employés.

Pour faciliter ce contact direct, René Zingraff avait l'habitude de visiter de dix à quinze usines par an. « La visite de l'usine ne signifiait pas passer du bon temps avec l'équipe de direction. J'arrivais le matin, il y avait une présentation de l'usine, du site, de la production avec l'équipe de direction, et puis je partais dans les ateliers et passais le restant de la journée, jusqu'à 17 heures, dans les ateliers à rencontrer les collaborateurs, à discuter avec eux, sur leur poste de travail. Souvent, à midi, on faisait un petit casse-croûte rapide avec quelques employés à la production. En fin de journée, il nous est souvent arrivé de dîner avec l'équipe de direction puis de revenir à l'usine le soir pour y rencontrer l'équipe de nuit. Parce qu'on les oublie quelquefois. Or l'usine tourne vingt-quatre heures sur vingt-quatre. Ce sont des équipes qui ont l'habitude finalement d'être un peu autoporteuses, de fonctionner seules. »

René Zingraff poursuit : « Dans ma vie de gérant, en vingt ans, il m'est arrivé de visiter six ou sept fois certaines usines. (...) Certes, la hiérarchie nous transmet un certain nombre de choses et ce n'est pas une défiance à son égard que de converser avec les ouvriers, mais le témoignage en direct vient souvent conforter des choix et quelquefois les remettre en cause. L'écoute du personnel, c'est une force de Michelin. François Michelin a toujours su le faire et Édouard était sur la même ligne. Il s'agit là d'une certaine identité de l'entreprise. Les gens connaissent leur patron. Il n'est pas exceptionnel de voir son patron. C'est aussi exprimer, pour les gérants, du respect vis-à-vis de ces gens-là. »

L'innovation est une autre clé du succès de Michelin. Pour René Zingraff, l'entreprise n'a pas vraiment le choix si elle entend tenir son rang : il faut innover, dans tous les domaines et pas seulement dans celui de la production. Dans les ateliers, les employés sont invités à participer à l'innovation en formulant des « suggestions ».

Il s'agit là d'un souci permanent de faire mieux. « Que peut-on faire mieux aujourd'hui qu'hier ? Souvent, les employés postés sur les machines ou dans les ateliers sont les mieux placés pour savoir et pour proposer des améliorations, des évolutions. Il y a eu, dans l'histoire de Michelin, de nombreux cas de suggestions extrêmement performantes et souvent des idées de bon sens. Oui, l'innovation est très ancrée dans la culture Michelin. »

Quant à la concurrence, il faut l'accepter, ne pas la sous-estimer et relever le défi. D'autant qu'après les concentrations effectuées depuis une trentaine d'années dans ce secteur d'activité, il reste encore de nombreux acteurs du pneumatique, dont certains sont extrêmement performants et efficaces. « Nous avons toujours eu ce souci de savoir qui sont nos concurrents et ce qu'ils font. Nos concurrents font de même vis-à-vis de nos produits. Essayer de comprendre quelle est la démarche qui mène un concurrent à développer tel type de produit plutôt que tel autre, voilà une façon de mieux comprendre à la fois sa propre stratégie mais aussi le besoin du marché. » Et puis, il y a aussi le respect des faits, valeur essentielle aux yeux de René Zingraff. Le respect des hommes, des actionnaires, des clients et de l'environnement, forme un tout. « Le respect des faits, cela signifie qu'il ne faut pas être prisonnier de théories, de systèmes et de modes mais qu'il faut savoir reconnaître les faits tels qu'ils sont, puis, à partir de là, les analyser pour en tirer les enseignements. » Dans le domaine scientifique, c'est une évidence, mais cela suppose que l'on fasse preuve d'honnêteté intellectuelle.

L'ancien cogérant de Michelin est d'avis qu'une entreprise n'a pas à rougir d'être paternaliste si cela signifie que ses dirigeants ont conscience d'une responsabilité vis-à-vis de leur personnel qui ne se limite pas simplement à la relation contractuelle entre un individu et l'entreprise. « Michelin est paternaliste et doit être fier de l'être », dit-il. La clinique Michelin en est un exemple : elle a été créée par le grand-père Édouard, parce qu'un jour un de ses ouvriers avait eu un accident assez grave et que finalement on a dû l'amputer d'une jambe. Quelqu'un a dit à Édouard : « Si on avait eu, à l'hôpital de

Clermont, le matériel moderne pour l'époque, on aurait certainement pu lui sauver la jambe. » « À partir de là, Édouard Michelin a dit : "Mais moi, je veux que mes ouvriers, s'ils sont victimes d'accidents, puissent bénéficier des soins les meilleurs." C'est ce qui l'a amené à développer les cliniques Michelin. » Le jour où le système de santé publique a atteint un niveau de qualité suffisant allant au-delà de ce que pouvaient faire les cliniques Michelin, celles-ci ont disparu. Il se passa un peu la même chose avec les magasins-coopératives de la SOCAP, créée par Édouard Michelin. Le jour où des établissements de grande distribution comme Leclerc, Carrefour se sont installés et pouvaient proposer aux clients des produits moins chers que la coopé, celle-ci a été fermée. Les cités Michelin sont un autre exemple d'un paternalisme décomplexé et positif. « Le paternalisme, je n'ai pas peur du mot, je trouve qu'il a été souvent un peu dévoyé. Paternaliste, c'est le rôle du père, *pater*, qui se préoccupe du développement et de l'évolution de ses enfants. Dans une certaine mesure, Michelin s'en est préoccupé. Aujourd'hui moins, parce qu'il se trouve que les systèmes publics sont globalement performants », dit René Zingraff.

Lorsque la question lui est posée, il répond sans hésiter que Michelin est pourtant une entreprise comme une autre. C'est bien le cas, dit-il, dans la mesure où elle est confrontée aux mêmes contraintes et difficultés que toutes les entreprises : la mondialisation des marchés, la concurrence, les problèmes liés au coût de la main-d'œuvre. « Michelin est une entreprise confrontée aux mêmes problèmes (que les autres), bien qu'elle ait une identité et des particularismes forts. Nous avons évoqué son implantation provinciale du siège social, ses racines, ses valeurs. Mais les valeurs défendues par Michelin, la maison n'est pas la seule à les défendre. Il y a d'autres entreprises qui pratiquent des systèmes de valeurs identiques ou très voisins avec beaucoup d'efficacité aussi. » Mais « l'esprit Michelin » reste et il est unique. Au point que les « Bibs » sont généralement fiers de travailler dans cette entreprise. « Je peux vous dire que c'est quelque chose que j'ai senti quand j'ai travaillé aux États-Unis pendant trois ans, dit René Zingraff. Dans nos usines américaines, cette même fierté existe. Cet “esprit Michelin”, l’entreprise s’efforce de l’entretenir dans l’ensemble du groupe, avec évidemment des particularismes selon les régions et les pays. Il y a ainsi des particularismes nord-américains qui font que les comportements, les attitudes ne sont pas les mêmes. Cependant, si vous allez un jour à Greenville, vous verrez que ceux de chez Michelin sont fiers d’y travailler. L’esprit de l’entreprise est complexe, il est fait de petites choses. Celles que nous avons évoquées font partie des éléments qui constituent l’esprit Michelin. »

Michel Rondreux

Entré chez Michelin en 1961 comme jeune ingénieur, il a été pendant les années quatre-vingt et quatre-vingt-dix directeur scientifique, chargé de la recherche et du développement. Il était à ce titre l’un des principaux patrons à la manufacture. François Michelin l’invite alors à faire partie de la gérance, le sérail où sont prises les grandes décisions stratégiques de la maison. Il a pris sa retraite en 2002. Que pense-t-il de l’avenir de la manufacture, de ses forces et faiblesses, de ses archaïsmes aussi ? Et d’abord, Michelin est-elle une entreprise paternaliste ?

« Si paternalisme veut dire souci des gens, je pense que c’est tout à l’honneur de Michelin [1] », dit-il. Il reconnaît qu’il y a bien eu « des erreurs et des ratés », mais mis à part les cas particuliers négatifs ou positifs, Michelin est « une entreprise qui assure le soin des gens et les respecte ». D’autre part, s’il s’estimait victime d’un traitement injuste, tout employé avait la faculté d’adresser un recours au service du personnel. « Il y avait, à côté de la hiérarchie classique, une sorte de hiérarchie parallèle qui était le service du personnel. C’est-à-dire que toute personne savait qu’elle pouvait sans hésiter s’adresser directement au service du personnel s’il y avait des ques-

1. Entretien avec l’auteur.

tions mal traitées par sa hiérarchie. La hiérarchie le savait, bien sûr, et cela l'amenait par conséquent à être plus proche et plus attentive à son personnel. Vous pouviez prendre votre téléphone, que ce soit pour exprimer des souhaits en termes d'évolution de carrière ou de fonctions, ou bien pour faire part de problèmes paraissant anormaux ou mal gérés. Il s'agissait d'une autorégulation qui n'était pas négligeable. »

Michel Rondreux fait remarquer « qu'à une époque où il n'y avait pas la Sécurité sociale, Michelin a fait beaucoup pour son personnel ». « On peut appeler cela paternalisme, mais d'une certaine façon il vaut mieux le paternalisme que l'étatisme. » Mais il réfute l'idée selon laquelle l'entreprise puisse s'ingérer de façon exagérée dans la vie des employés. « Moi, je n'ai jamais senti cela. Quand je suis entré dans l'entreprise, il y avait encore les écoles Michelin. Est-ce par réaction ? À l'époque, je n'ai délibérément pas voulu y mettre mes enfants. Et j'ai eu tort. C'était mon choix, pour montrer que l'on pouvait être un responsable chez Michelin sans forcément utiliser tous les services proposés. J'ai eu tort parce que la formation des enfants, notamment dans le primaire, était nettement moins bonne dans le public que chez Michelin. » Il poursuit : « Quand j'ai vu arriver des jeunes chez moi, dans mon secteur, dont certains avaient fait les écoles Michelin, j'ai pu constater qu'ils avaient acquis un certain nombre de choses, à la fois en termes de connaissances et surtout de rigueur, que mes enfants n'avaient pas spontanément acquis à l'école publique. »

Michel Rondreux retire une certaine fierté d'avoir travaillé chez Michelin et d'y avoir gravi les échelons jusqu'à faire partie de la gérance avant son départ à la retraite. « Michelin, c'est quelque chose d'énorme pour moi. Quand je regarde les résultats en formule 1, j'ai toujours l'impression d'être impliqué. C'est une société qui a ses défauts comme toute entreprise, mais qui a d'énormes qualités. L'expérience que j'ai accumulée est très riche. Au travers de mes contacts à l'extérieur, j'ai pu réaliser à quel point lorsqu'on se présentait comme Michelin quelque part on était accueilli comme le représentant d'une entreprise un peu exceptionnelle, hors normes. » Quelles ont été les clés du développement de l'entreprise ? Il rend un hommage appuyé aux frères fondateurs, tout particulièrement à André.

« Lorsque l'on observe l'histoire de la Maison, celle-ci a toujours favorisé l'innovation. Cela remonte aux origines, ce n'est pas né avec moi. C'est vraiment ancré dans la culture de l'entreprise et, aujourd'hui encore, cela reste un point déterminant. » Michel Rondreux évoque « le génie d'André Michelin pour lancer le marketing ». « André a lancé des démarches étonnantes. Regardez le *Guide rouge* lancé en 1900 et le succès qu'il a encore aujourd'hui. Il a beaucoup évolué entre-temps, mais il fallait avoir l'idée et le courage de le faire ! Vous souvenez-vous d'une publicité au début du siècle dernier qui montrait un camion sur pneumatiques transportant des porcs et un autobus sur bandages pleins transportant les Parisiens ! Il fallait le faire[1] ! Le génie créatif d'André a grandement contribué au succès de l'entreprise. Il y avait chez lui à la fois cette volonté d'innovation permanente et une volonté dans la manière de gérer l'entreprise. Il apportait en permanence des idées originales. »

Michel Rondreux raconte un souvenir des États-Unis : « On m'avait demandé, il y a longtemps de cela, de préparer une conférence sur la qualité. J'avais recherché un certain nombre d'éléments pour cette conférence. C'était une époque où l'on parlait beaucoup des méthodes japonaises ; la qualité se rapportait automatiquement au Japon. On ne parlait que de cela. Or j'ai retrouvé des notes d'Édouard Michelin qui remontaient aux années trente et qui montrent bien que le Japon n'avait rien inventé en la manière. Dans l'une de ces notes en 1935, l'année de ma naissance, André reprenait, avec ses phrases à lui, pratiquement tous les principes de la qualité mis en avant et théorisés à ce moment-là par les Japonais. » Plus tard, François Michelin a repris le flambeau avec

1. Michel Rondreux évoque une publicité Michelin du début du XXe siècle dressant malicieusement une comparaison entre les camions sur pneus transportant des cochons dans des conditions de transport supérieures à celles des autobus des transports publics circulant sur des bandages pleins.

panache. « L'amour du produit, c'est quelque chose qui m'a toujours frappé chez François Michelin. » Qu'il s'agisse d'Édouard, d'André ou de François, « les trois éléments clés ont été le souci constant de l'innovation du produit, l'innovation dans la manière de gérer l'entreprise et celle dans le domaine du marketing. Il y en a même un quatrième : la volonté de ne pas rester cantonné à Clermont ou même à la France. Il y eut, très tôt, la volonté de créer des filiales en Europe qui, très vite, ont contribué à conférer à la marque une bonne image. »

Un autre coup de chapeau de Michel Rondreux aux qualités créatives d'André Michelin : « Le vrai coup de génie a été Bibendum. Voilà un logo fabuleux ! Le Bibendum, qui a lui aussi beaucoup évolué, est connu dans le monde entier, et même lorsque les gens ne connaissent pas le nom de Michelin, ils connaissent le Bibendum, pas forcément sous le nom de Bibendum, mais ils connaissent le logo et savent à quoi cela correspond. Personnellement, j'ai connu le Bibendum quand j'étais gamin à Moulins, avant même de savoir ce qu'était un pneu et à quoi cela servait. J'avais un petit bonhomme en caoutchouc, un Bibendum, dans mes jouets. Je ne sais pas trop d'où il était arrivé. Puis plus tard, dans ma jeunesse, il y avait beaucoup de jeux de plage animés par Michelin. S'adresser aux jeunes, c'est finalement beaucoup plus important que de s'adresser aux adultes parce que cela prépare l'avenir. »

Le credo était d'innover à tout prix, mais au risque parfois d'aller même trop loin. « François Michelin disait au service recherches : "Faites de bons pneus, ne vous préoccupez pas des moyens de fabrication, les industriels se débrouilleront." C'est bien, mais il y a des limites aussi. C'est en cela où, quelquefois, nous sommes peut-être allés trop loin, car il est arrivé que nous mettions au point des pneus que nous avions ensuite les plus grandes difficultés à fabriquer, soit parce qu'ils demandaient des modifications de matériels énormes, soit parce qu'ils généraient des taux de défauts et des taux de déchets énormes. » Mais, globalement, Michelin a bien tiré son épingle du jeu. « Quelques innovations sont certes venues des

États-Unis, y compris la production de noir de carbone. Mais les vraies innovations en matière de pneus, ce furent souvent Michelin et les Européens. »

Michel Rondreux revient à son expérience personnelle pour évoquer la culture d'entreprise. « Pendant mes premières années chez Michelin, on m'avait chargé de créer un petit laboratoire de physique dans un service où prédominait la chimie. Je l'avais démarré avec deux ou trois personnes. En 1969, nous devions être autour de quatre-vingts ! Nous avions effectué une progression importante et j'y étais à l'aise. J'étais à la fois le "patron", même si c'était une petite structure, et l'animateur scientifique. Or, un beau jour, on m'appelle au service du personnel où l'on me dit : "Voilà, monsieur Rondreux, on aimerait que vous preniez en charge le service SP Stages", c'est-à-dire l'accueil des jeunes ingénieurs. J'ai trouvé cette idée complètement farfelue, me disant que je me plaisais dans ce que je faisais, alors que je ne connaissais rien à la gestion du personnel. Je ne voyais pas pourquoi on m'appelait au service du personnel. Bien que timide à l'époque, j'ai trouvé cela tellement farfelu que j'ai pris mon téléphone et j'ai appelé François Michelin pour lui demander rendez-vous. On l'avait directement. C'était en 1969. Je vais au rendez-vous et lui dis : "Voilà, monsieur, vraiment je ne comprends pas. Je réalise quelque chose qui me plaît, j'ai l'impression d'être efficace et je ne connais rien au service du personnel." Il m'a répondu deux choses : "Faites confiance à l'entreprise", et "Pour ce qui est du personnel, ce n'est pas difficile, lorsque vous avez des gens en face de vous, assurez-vous qu'ils observent le respect du client, des faits et des hommes". On a souvent mentionné cette règle mais, en ce qui me concerne, c'était la première fois que je l'entendais, qui plus est de la bouche même de François Michelin. Je vous assure que cela marque ! »

Michel Rondreux n'eut donc pas le choix. « J'ai compris très vite que cette mutation était, en réalité, un passage pour accéder à des responsabilités plus importantes. Je suis ensuite devenu le patron d'un service beaucoup plus gros. Le service G, à l'époque, avec tous les représentants qualité dans toutes les usines du groupe, cela représentait trois mille personnes. Donc je passais de quatre-vingts à trois mille employés et il valait mieux qu'il y ait eu une petite expérience intermédiaire qui permettait d'être parachuté dans des conditions plus satisfaisantes. » Il est vrai qu'à l'époque les possibilités d'évolution dans l'entreprise étaient énormes. « Cela coïncidait en effet avec une expansion très importante de la Maison, avec les implantations nouvelles au Canada, aux États-Unis, en France, en Europe. Il y a donc eu énormément d'opportunités créées, de postes nouveaux. »

Jean Massoubre

Entré dans l'entreprise en 1945 comme ingénieur chimiste, ancien conseiller particulier de François Michelin, Jean Massoubre a été son plus proche confident pendant les années cruciales de la transformation de la firme en multinationale, c'est-à-dire dans les années soixante-dix et quatre-vingt. Il l'a accompagné dans de nombreuses missions à l'étranger. Bien qu'aujourd'hui à la retraite après quarante et un ans passés dans l'entreprise, il a conservé un intérêt marqué pour la maison et en parle avec une fierté contenue.

Il s'exprime volontiers sur la place des syndicats dans la firme du Bibendum. Mais il souligne qu'en effet ils n'y ont jamais été en position de force : « Il y a beaucoup de raisons convergentes à cela. Les syndicats, chez nous, n'ont pas eu une base extrêmement solide, ils n'ont pas été animés par des gens d'une compétence qui forçait le respect de leurs pairs. Ils tenaient leurs réunions, ils élaboraient leur programme, mais les syndicats étaient insignifiants. Leur rôle était purement formel et ils l'assumaient avec modestie et sans prétention excessive. Ils étaient, par avance, résignés à un rôle modéré[1]. » Utiliser le mot de paternalisme est-il choquant ? « Pas du tout. Cela ne me choque pas, car cela correspond à une réalité. Les écoles, les

1. Entretien avec l'auteur.

stades, les cités Michelin appartiennent à un passé révolu, mais ont laissé des traces profondes jusqu'à une date très récente. La légende est assez conforme à la réalité. L'entreprise avait construit des maisons en nombre considérable et avec une rapidité extrême. Les gens qui y habitaient étaient très heureux. Ils avaient conscience que la Maison faisait beaucoup plus pour eux que des entreprises comparables. » Michelin a donc été précurseur ? « Tout à fait. C'est vrai. Et sans avoir à le crier sur les toits, ce sont des choses qui se voyaient bien au soleil. On parlait de Michelin-ville. »

Pour ce qui est de la culture d'entreprise chez Michelin, de l'avis de Jean Massoubre, elle saute aux yeux. Elle a évolué avec le temps, en fonction des préoccupations de la maison, depuis son arrivée à l'usine à la fin de 1945. « Mais les ouvriers étaient très fiers et ont gardé des avantages jusqu'à leur départ et au-delà. La Maison tenait à associer ses salariés à ses progrès, ses efforts. Il y avait beaucoup de non-dits sur ce sujet, mais il était très perceptible et bien compris. (…) La culture d'entreprise, c'est la recherche systématique des améliorations possibles en son sein, sans limitations commerciales ou techniques ». Cela se traduit par la fierté des employés d'appartenir à la « Maison ». D'ailleurs, le petit nombre de départs chez les salariés illustrait bien leur attachement et leur fidélité à Michelin.

Qu'est-ce qui rendait fier d'appartenir à Michelin ? « Je laisse à chacun le soin de répondre. Mais en ce qui me concerne, c'était le sentiment de travailler pour une entreprise où l'on ne reculait pas devant les difficultés, mais au contraire où l'on cherchait à les résoudre et à les vaincre. Nous avions très nettement l'impression de mener des choses qui n'étaient pas mises à l'étude ailleurs, ou en tout cas à un degré de perfection qui n'était pas commun. »

Le sentiment d'appartenir à une entreprise fétiche dans le monde industriel français ajoutait à la fierté d'en être. « Elle était montrée en exemple, du fait surtout de ses résultats. Nous étions au septième rang des fabricants de pneumatiques dans le monde en 1960 et nous sommes devenus numéro un ! » La démonstration peut faire sourire, mais Jean Massoubre insiste sur l'exemplarité des dirigeants de Michelin : leur sobriété, leur ponctualité. Chez Michelin, on ne parle pas pour ne rien dire ou avec le risque de divulguer des informations confidentielles. « Aujourd'hui, dans les grandes entreprises, on parle à tort et à travers, c'est du bavardage, à propos de leurs techniques, leurs nouveautés ; elles sont bavardes. Pas chez Michelin. »

Et puis il y avait aussi ce sentiment de respect que suscitait à l'extérieur le seul nom de Michelin. « C'est quelque chose que l'on pouvait remarquer lorsqu'on se frottait à un milieu un peu nouveau, un peu étranger. Lors des contacts avec des étrangers, les Américains et les Japonais, eh bien le respect de Michelin, il était là. »

Jacques Champay

Ingénieur de formation, Jacques Champay a été l'un des plus hauts dirigeants de Michelin, en sa qualité de responsable du service O, le plus prestigieux de tous, puisqu'il s'agissait du service de production des pneus. Entré en 1961 dans la société avec dans l'idée de n'y rester que quelques mois et l'ambition de travailler dans une entreprise aéronautique, il y fit finalement toute sa carrière, chargé aussi de la gestion du personnel jusqu'à ce que sonne l'âge de la retraite en 1999.

Jacques Champay évoque la fierté d'avoir été un « Bib » : « Cette fierté n'a rien à voir avec l'orgueil, elle a un caractère collectif. C'est une fierté d'appartenance. Faire partie d'une communauté dont on sent bien qu'elle a quelque chose d'exceptionnel. Je fais le parallèle avec le sport : le joueur de rugby, au moment où dans un affrontement difficile se construit la victoire, ressent un bonheur d'une intensité inégalée. Après vient la fierté, celle d'appartenir à une équipe qui a gagné. Je pense que cette fierté, beaucoup de collaborateurs de l'entreprise, à tous niveaux, la partagent. Pour avoir souvent échangé nos points de vue avec des collègues de formations identiques travaillant dans d'autres entreprises, il m'a semblé que cette fierté ne s'exprimait pas toujours avec la même force. Peut-être parce que chez Michelin l'affectif occupe une place importante. C'est un ressort important du fonctionnement de l'entreprise. Il faut l'intégrer pour comprendre ce fonctionnement[1]. »

S'agissant des « valeurs » de la maison, Jacques Champay en parle très volontiers. « Il me semble qu'un mot est banni du vocabulaire Michelin, c'est le mot “définitif”. Rien n'est jamais acquis, le monde bouge en permanence, il faut donc bouger avec et même aller plus vite si l'on veut rester en tête. D'où le rejet des dogmatismes et cette nécessité toujours affirmée de la remise en question. C'est une vision dynamique du monde et de l'entreprise. C'est cette vision qui a porté le développement de l'entreprise. Je n'ai, maintenant, qu'une perception extérieure, mais il me semble que Michelin garde cette capacité à faire bouger les lignes. Sans doute même à vitesse encore accélérée, comme l'exige le monde moderne. » Il ajoute : « Une autre explication qui nous fait entrer dans les modes de fonctionnement de l'entreprise : la marge d'initiative et les degrés de liberté laissés à chacun avec, en corollaire, ce fameux droit à l'erreur. C'est vrai : chez Michelin, on accepte qu'un homme puisse se tromper. Mais il y a deux choses qui ne sont pas acceptables : premièrement, ne pas voir la vérité telle qu'elle est, deuxièmement ne pas entreprendre, ne pas essayer. »

Jacques Champay insiste : « Il n'est pas toujours facile de reconnaître et d'accepter la vérité, surtout lorsqu'elle remet en question ce en quoi vous croyez, ou ce que vous avez fait. Cela implique l'humilité et peut exiger un effort douloureux sur soi-même. Ne pas reconnaître la vérité chez Michelin est une faute, parce que la vérité est le point de passage obligé du progrès. Enfin, chacun est invité à entreprendre. Ce qui paralyse une communauté, quelle qu'elle soit, c'est l'inhibition. Si les gens commencent par dire “qu'est-ce qui va m'arriver si je fais cela”, il ne se passe rien. Par contre, si vous êtes constamment encouragé à

1. Entretien avec l'auteur.

aller de l'avant, si vous savez qu'en cas d'échec on tirera avec vous, de façon constructive, les enseignements de cet échec, vous osez faire bouger les choses. Vous contribuez au progrès. »

Louis Saugues

Arrivé chez Michelin en 1958 comme simple dessinateur profileur, Louis Saugues y a travaillé jusqu'en 1992. Il y a fait presque toute sa carrière, qu'il a terminée au service du patrimoine de Michelin. Aujourd'hui retraité, il reste attaché à la manufacture. Il a été l'un des organisateurs du centenaire de la coupe Gordon-Bennett qui fit revivre la célèbre course de 1905 sur les mêmes routes d'Auvergne.

Pour Louis Saugues, il ne fait pas de doute qu'une culture d'entreprise particulière s'est développée chez Michelin : « Quand on parle de "l'esprit Michelin", cela n'a rien de péjoratif, bien au contraire. Cela part du principe d'aller au fond des choses, de prendre des décisions réfléchies, de bien connaître son travail et d'agir en conséquence. Il y avait toujours un ancien pour nous inculquer certaines méthodes et nous épauler. (...) Lorsque je suis entré au service F, il y avait cent cinquante personnes. Il y en a plus de trois mille aujourd'hui. Cela peut expliquer qu'autrefois il existait un esprit d'entreprise et de coopération entre les anciens et les nouveaux. Il n'y avait pas de théorie dans des livres, mais des relations humaines entre un chef et ses employés [1]. » Qu'est-ce qui peut bien distinguer Michelin d'une autre entreprise dans ce domaine ? Louis Saugues explique : « J'ai vu le patron en bleu de travail à 5 heures du matin et au casse-croûte de 8 heures. Il venait avec un petit en-cas. Il y avait des ouvriers qui ne le connaissaient pas et qui l'invitaient à boire un canon ou à rouler une cigarette. Monsieur François répondait genti-

1. Entretien avec l'auteur.

ment qu'il ne fumait pas. Il venait incognito au début. Par la suite, sa grande silhouette caractéristique était connue de tous. »

Cet esprit Michelin a-t-il subsisté aujourd'hui ? « Non. Il y a trop d'individualisme. Mais c'est une situation qui prévaut partout, ce n'est pas propre à Michelin. Cet esprit Michelin est en nette régression. Certes, je ne suis plus dans le bain, mais ce sont les échos que je recueille. Le changement intervenu est énorme. Maintenant, c'est la recherche du bien-être personnel qui ne tient plus compte de la personne d'à côté. On essaye de creuser son sillon et d'y rester. Peu importe ce qui peut bien se passer à côté de vous. Or c'est peut-être cette recherche du bien-être personnel qui est à la source de ce que nous connaissons aujourd'hui : une société d'individualistes. » Mais cette situation reflète la marche du monde, elle est le reflet de la société en général. « Est-ce néfaste ? Je n'en sais rien. Mais pour l'individu lui-même, je pense que c'est néfaste. Il nous faudrait tout de même conserver un certain esprit de solidarité qui, maintenant, n'est plus là. À l'époque, nous étions plus solidaires que maintenant, de cela j'en suis sûr. »

Louis Saugues insiste sur le fait que l'esprit Michelin s'estompe et que la maison se « normalise » : « Je pense que c'est le cas pour de nombreuses industries. Avant, nous avions le sentiment d'avoir avec nous une espèce de drapeau, nous étions Michelin. Être Michelin, c'était quelque chose ! Maintenant, on travaille dans une boîte. Avant, on travaillait à l'usine ou à la manufacture. » Donc, ce qui reste aujourd'hui, c'est simplement travailler pour gagner sa croûte ? « Oui, c'est bien cela, et nous le sentons bien. Énormément d'ingénieurs entrent chez Michelin et restent très peu de temps, juste pour obtenir une sorte de certificat de compétences et de bonne conduite. À l'époque, on entrait pour y faire carrière. Maintenant, venir pour repartir ailleurs est ancré dans l'esprit des jeunes, surtout les jeunes cadres. Je m'en suis aperçu lorsque nous traquions la matière grise dans les grandes écoles. Souvent, la première question qui fusait était celle-ci : “Combien gagne-t-on ?” Quand je suis entré chez Michelin, jamais je n'aurais posé une telle question. Je voulais travailler, c'est tout. Cela dénote bien un état d'esprit. Certes, j'observe peut-être cela du haut de mes soixante-dix ans. Mais c'est une règle générale. D'autre part, nous voyons la politique jouer un rôle particulièrement négatif. Nos dirigeants politiques n'ont plus l'honnêteté ni l'efficacité qu'ils avaient il fut un temps. Cela rejaillit un peu sur tout le monde. Un gouvernement essaie de mettre en place des mesures nouvelles et cela foire. Ce genre de mascarade n'est pas sans conséquence sur les gens et suscite une sorte de “je-m'en-foutisme”. Or il faudrait que l'exemple vienne d'en haut. Malheureusement, depuis quelque temps, ce n'est plus ça. Cela se voit en France, cela se voit ailleurs dans le monde. »

Alors que penser de ces patrons qui empochent d'énormes sommes d'argent, des paquets de stock-options et des indemnités considérables lorsqu'ils partent ? « Jusqu'à présent, chez Michelin, cela ne s'est pas passé comme cela. Il est vrai que nous ne sommes pas au courant de ce qui se passe dans les hautes sphères financières de Michelin, mais à l'évidence nous n'y voyons pas ce que l'on voit ailleurs. Or, dans ce domaine aussi, l'exemple, qu'il soit bon ou mauvais, est important. Le comportement de ces patrons voyous n'est pas sans conséquences visibles dans le monde des entreprises et dans d'autres secteurs. Voyez aussi le sport. Que dire de ces prétendus sportifs qui empochent des sommes incroyables ! »

Louis Saugues est convaincu qu'il a connu l'âge d'or de Michelin. « Je préfère avoir connu l'époque que j'ai vécue que de vivre celle d'aujourd'hui. À voir la réaction des jeunes, à voir la vie telle qu'elle va, je pense avoir vécu une période assez riche sur le plan de l'enrichissement personnel. Je le constate bien lorsque je passe à l'usine où je vois ces jeunes cadres avec leurs boîtes à malice, leurs ordinateurs, leurs logiciels ; cela me paraît un peu impersonnel. Il n'y a plus cet attachement aux personnes et aux relations humaines. Moi, je préfère parler à quelqu'un que de lui envoyer des e-mails. »

Albert Couturier

Albert Couturier, ancien cadre chez Michelin, est parti à la retraite à la fin de 2006. Il fait partie de ces hommes de l'ancienne génération qui ont bien connu l'envol de Michelin et qui ont pris une part active à son développement à l'étranger. Un temps « chrono », c'est-à-dire chargé de l'organisation du travail dans les ateliers de production à Clermont-Ferrand, il fut ensuite muté en Corée du Sud puis au Japon où il contribua au recrutement et à la formation du personnel.

Il partage ce que dit Louis Saugues, mais avec quelques bémols : « Chez Michelin, il y a un gros pari sur les hommes. On ne colle pas d'étiquette aux hommes. Ce n'est pas parce que untel est mécanicien qu'il ne finira pas électricien. Ce n'est pas parce qu'il est électricien qu'il ne finira pas dans le service recherche pneu. Celui qui a inventé le pneu radial "X", Marius Mignol, était typographe imprimeur. Si Michelin lui avait collé une étiquette d'imprimeur, il serait resté au tirage des papiers, des décalques et des dessins[1]. » Pour Albert Couturier, le pari sur les hommes chez Michelin leur réussit bien. Au sein de l'entreprise, les employés changent plusieurs fois de métier au cours de leur carrière et se découvrent parfois des vocations extraordinaires. L'autre conséquence est qu'ils s'impliquent davantage. Mais les progrès techniques font que d'autres problèmes s'ajoutent à la gestion du personnel. « De nos jours, une secrétaire travaille trente-cinq heures. Le problème est que nous avons des chefs qui en font cinquante. Ils ont besoin de la secrétaire pendant cinquante heures et donc cela ne peut pas coller ! L'ambiance en devient tendue. Or nous n'avons plus de "petites mains", puisque l'informatique a supprimé tous ces postes annexes. »

Peut-on parler d'une culture d'entreprise chez Michelin ? La réponse est indiscutablement oui. L'une des raisons en est que, dans l'usine, les employés bénéficient de programmes de forma-

1. Entretien avec l'auteur.

tion qui leur permettent d'acquérir des compétences et de pouvoir y évoluer, voire d'y exercer un autre métier. Certes, la situation a passablement changé, mais, pendant longtemps, ce pari sur les hommes se traduisait par une identification assez forte des employés à leur entreprise. « Nous étions des Bibs jusqu'au bout des ongles et nous n'en avions pas du tout honte. En ce qui me concerne, il est vrai que si j'avais été riche, je ne serais peut-être pas resté chez Michelin. J'aurais fait autre chose. Mais comme je n'étais pas riche, que j'étais l'aîné de huit enfants et que nous vivions dans une cité Michelin avec quatre pièces, je n'ai pas pu aller à l'école d'ingénieur de Saint-Étienne. » Cependant, quoi qu'on dise du système Michelin, il ne s'agissait pas simplement de paternalisme à l'égard de ses employés. Albert Couturier est d'avis que l'on peut parler d'un « esprit Michelin ». « Le paternalisme, c'est juste l'addition d'un certain nombre d'avantages sociaux ou culturels. L'esprit maison, c'est complètement différent, c'est une façon de penser. L'esprit maison, à notre époque, cela signifiait : pas de gaspillage, développer les compétences des employés, le respect des autres. »

Que dire du mouchardage qui existait dans l'entreprise ? Albert Couturier reconnaît son existence sans hésiter : « C'était ce que l'on appelait la police parallèle. Elle enquêtait un peu sur tout. Elle allait voir le voisin, le boucher, le boulanger, pour savoir comment se comportait l'individu en dehors du site. Ces méthodes évoquent tout de même bien une police parallèle. Ce système a bien fonctionné tant que nous sommes restés cantonnés dans un milieu géographiquement homogène et délimité, dans les cités Michelin. Ce phénomène était connu de ceux qui vivaient dans les cités Michelin. Il y avait des gardes qui passaient régulièrement pour faire respecter les règles. Ils s'occupaient de l'accrochage d'un panneau de basket par exemple, des constructions sauvages, d'un garage pas propre, des barrières détériorées et pas réparées. »

Ainsi donc, dans les cités Michelin, il y avait des contraintes parfois fortes. Les locataires des lieux étaient astreints à une certaine rigueur. « Le règlement chez Michelin a toujours été un peu poussé.

Cependant, il faut bien des règles de vie. Nous étions dix dans quatre pièces, mais dans la maison d'en face, c'était pareil, à côté, c'était pareil et derrière chez nous, c'était la même chose aussi. La "police parallèle" ne s'adressait pas directement à vous, vous étiez sanctionné indirectement, ce n'était pas transparent. Ce système a changé. Depuis 1985-1986, c'est complètement différent. Pour le recrutement, par exemple, il n'y a plus de système d'enquête, puisqu'il a été externalisé. Désormais, les enquêtes sont réalisées par d'autres. Mais je dois dire que, à y réfléchir, dans toutes les unités il y avait un homme qui était souvent soit un ancien militaire ou un ancien gendarme qui passait son temps à observer. Il est donc bien vrai que la vie dans l'usine était assez bien quadrillée. » Jusqu'à une période récente, il existait un système de sanctions : on adressait à l'employé un avertissement, puis un blâme. Il y avait également des sanctions financières. Une mauvaise note signifiait un salaire réduit. Mais la direction n'était pas rancunière et les salariés savaient qu'au bout d'un certain temps il y avait amnistie, sauf si la faute était répétée. Tout cela a changé. L'internationalisation de Michelin a apporté avec elle des changements dans ce domaine aussi.

Pierre Dupasquier

Pierre Dupasquier est entré chez Michelin en 1962 comme ingénieur, diplômé de l'école des Arts et Métiers de Lyon. Il a en poche un brevet de pilote, acquis pendant son service militaire dans l'armée de l'air. À peine dix ans plus tard, il devient le responsable des courses et le restera jusqu'à son départ à la retraite.

Pour lui, bien que contraignantes, les règles de vie dans l'usine tombaient bien, car les « valeurs » de simplicité et de sobriété affichées chez Michelin « correspondaient tout à fait » à la façon dont lui-même aimait vivre : « Je trouve cela génial qu'un patron vienne en 2 CV à l'usine. Le directeur qui arrive dans la cour de l'entreprise avec un chauffeur a toutes les chances de susciter une certaine réserve chez ses employés. Moi, lorsque j'étais directeur des courses, j'arrivais à moto. Cela me paraissait naturel. Agir autrement me semble indécent. (...) Donc, cette simplicité ne me gêne pas, au contraire. Et puis, cette volonté farouche d'aller au fait, aux réalités, de ne pas s'entourer de grandes phrases et de meetings dans lesquels on passe trois heures pour travailler réellement dix minutes : il s'agit là de valeurs qui ne sont pas des "valeurs Michelin" mais des valeurs d'honnêteté et de bon sens. On peut faire des bêtises. J'en ai fait. J'ai failli me faire mettre à la porte deux fois. Une fois, j'avais envoyé un camion dans un trou. Non pas que je faisais l'idiot avec le camion, car je faisais l'idiot souvent en voiture. En l'occurrence, ce n'était pas le cas du tout. Après l'accident, je n'ai plus entendu parler de rien, jamais. Je sais simplement qu'ils ont diligenté une enquête, des collègues sont allés sur place, ils ont regardé ce qui s'était passé et ils en ont conclu que ce que j'avais rapporté était rigoureusement la vérité[1]. »

Il poursuit : « C'est très plaisant. Chez Michelin, vous avez une idée, vous la défendez. On ne vous met pas dehors parce que vous avez une idée qui est contraire à ce que d'autres ont dit. On va vous écouter et, si c'est une bonne idée, elle va marcher. C'est grâce à cet esprit-là qu'il y a eu autant d'innovations chez Michelin. Certes, il y a eu du culot, pas seulement de la part de François, car la décision de passer au radial était antérieure à lui. Or il fallait un culot monstre pour décider de lancer la production du pneu radial, parce qu'il fallait refaire toute l'industrie dans les usines de la manufacture ; il n'y avait pas une machine existant dans le commerce qui pouvait fabriquer ces pneus-là. Et là, François Michelin disait : "Allez les gars, inventez, travaillez, proposez" et il allait voir les responsables industriels et leur disait : "Maintenant vous faites en sorte que ça marche." » Les commerciaux étaient opposés au radial puisque ayant une durée de vie double de celle d'un pneu conventionnel, Michelin, forcément, en vendrait moins. Mais pour la direction, le

1. Entretien avec l'auteur.

client était la priorité. « C'est là tout le sens de la responsabilité de chez Michelin. Il s'agissait de privilégier l'intérêt du service au client plutôt que le court terme qui est d'engranger du fric. C'est grandiose ! »

4. Combattre le mythe

La médaille Michelin a beau briller, comme toutes les médailles, elle a forcément un revers. Après les pages qui précèdent qui en ont montré le côté pile, il nous appartient aussi d'en présenter le côté face. Il nous faut évoquer le « mythe Michelin » que dénoncent les critiques de l'entreprise auvergnate, mais qui est habilement utilisé par la communication de la maison pour renforcer, auprès du public, l'image d'une entreprise « différente », qui fonctionnerait encore sur des « valeurs » bien à elle. Dans son livre *L'Épopée Bibendum, une entreprise à l'épreuve*[1], Lionel Dumond parle de ce mythe dans les titres de ses trois parties et explique jusqu'à quel point la direction de l'entreprise a forgé un mythe autour de la personnalité du fondateur Édouard : « Tout devait apparaître exemplaire chez lui : ses valeurs, son travail et sa vie privée. Dans les années soixante, le *Bulletin intérieur* fait de sa famille, avec ses six enfants, un modèle. »

Parmi les observateurs critiques extérieurs à Michelin, il y a Manuel Armand, journaliste au quotidien auvergnat *La Montagne*, qui a une longue expérience de Michelin. Pour lui, Michelin, du seul fait de sa croissance et de sa dimension mondiale, ne peut plus fonctionner comme il le faisait lorsqu'il était une petite usine familiale. Il n'est plus aujourd'hui qu'une multinationale comme une autre ou presque, ayant beaucoup perdu des « valeurs » introduites par les frères fondateurs. Plus grand-chose ne le distingue donc, dans la vie au quotidien, d'une autre grande entreprise française.

1. *Op. cit.*

« Michelin, dit Manuel Armand, est une entreprise dotée d'une personnalité très atypique. On y trouve une culture d'entreprise, des valeurs d'entreprise très particulières et réelles qui donnent de l'entreprise une image très provinciale, où ce qu'ils appellent le respect des hommes, le respect des faits, ce que l'on peut nommer le bon sens seraient la clé du succès. Autour de cela s'est greffée, à travers les œuvres sociales, à travers la personnalité d'Édouard (le fondateur) et surtout de François Michelin, une image d'entreprise très atypique : économe, secrète, avec un patron qui roule en 2 CV vêtu d'un vieil imperméable usé. Tout cela est vrai mais, à mon avis, ne correspond pas tout à fait à la réalité[1]. »

Contrairement aux idées reçues, « c'est une entreprise qui n'est pas du tout repliée sur elle-même, pas du tout autocentrée, mais au contraire très ouverte sur l'extérieur. À telle enseigne qu'elle s'est implantée très tôt aux États-Unis d'où elle a ramené les méthodes de Taylor et de Ford qui ont contribué à moderniser rapidement ses usines, Michelin devenant très productif, performant, avec une volonté de s'ouvrir vite sur les marchés étrangers, ajoute le journaliste. Tout cela fait que l'image d'entreprise provinciale ne correspond pas du tout à la réalité. Le fait que le siège soit à Clermont-Ferrand contribue évidemment à faire de Michelin une entreprise auvergnate et donc bien provinciale. Mais, dans la réalité, ce n'est absolument pas le cas. Je pense, au contraire, que Michelin est une des entreprises les plus modernes de France, et cela depuis toujours, aussi bien s'agissant du processus industriel que de l'innovation, de l'offensive sur les marchés étrangers, de sa communication. On parle beaucoup du secret Michelin. Or, en réalité, Michelin est la meilleure entreprise en termes de communication, depuis toujours. Car en effet, ce n'est pas parce qu'on ne parle pas qu'on ne communique pas. Ce n'est pas parce qu'on ne parle pas avec les journalistes qu'on ne communique pas avec la presse, avec le reste de la société. »

Mais le fait est que le mythe perdure. Et avec lui l'image trompeuse d'une entreprise économe, comme un Auvergnat doit l'être,

1. Entretien avec l'auteur.

« une posture purement clermontoise et purement française ». Un mythe renforcé aussi par le fait que la manufacture a été gouvernée exclusivement par des membres d'une seule famille. Or il s'agit bien d'un mythe, car, de l'avis de Manuel Armand, on ne peut pas devenir numéro un mondial en étant une entreprise provinciale un peu endormie. Ainsi de la décision que prend François Michelin de racheter Uniroyal Goodrich en 1988. « Il ne s'agissait pas d'une méthode de gestion sur le mode du bon père de famille. Cela ne peut pas être une histoire comme ça. »

Alors qui dit mythe, dit situation qui n'existe pas ? Manuel Armand est de cet avis : « L'histoire du patron proche des ouvriers, cela n'existe pas. » Donc, affirme-t-il, on peut en conclure qu'aux origines de l'entreprise le mythe était sans doute réalité, mais qu'ensuite, en changeant de taille, en grandissant, en s'étendant dans le monde, Michelin est devenu une entreprise ordinaire, où les ressorts de l'activité économique sont à peu près les mêmes que dans les autres entreprises multinationales. L'exception restant le statut juridique de l'entreprise familiale fonctionnant en société en commandite par actions. Il y a donc un paradoxe : d'un côté, l'image complaisamment entretenue de François Michelin avec sa vieille 2 CV et son pardessus élimé, jamais ostentatoire, économe et fuyant comme la peste les fastes et la vie mondaine et, de l'autre, la réalité d'une entreprise moderne où règne une techno-structure forte et soigneusement hiérarchisée, en mesure de prendre des décisions rapides, stratégiques, concernant des investissements colossaux.

L'image du patron bienveillant est savamment entretenue. « Il y a dix-quinze ans, était organisé à Clermont-Ferrand un forum des écoles d'ingénieurs et des universités, un forum d'orientation comprenant des rencontres avec des entreprises. François Michelin était venu faire une petite conférence devant ces étudiants. Il leur a raconté deux-trois trucs et puis, à la fin, un étudiant lui posa une question très directe : “Voilà, monsieur Michelin, que faut-il faire pour se tailler une belle carrière ?” François Michelin lui répondit : “Soyez à l'écoute du mystère qui est en vous.” Évidemment, cet étudiant est reparti avec un grand point d'interrogation. Ce genre d'épisode participe au mythe. Ils devaient être une cinquantaine dans la salle lorsqu'ils ont entendu François Michelin leur dire cela et ils ont dû se dire que le patron de Michelin leur avait parlé d'une manière assez curieuse. Or, là, je crois vraiment que l'on est dans le rideau de fumée. Même si François Michelin pensait ce qu'il a dit. Car l'entreprise ne peut pas fonctionner comme cela ! Elle ne le peut plus du tout à l'heure actuelle. »

« Dans la nébuleuse Michelin, il y a eu pendant longtemps quelque chose de mystérieux qui s'appelle la gérance, explique Manuel Armand. C'était une sorte de comité directeur. Maintenant, cela s'appelle, de manière un peu plus compréhensible, le comité exécutif groupe (CEG). Aujourd'hui, on sait qui en fait partie, tandis que la gérance était entourée d'un certain mystère. » Mais, autre paradoxe : bien que le grand patron ait été entouré d'un halo de mystère, François Michelin était et reste très accessible. « Il est quelqu'un que l'on croise assez facilement. Il vaque à ses occupations, il se déplace sans chauffeur, sans garde du corps. Je l'ai croisé il n'y a pas très longtemps et on a discuté dix minutes sur le trottoir. Sa simplicité, c'est une réalité. Si on croise Carlos Ghosn sur un trottoir, je ne suis pas sûr qu'il serait disposé à parler dix minutes. Tandis que François est quelqu'un d'ouvert, de gentil, d'attentif aux gens. »

Paradoxe également, participant au mythe, que ce patron disant que la principale richesse, ce sont les hommes, qu'il faut rester à l'écoute et ne pas coller d'étiquette. « Cela est vrai. Mais, d'un autre côté, la manufacture fonctionne grâce à un système de gestion des ressources humaines rationnel et très sophistiqué », dit Manuel Armand. Les carrières des cadres obéissent à des critères très pointus gérés par un service qui ne fait que cela. « Chez Michelin, on refuse d'utiliser le terme de gestion des ressources humaines, mais dans ce registre, ils sont très forts ! » En définitive, au-delà du mythe, le but poursuivi par l'entreprise reste son développement. Il ne s'agit donc certainement pas de philanthropie. Le bien-être et les compétences des salariés ne sont qu'un outil.

Une des grandes forces de Michelin a été et demeure la communication, bien qu'elle ait beaucoup évolué ces dernières années. Un de ses succès est à trouver dans le classement de Michelin par le magazine américain *Forbes* à l'automne 2006 au cinquième rang mondial parmi les quatre cents grandes entreprises les plus respectées au monde, derrière Barilla, Lego, Lufthansa et Ikea, et devant Toyota classée sixième[1]. « C'est d'autant plus remarquable que les pneus ne sont pas un produit très sexy. Il ne s'agit pas de haute couture, de parfums, de voitures ou de téléphones portables. Il n'y a pas de contenu technologique immédiatement perceptible. Le pneu, c'est la cinquième roue du carrosse ! Or, malgré cela, la manufacture de Clermont-Ferrand parvient à se classer dans les rangs des entreprises les plus prisées, avec une très bonne image. Cela montre bien que, depuis sa création, il y a eu une politique de communication très habile, très forte qui porte ses fruits », relève Manuel Armand.

« Que Michelin cherche à protéger ses secrets industriels, quoi de plus naturel ? Mais, par-delà le mythe du secret, nous avons affaire surtout à une entreprise qui communique beaucoup et qui sait très bien communiquer. Michelin a depuis très longtemps pensé que la meilleure manière de communiquer avec les journalistes, c'était de ne pas leur parler. Voilà pourquoi, pendant des décennies, il n'y avait pas d'interlocuteurs pour les journalistes à Clermont. Il n'y avait pas de service de presse structuré comme aujourd'hui. »

On sait que François Michelin vouait une méfiance considérable à l'égard des journalistes. Son fils les détestait, selon Manuel Armand. « Pendant très longtemps, il n'y a eu aucun service de presse. Pendant la grande époque de la décennie des plans sociaux, 1985-1995, ils se sont dit qu'ils avaient tout de même besoin de parler un peu. Lorsque le besoin se faisait sentir, ils nommaient quelqu'un ponctuellement pour parler à la presse. Généralement, c'était un ingénieur, sorti des ateliers. Évidemment, ça ne se passait souvent pas très bien parce qu'il se heurtait à une très grande

1. Fondé sur une enquête du Reputation Institute de New York qui a interrogé trente mille personnes à travers le monde.

incompréhension, une très grande méfiance. Ce qui fait que, en définitive, la direction ne parlant pas, les seuls interlocuteurs que nous pouvions avoir, nous, les journalistes, c'était les syndicats ! Un grand couac fut la présentation semestrielle des résultats en septembre 1999, lorsque Michelin annonça sept mille cinq cents suppressions d'emplois en Europe en même temps que des bénéfices impressionnants. Cette bévue entraîna une véritable déferlante de protestations, on s'en souvient. La direction fut très surprise. Pour Édouard, qui venait de devenir patron – la transmission s'était faite au printemps –, ce fut son baptême du feu et il dit : "Plus jamais ça, je ne veux plus jamais ça." Dans un premier temps, pour répondre à la presse, ils envoyèrent Thierry Coudurier qui, à l'époque, était directeur Europe. C'est lui qui, le lendemain de cette annonce, fit face aux assauts de la presse. Le pauvre, il n'était pas du tout préparé à cela. En outre, comme consigne, ils avaient certainement dû lui dire : "Écoute, tu ne dis rien." Donc cela se passa très mal. Le service de presse a été créé après cet épisode calamiteux, avec une mission très claire : plus jamais 1999. »

Depuis, Michelin fonctionne avec un service de presse dont les journalistes s'accordent généralement à dire qu'il fonctionne bien. Mais que l'on ne s'y trompe pas : « Les gens analysent cette initiative comme une volonté d'ouverture, de transparence. Ce n'est pas faux, mais j'y vois aussi, pour ma part, la volonté de verrouiller l'information. D'ailleurs, cela marche assez bien, car il y a en ce moment des suppressions d'emplois en cours dont on ne parle pas. Parce que ces suppressions d'emplois ont été beaucoup mieux gérées en termes de communication. »

Pourquoi ces suppressions d'emplois ? Michelin est confronté à un problème de compétitivité. Déjà en 1999, l'objectif de la maison était d'améliorer sa productivité de 20 %. C'était la réponse de Michelin à l'annonce de Goodyear quelques mois auparavant quand celui-ci s'était allié à Sumitomo : « On va rattraper notre retard en Europe, on va tenter de détrôner Michelin et lui ravir sa position de numéro un en Europe. » Manuel Armand poursuit : « Effectivement, l'annonce de 1999 était, pour Michelin, la réponse aux ambitions de

Goodyear. C'était le constat qu'il y avait un vrai problème de compétitivité en Europe. Aujourd'hui, le même problème se pose à nouveau et il y a, à nouveau, des plans d'économie, de réduction des coûts, des suppressions de postes. Socialement, cela passe ni mieux ni plus mal qu'avant puisque ce sont essentiellement des départs à la retraite non remplacés. Ce qui change, c'est qu'une stratégie de communication a été mise en place pour accompagner les réductions d'effectifs. Du point de vue de Michelin, c'est une réussite puisque la presse en parle très peu. »

La communication, telle qu'elle fonctionne aujourd'hui, confirme elle aussi une sorte de normalisation de Michelin. Elle fut exubérante aux origines, lorsque André en était le patron et l'animateur. Puis elle a été confortée par les courses automobiles, les succès des produits de la marque, l'innovation.

Désormais, la communication est aussi financière. Car, sur ce sujet aussi, les mentalités ont évolué. « Le souci de l'actionnaire apparaît avec Édouard et la date est toujours 1999. Il donne une interview aux *Échos* dans laquelle il vient expliquer le bien-fondé des suppressions d'emplois. Il dit en substance : "Le temps où les actionnaires devaient se satisfaire de 2,5 % de dividendes est une époque révolue. Aujourd'hui, les satisfaire est devenu une des priorités." Du temps de René Zingraff et de François Michelin, les actionnaires, ils s'en fichaient. Avec Édouard, il y a eu un changement radical. Avant, il n'y avait pas de communication financière, il n'y avait que le strict minimum imposé par la loi. La direction de Michelin ne mettait pas en avant d'objectifs de profitabilité. Elle faisait état d'objectifs en termes de croissance et de volumes, mais pas d'objectifs financiers. Ce volet est apparu avec Édouard et fait partie intégrante de la normalisation de l'entreprise. Or voici qu'en moins de dix ans ils font partie des meilleurs en information financière. Ils ont appris formidablement vite ! »

5. L'illusion d'un humanisme patronal

Un documentaire, tourné en 2001 par la réalisatrice Jocelyne Lemaire-Darnaud et intitulé *Paroles de Bibs,* tord le cou au mythe Michelin, à ses « valeurs », à son image d'une entreprise qui prendrait un soin particulier de ses employés et à celle d'un patron, François Michelin, qui cultiverait un humanisme patronal unique en son genre. La réalisatrice a rassemblé dans ce documentaire de quatre-vingt-seize minutes une trentaine d'interviews d'ouvriers qui, pour partie, sont des syndicalistes de Michelin et qui, après vingt à trente-cinq ans passés dans les usines à Clermont-Ferrand, acceptent de parler franchement devant sa caméra. Le résultat est une sorte de droit de réponse d'ouvriers de Michelin à un livre publié en 1998 chez Grasset, *Et pourquoi pas ?*, dans lequel François Michelin mettait l'accent sur sa conception humaniste du capitalisme, moins d'un an avant l'annonce d'une vague de suppressions de postes sans précédent. Elle y fait parler aussi des syndicalistes, deux prêtres-ouvriers, deux sociologues du CNRS et un économiste de l'université Paris-VIII. Le film « a été bien accueilli parce que, tout à coup, il permettait à tous ceux qui se taisaient depuis si longtemps de se sentir représentés, dit-elle. Enfin, on avait levé le couvercle et on racontait la réalité de cette entreprise, la réalité de ce que vit la ville au niveau de la pollution, la réalité de ce que c'est d'être sous la pression – pour un homme du pneu, c'est pas mal – de Michelin. »

Ce film et les témoignages qu'il contient ne sauraient représenter l'opinion des cent trente mille employés de Michelin à travers le monde, mais les propos tenus sont éloquents. L'écrivain François Salvaing y explique le double langage prêté à des patrons qui peuvent affirmer un credo humaniste avec sincérité, mais appliquer des règles capitalistes dans toute leur brutalité lorsque vient le moment de la décision économique : « Chez les gens de pouvoir, ils arrivent à isoler en eux deux aspects, ce qui fait qu'ils sont très capables de parler avec conviction et même une forme d'honnêteté, c'est-à-dire qu'ils sont tout à fait sincères au moment où ils parlent, mais c'est un autre temps que le moment où ils décident. Le moment où ils expliquent leur vision du monde est un moment qui ne trouve pas son champ d'application dans le moment où ils prennent des décisions concrètes. »

Que disent les ouvriers ? François Michelin y est sévèrement critiqué. « C'est lui-même qui choisit son bureau, son cadre de vie, sa voiture, son vieux pardessus gris. Je crois que ça, c'est l'aspect extérieur qui est une sorte de mythe, le mythe François Michelin », dit l'un d'eux. « C'est dingue le mépris qu'il a des hommes et le décalage entre ce qui se dit là (dans le livre *Et pourquoi pas ?*) et le vécu qu'on peut avoir dans l'entreprise », dit un autre. Un autre ouvrier est encore plus sévère : « Pour synthétiser ma vie chez Michelin, trente ans d'ancienneté, je dirais trente ans de clandestinité, trente ans de répression mentale. » Un autre encore : « La distance (avec les employés), on ne cherche pas à la réduire, on fait semblant de la réduire. » « Il (François Michelin) n'est pas descendu dans les ateliers, lui, du moins pas souvent pour parler avec les gens, c'est clair que ce n'est pas quelqu'un qui parle souvent aux ouvriers », dit un autre.

S'agissant de la place des syndicats, les points de vue sont clairs. « Il y a une haine pour les syndicats que l'on ne trouve guère que chez Michelin. Derrière cette haine, il y a certainement un très grand mépris pour la classe ouvrière », dit l'un. Chez Michelin, « les syndicats, c'est des rouges, des marxistes, on est des Martiens, on est sur une autre planète », dit un syndicaliste. Il explique qu'un comité d'entreprise a pu être créé après une très longue lutte, malgré la loi de 1945. Il a fallu une trentaine de procès en cour d'appel pour que le CE puisse jouer son rôle dans l'entreprise et il a fallu attendre 1981 pour que la direction de Michelin accepte de transmettre au CE les informations économiques légales.

Un prêtre-ouvrier du quartier de Lachaux qui a côtoyé de nombreux ouvriers de Michelin témoigne sur la « Maison » et l'esprit Michelin. « En rencontrant les ouvriers, on s'est rendu compte que si Michelin avait ses crèches, ses écoles, son église même à La Plaine, les cliniques, les œuvres sociales, c'était d'une façon paternaliste (...) mais surtout sans aucun respect pour les ouvriers. Les ouvriers, c'étaient des choses, pourvu qu'ils fassent leur boulot. Le rendement. Ils n'avaient pas le droit à la parole. » Un ouvrier compare Michelin à une sorte de secte : « Ce que j'ai surtout envie de dire en parlant de Michelin, c'est de combattre un peu le mythe Michelin, ce mythe du secret, de la boîte un peu à part. Je pense que c'est une usine comme les autres, avec quelques différences quand même dans le management, une entreprise au niveau management que je pourrais comparer, en exagérant, en caricaturant, à une secte. (...) C'est vrai que pour certains, on a le sentiment que l'on est dans une secte. Il faut laisser sa personnalité dans le vestiaire, c'est-à-dire on n'a plus le droit d'avoir des rapports humains ou sociaux dans l'entreprise. On ne peut pas se battre pour les libertés dans le monde et chez Michelin, c'est un autre monde. »

L'univers quotidien du travail dans l'usine ne diffère guère de celui des autres entreprises. « Toutes nos opérations sont chronométrées. Le temps pour la pause, le temps pour le casse-croûte, le temps pour la deuxième pause, toute la journée », indique un autre ouvrier. Témoignage appuyé par un de ses collègues : « On est vraiment gérés comme des pions. "On a besoin de vous là, mettez-vous là, discutez pas." Tant qu'on a besoin de lui (l'ouvrier) dans l'évolution, on va le faire évoluer, parce qu'on s'aperçoit que cela apporte un bénéfice à l'entreprise. Les personnes qui ont peur de perdre leur emploi, elles ne disent rien et elles se retrouvent à la base. » Un autre collègue renchérit : « On est bien au départ, ils nous parlent d'être dans une maison, une famille, de travailler ensemble et c'est vrai qu'ils nous font rêver, on a envie d'y croire.

C'est ça le pire, on a envie d'y croire, on a envie de se battre, on se bat et puis on s'aperçoit que de toute façon, à la fin, on n'y gagne rien. On y laisse toutes nos forces, toute notre vie, toutes nos idées même, on n'ose même plus dire nos idées, et en contrepartie on n'a rien, on travaille pour eux, pour une maison, pour des patrons. On n'a pas de vie, on n'est pas des êtres humains, on a l'impression d'être en servage, toujours pareils, en caricaturant, de ne pas être des hommes, d'être des robots. »

Jocelyne Lemaire-Darnaud explique, dans une interview, qu'elle avait cherché des aides et un soutien des producteurs pour la réalisation de son documentaire mais que, vu son contenu, elle n'a reçu « que des fins de non-recevoir ». « Canal+ a refusé mon projet. Le ministre du Travail l'a refusé. La Scam l'a refusé : trop manichéen. Arte l'a refusé : trop militant. L'argument me fait bondir : quand les ouvriers s'expriment, c'est trop militant, mais quand les patrons parlent, on appelle cela de l'économie[1]. » Ce sera finalement Jean Labadie, de Bac Film, qui distribue en France le film de Michael Moore, le réalisateur de *The Big One,* qui acceptera de l'aider et de distribuer son documentaire. « On nous fait croire depuis si longtemps que le prolétariat n'existe plus. Comment notre société de consommation qui se gave d'objets manufacturés peut-elle oublier à ce point que des ouvriers les fabriquent ? », dit-elle. Dans ce documentaire, « ces hommes et ces femmes qui acceptent de témoigner à visage découvert accomplissent un acte de courage », souligne la réalisatrice.

Elle explique les difficultés des ouvriers de Michelin à accepter de témoigner. « J'ai vraiment ressenti ce que dit l'un des ouvriers : on est tellement dans ce moule qu'on n'arrive plus à réfléchir. On subit une pression mentale si forte qu'on prend François Michelin pour le sauveur. Les gens qui, toute leur vie, gravitent dans l'orbite de cette entreprise n'ont plus l'énergie de soulever le couvercle. Un peu de vapeur s'échappe mais ça n'explose pas. Une chape de silence entoure ce monde. » Quant à Jean-Marie Rouart, de l'Aca-

1. Entretien avec Jocelyne Lemaire-Darnaud, Zalea TV.

démie française, citant Vigny, il dit ceci : « Les princes font des livres à présent tant ils sentent que le pouvoir est là. » Il ajoute, pour son propre compte, que « si un Jean-Marie Messier, un François Michelin, un Bernard Arnault, suivant la voie ouverte par Bill Gates et par Jack Welch, le P-DG de General Electric, ont éprouvé le besoin de s'exprimer par le moyen d'un livre, ce n'est pas pour tirer de la poudre aux moineaux : c'est parce que le pouvoir est là. Un autre pouvoir, certes, celui, positif, qu'ils détiennent, un pouvoir sur les cœurs, sur les âmes, sur les imaginations ».

Black-out ou pas sur ce documentaire, la presse a néanmoins salué la sortie du film de Jocelyne Lemaire-Darnaud. *Le Monde* y a vu « un film de contre-pouvoir[1] ». *Libération* juge le documentaire « tonique et implacable sur l'empire du pneu », « une charge libératoire ». « Au fil des visages, des caractères, surgit le portrait accablant d'une entreprise où les augmentations se font "vingt centimes par vingt centimes", où les ouvriers crachent une salive noire d'encre mais où l'on n'analyse pas les substances qu'ils absorbent sous prétexte de préserver les secrets de fabrication maison[2]. » *L'Humanité* raconte que lors de la projection en avant-première du documentaire au cinéma Rio à Clermont-Ferrand le 11 novembre 2001 devant une centaine de personnes, dont celles qui interviennent dans le film, à la fin de l'après-midi, une feuille parvient à Jocelyne Lemaire-Darnaud. C'est un courrier électronique que la direction de Michelin a envoyé à son personnel d'encadrement jusqu'aux chefs d'atelier pour signaler la projection d'un « film mettant violemment en cause François Michelin », et qu'elle ne « souhaite pas s'exprimer sur ce film partisan[3] ».

1. *Le Monde* du 12 novembre 2001.
2. *Libération* du 28 novembre 2001.
3. *L'Humanité* du 17 novembre 2001.

6. Michelin devant les tribunaux

L'image de Michelin a été ternie par plusieurs affaires jugées devant un tribunal, dont l'une a causé une certaine émotion le 16 novembre 2006 quand le tribunal des affaires de sécurité sociale (TASS) de Clermont-Ferrand a reconnu la « faute inexcusable » de Michelin au profit de quatre anciens salariés de la manufacture, victimes de l'amiante, dont trois sont morts en 2002 et 2003. Les quatre cas, examinés le 14 septembre par le TASS, étaient les premiers concernant les usines de Clermont-Ferrand. Pour les trois anciens salariés décédés d'un mésothéliome (cancer de la plèvre causé par l'amiante), ce sont les ayants droit, veuves et enfants, qui ont conduit les procédures. Le TASS a ordonné l'indemnisation de leur préjudice, mais Michelin a fait appel du jugement. « Je suis très content, c'est normal qu'après nous avoir fait manger de l'amiante pendant des années, Michelin soit condamné[1] », a déclaré Jean Carthonnet, soixante et onze ans, employé pendant trente-trois ans, jusqu'en 1991, à l'entretien des usines à Clermont-Ferrand. « On montait des cloisons, des plafonds, il y avait de l'amiante partout et personne ne nous a jamais dit que c'était mauvais », a-t-il expliqué à l'issue du jugement. Il avait découvert en 2002, en passant un scanner, qu'il souffrait de plaques pleurales.

« J'ai perdu mon mari, mais je suis contente de voir que la faute inexcusable de Michelin est reconnue, dit Suzanne Nolot, dont le mari est mort en 2002, à soixante-deux ans. Au-delà des indemni-

1. *Agence France-Presse.*

sations, il y a le côté moral, primordial pour nous[1]. » Son mari avait travaillé à la manufacture de 1962 à 1973, au service entretien. L'amiante était utilisée chez Michelin pour isoler les presses de cuisson des pneus, calorifuger les conduits de vapeur et isoler les cloisons. La reconnaissance de la faute inexcusable de l'employeur entraîne, au-delà de l'indemnisation du préjudice, un doublement de la rente versée à la veuve, qui s'élève alors à 100 % du salaire du mari.

Interrogée par l'AFP, la direction de Michelin a expliqué que la manufacture « a, comme tout le monde, utilisé de l'amiante comme isolant thermique à une époque où les risques pour la santé étaient méconnus. (...) En revanche, dès que l'on a eu connaissance de ces risques, on a procédé au désamiantage avant même que la réglementation de 1996 ne le demande. » Michelin est mis en cause dans une quinzaine de procédures supplémentaires, dont sept cas de décès, lancées devant le TASS de Clermont-Ferrand. La cour d'appel de Nancy avait déjà reconnu, le 19 septembre 2006, la « faute inexcusable » de Michelin pour contamination par l'amiante d'un salarié de l'usine de Golbey (Vosges).

Des syndicats chez Michelin ? Ce titre pourrait surprendre, mais depuis qu'ils ont réussi à forcer la porte de l'entreprise, les syndicats ont été honnis par la direction de Michelin, ses dirigeants devant, bon gré mal gré, s'en accommoder pour respecter la loi. Une partie du mythe Michelin repose sur l'image, complaisamment répandue, d'une entreprise où règne l'harmonie entre le personnel et son encadrement, où les rapports sociaux sont régis par un code de conduite hérité des frères fondateurs. Soit. Mais, comme on l'a vu, les syndicats mirent du temps avant de pouvoir s'implanter durablement dans les ateliers de la manufacture, tandis que Michelin a été, à de nombreuses reprises, secoué par des grèves dures qui donnent une image bien différente de la réalité ouvrière dans l'entreprise.

Les premières grèves éclatent en 1920. Le 8 mai, la grève est endeuillée par la mort d'un employé de Michelin blessé pendant

1. *Ibid.*

une manifestation. Mais le mouvement syndical n'est encore qu'embryonnaire et les violences discréditent plus qu'elles ne renforcent l'emprise syndicale. Les licenciements massifs éveillent cependant la conscience des ouvriers de Michelin. En 1930, nouvelle grève, dans une atmosphère marquée par des mesures d'intimidation à l'égard des grévistes qui, en cessant le travail, risquent le licenciement. Sur le plan social, cette période coïncide avec des difficultés pour la manufacture, confrontée à un marché déprimé et une concurrence américaine accrue. La maison Michelin est, de ce fait, contrainte de moderniser ses équipements et de licencier.

Les effectifs tombent brutalement de dix-huit mille en 1927 à neuf mille en 1932 et même sept mille en 1936. Malgré l'hostilité évidente des dirigeants de l'entreprise à l'égard des mouvements sociaux, les ouvriers obtiennent des concessions salariales. 1936 est une autre grande date dans l'histoire sociale de Michelin. Face à des grévistes fortement déterminés dans la France du Front populaire, la direction doit plier. Elle accorde des augmentations de salaire significatives et reconnaît le droit syndical dans l'entreprise. D'autre part, pour la première fois, la municipalité de Clermont-Ferrand avait voté des crédits pour aider les grévistes[1], une décision lourde de symbole. « Après juin 1936, quelque chose a changé, estime Pol Échevin. L'ordre moral sur lequel Michelin a bâti jusque-là son empire – ce pouvoir sans partage sous le masque du paternalisme – est détraqué à jamais. Les syndicalistes se sentent plus forts. Ce qu'ils ont obtenu constitue non seulement un point de non-retour, mais encore un formidable tremplin[2]. » C'est ce que dit également le professeur d'histoire sociale André Gueslin, pour qui, « on est forcé de constater, notamment en comparant les conflits sociaux avant et après 1936, que rien n'est plus comme avant[3] ». Dès lors, les effectifs de la CGT vont connaître une croissance rapide chez les caoutchoutiers du Puy-de-Dôme.

1. *Michelin, les Hommes du pneu, op. cit.*
2. *Échec au roi, op. cit.*
3. *Michelin, les Hommes du pneu, op. cit.*

En 1947, nouveau mouvement de grève à l'appel de la CGT et de la CFTC. En 1950, à nouveau une épreuve de force, une fois encore à l'appel de la CGT et de la CFTC. Mais, cette fois-ci, la grève dure neuf semaines et marque un nouveau tournant dans l'histoire syndicale de Michelin. Soixante-trois jours de grève se soldent par de nouvelles augmentations de salaire que le gérant, Robert Puiseux, doit concéder pour que la production puisse reprendre. Les stocks et les usines à l'étranger ont permis de satisfaire les clients les plus exigeants, mais la situation devenait intenable. Pour s'assurer le calme social, la direction accordera plusieurs hausses salariales consécutives jusqu'en 1951. Mais si les relations entre la direction et les syndicats sont orageuses, les dirigeants syndicalistes ne parviennent pas toujours à mobiliser massivement les ouvriers, pour beaucoup d'origine paysanne de la région, qui sont attachés à la stabilité, traditionnellement méfiants à l'égard de la politique des grands chamboulements et conscients de travailler dans une entreprise qui, somme toute, paye relativement bien. En mars 1958, nouveau mouvement de grève, mené par la CGT et la CFTC. Fait exceptionnel, la direction accepte de négocier avec des responsables syndicaux avant même la reprise du travail. Les grévistes obtiennent satisfaction sur l'essentiel de leurs revendications salariales. Devant le triomphalisme des militants, Charles Tissier les invite à la modération : « Il ne faut pas humilier les patrons, ça ne sert à rien[1]. »

De fait, Michelin, en dépit du paternalisme marqué et de l'hostilité de ses dirigeants à l'égard des syndicats, n'échappe pas aux luttes syndicales qui agitent les autres entreprises françaises. Dans ce domaine, la manufacture devient progressivement une entreprise comme une autre. Le 6 mars 1953, une convention collective nationale du caoutchouc est signée à Paris. Elle prévoit des congés supplémentaires, des indemnités de licenciement et d'autres mesures favorables aux ouvriers. Parmi les soixante mille ouvriers caoutchoutiers, ceux de Michelin sont concernés. La CFTC, qui

1. *Échec au roi, op. cit.*

deviendra plus tard la CFDT, porte ses combats sur d'autres terrains. C'est ainsi que les colonies de vacances organisées par la direction passent sous le contrôle du comité d'entreprise à partir de 1962. Mais, comme le dit Pol Échevin, la conquête des colonies de vacances par le comité d'entreprise, « si importante soit-elle, ne représente en fait qu'un début de l'entreprise de "démichelinisation" de la vie sociale que la CFTC veut conduire à son terme[1] ». Bientôt, c'est au tour de l'arbre de Noël d'échapper au contrôle de la direction. L'objectif suivant est le dispositif médico-social de Michelin, qui a comme sigle OHM (Œuvres d'hygiène Michelin), vaste réseau qui rassemble des établissements pour enfants en difficulté, des dispensaires, infirmeries, crèches, garderies, services sociaux, maisons de repos et la clinique des Neuf-Soleils de quatre-vingts lits, dont quinze en maternité. La loi prévoit qu'ils doivent être gérés soit par le CE, soit par un organisme paritaire où siègent à égalité des représentants du personnel et de la direction. Chez Michelin, la direction gère le tout depuis toujours. La législation n'est pas respectée.

La CFTC décide de porter l'affaire devant la justice. S'ensuivent plusieurs jugements jusqu'à la Cour de cassation qui, finalement, le 19 juin 1963, donne gain de cause à la CFTC. Un nouveau pourvoi en cassation de la direction de Michelin est rejeté en 1965 et celle-ci est condamnée pour entrave au fonctionnement du comité d'entreprise. Direction et syndicats signent un accord global en 1968 par lequel une bonne partie des moyens d'action du paternalisme de Michelin seront désormais gérés par les syndicats : les colonies de vacances, l'arbre de Noël, les bourses d'éducation, les subventions aux sociétés de chasse, pêche, philatélie et autres activités de loisirs, le comité d'entreprise percevant pour cela une dotation annuelle calculée au prorata de la masse salariale. Par ailleurs, la direction accepte la création d'un organisme paritaire pour la gestion des structures médico-sociales. Le tout est parachevé en 1967 par le transfert à l'Éducation nationale de la totalité des écoles Michelin.

1. *Ibid.*

Cet accord n'empêche pas trois semaines de grève en 1968 avec, en toile de fond, les événements de mai et les accords de Grenelle entre le gouvernement, le patronat et les syndicats. Les salariés de Michelin obtiennent des hausses salariales significatives. En 1972, un nouveau mouvement de grève est centré non plus sur les salaires, mais sur les conditions de travail dans l'entreprise. En novembre 1977, une autre grève paralyse la production et prend pour cible la volonté de la direction d'instituer une production quasi continue du dimanche à 22 heures au samedi 21 heures. Deux mois plus tard, la direction est obligée d'abandonner son projet.

C'est ainsi que, peu à peu, les ouvriers de Michelin se sont affranchis du paternalisme de la « Maison », au fur et à mesure qu'ils prirent conscience de la précarité de l'emploi dans une entreprise exposée, comme les autres, aux cycles de récession ou de crises économiques. Les années quatre-vingt apportèrent leur lot de difficultés et de plans sociaux. Les effectifs de Michelin, qui atteignaient 29 982 personnes en 1980 dans les seules usines de Clermont-Ferrand, tombent à 25 986 trois ans plus tard. Michelin, durement touché par le deuxième choc pétrolier, doit procéder à des suppressions de postes avec des départs à la retraite anticipée et des guichets départ sur la base du volontariat. Il y eut pas moins de neuf plans sociaux dans les usines de Michelin en France entre 1983 et 2000, représentant presque 25 000 suppressions d'emplois, dont 65 % dans les usines de Clermont. Le 3 avril 2001, après quinze mois de négociations tumultueuses et un référendum organisé par la CFDT auprès des salariés, ce syndicat et la direction signaient enfin un accord sur les trente-cinq heures, auxquelles François Michelin était profondément hostile. Mais l'âge d'or de Michelin s'achevait et devait lui succéder une ère nouvelle nettement plus sombre, où les certitudes d'autrefois allaient être balayées par les nouveaux mots d'ordre imposés par la globalisation : réduction des coûts, maîtrise des charges, augmentation de la compétitivité, recherche d'une meilleure marge opérationnelle.

Que dit de tout cela Jean-Claude Pœuf, ancien dirigeant syndical pour la CFTC ? Entré chez Michelin en 1966 comme technicien titulaire d'un BTS, il fait sa première grève en 1967. « J'ai su, ultérieurement, par le vieux chef qui m'avait défendu, que j'étais passé très près de la porte. Il m'avait d'ailleurs prévenu : "Je pars à la retraite, après, vous vous débrouillerez"[1]. » Mais le syndicaliste ne s'arrête pas là. Il obtient le 31 décembre 1967 l'unique promotion de sa carrière, avant son départ à la retraite en 1999. De fait, il devient délégué syndical et délégué du personnel au comité d'établissement et, à ce titre, le voilà marqué au fer rouge. Chez Michelin, à cette époque, il fallait choisir et assumer les conséquences de ses choix. « J'avais un chef qui disait : "Vous choisissez, vous êtes pour l'entreprise ou contre." C'était clair. Mais une fois qu'on avait fait ce choix du "contre", c'était définitif. Il n'y avait pas de retour en arrière. C'est-à-dire, imaginer une carrière de syndicaliste pendant une dizaine d'années puis retourner prendre une activité professionnelle normale ; non, là, c'était fini. » De ce fait, Jean-Claude Pœuf est resté trente ans délégué au comité d'établissement ! « J'étais pris dans un système qui disait : "Vous êtes contre nous." C'était très fort du temps de François Michelin, et lui-même l'avait d'ailleurs exprimé dans une interview qu'il avait donnée à *Paris-Match* dans les années soixante-dix. Il y dit clairement : "Nous n'avons pas besoin de syndicat pour savoir ce qui se passe dans notre usine." C'était sa doctrine : être fidèle à Michelin toute sa vie. »

Le responsable syndical a souvent entendu dans les ateliers les chefs dire : « Les syndicats sont nuisibles. » « C'était le thème dominant, dit-il. Les syndicats n'auraient qu'une seule raison d'exister, celle d'expliquer aux salariés les difficultés du patron. » La direction affirme néanmoins qu'elle respecte et applique la loi. Jean-Claude Pœuf n'est pas de cet avis : « Respecter la loi ? Cela reste à voir. En ce qui me concerne, j'ai engagé un procès que j'ai gagné parce qu'ils faisaient preuve de discrimination syndicale. » En l'occurrence, le responsable syndical a réussi à prouver qu'il a été pénalisé

1. Entretien avec l'auteur.

dans sa carrière du fait de son engagement syndical. Son procès a duré trois ans, de 2000 à 2004. Jean-Claude Pœuf gagne aux prud'hommes, jugement confirmé et même amplifié par la cour d'appel. Michelin s'était pourvu en cassation, mais la cour a refusé d'examiner ses arguments, considérant qu'il n'y avait aucun élément nouveau.

Le syndicaliste n'était pas le seul à demander des comptes à Michelin. Plusieurs autres ont gagné leur procès pour « discrimination syndicale ». Ils étaient les premiers à le faire sur ce thème[1]. Il fallait un certain courage. « Parce que, à Clermont, gagner contre Michelin, cela n'existait pas, explique Jean-Claude Pœuf. Charles Tissier vous dirait que pour trouver un avocat disposé à plaider contre Michelin, c'était impossible. » Le syndicaliste précise que le jugement lui a accordé 860 000 francs (131 106 euros) de dédommagements. « Quand on est à la retraite, ce n'est pas désagréable ! »

Le combat syndical pour la création du comité d'entreprise a été long et difficile. « Ils n'en voulaient pas parce que cela faisait partie de tout le système paternaliste. Ils géraient toutes les œuvres sociales, un réseau extrêmement important, la clinique, le sanatorium, les colonies de vacances et les écoles. Il y avait deux mille gamins dans ces écoles. » Dans les écoles Michelin, « avant la guerre, on faisait bien une petite prière à Michelin le matin. Après la guerre, je n'ai jamais entendu dire qu'on faisait encore cette prière », dit-il. La lutte pour la reconnaissance du comité d'entreprise s'est placée essentiellement sur un plan juridique. « Il y a eu de nombreuses entreprises qui, après la Libération, ont accepté un comité d'entreprise. Michelin, lui, a refusé. Il a donc fallu mener des procédures extrêmement lourdes. Il y eut une trentaine de

1. D'autres poursuites ont été engagées contre Michelin par dix-huit militants CGT pour discrimination syndicale. Michelin avait été relaxé en première instance par le tribunal de Clermont-Ferrand en avril 2003, puis en appel à Riom en février 2004, un arrêt annulé par la Cour de cassation en mai 2005. Les dix-huit salariés ou anciens salariés accusent la manufacture d'avoir freiné le déroulement de leur carrière en raison de leur engagement syndical au sein de la CGT. Plusieurs anciens salariés de l'usine de Cholet ont également engagé des poursuites pour discrimination syndicale.

procès au total. Nous avons été quatre fois en cassation ! Cette action juridique a surtout été l'œuvre de la CFDT, la CFTC à l'époque, qui avait monté un service juridique extrêmement costaud. » La CGT, elle, s'est ralliée sur le tard. Les procédures se sont terminées sur un compromis.

La première étape a été, à la rentrée de 1967, la remise des écoles par François Michelin à l'Éducation nationale. « Il sentait que le procès était perdu », dit Jean-Claude Pœuf. Certaines sources affirment qu'il en a pleuré. Quant aux œuvres sociales, elles se trouvaient juridiquement dans le cadre des OHM, les Œuvres d'hygiène du personnel Michelin. Lorsqu'il y a eu accord en 1968, Michelin avait déjà confié les colonies de vacances au comité d'entreprise. En 1968, un accord final est conclu avec les syndicats : les œuvres sociales encore gérées par la direction étaient désormais confiées à une gestion paritaire où étaient représentés la direction et le comité d'entreprise, ce dernier étant dûment doté d'un budget de fonctionnement. L'ancienne OHM devenait la SOHPEM (Société des œuvres d'hygiène du personnel Michelin) avec deux gérants, l'un désigné par le comité d'établissement et l'autre par la direction de la manufacture. Les deux premiers furent Charles Tissier et François Rollier, le père du gérant actuel de Michelin.

Pour autant, Jean-Claude Pœuf ne porte pas un jugement entièrement négatif sur François Michelin, au contraire. Il lui reconnaît une certaine dose d'humanité et un esprit ouvert. Il se souvient du jour où le patron l'aperçoit à l'entrée de l'usine, le matin, et s'approche de lui. « Bonjour, monsieur », lui lance « Monsieur François ». « Il se met à discuter. Cela n'a pas duré longtemps. Il m'avait reconnu, on se croisait, on passait par la même porte tous les matins. En trente ans, il reconnaissait quand même un certain nombre de têtes. Et ce contact n'était pas sur-joué, ce n'était pas pour dire au gars qui était derrière lui, “voyez !”. Non, je n'ai pas ressenti cela. J'étais un peu surpris. » Jean-Claude Pœuf livre une confidence : François Michelin est même allé jusqu'à voir Charles Tissier chez lui. Puis, une fois la discussion terminée, il a conduit son adversaire syndicaliste à l'usine. « Il voulait lui dire qu'humainement il était proche de lui. Qu'il y avait un rapport humain. Il était sensible à cela. Il avait sa logique, mais ce n'était pas un type méchant. Avec ses conceptions poussées à l'extrême, cela aurait pu être pire. Je crois qu'il y a un fonds humain chez le bonhomme », dit-il.

Aujourd'hui, Michelin est-elle une entreprise normale ? Certes, les syndicats ont enfin trouvé leur place. La CGT a beaucoup perdu de terrain mais reste en tête avec le syndicat SUD, suivi de la CFDT. Mais du fait de la baisse constante du nombre d'ouvriers, la proportion de cadres augmente, si bien que l'influence réelle des syndicats régresse, et ce sont souvent des cadres qui se présentent aux élections du comité d'entreprise. « Ce qui a sans doute bien changé les choses, c'est que sur quinze mille employés à Clermont, il y a peut-être encore cinq mille ouvriers. Or, les grandes masses syndicales, c'était des ouvriers professionnels », dit Jean-Claude Pœuf. Qu'en est-il du mythe Michelin ? « Cette culture a perduré pendant des décennies, c'est vrai. Mais cet aspect tient aussi à la structure juridique de l'entreprise. La commandite par actions fait du commandité un monarque. C'est une monarchie qui s'est propagée, et cela sans aucune inquiétude, sans aucune crainte que les actionnaires puissent quelque chose. » Alors, Michelin, une entreprise normalisée ? « Sans doute, mais ce statut de commandite en fait toujours l'originalité. Cela entraîne un mode de fonctionnement particulier, très personnalisé. Le patron n'est confronté à aucune menace. Il est à peine contrôlé. La fiction, c'est qu'il est responsable sur tous ses biens. C'est un peu factice, car ces biens ne sont rien comparés à ce qu'est l'entreprise. »

7. Dans l'arène mondiale

Il nous faut revenir en arrière dans l'histoire de l'entreprise. Les années cinquante et soixante demeurèrent celles d'une croissance très élevée de la production automobile dans le monde qui tirait vers le haut la demande en pneumatiques et dont profita Michelin. Songeons que, entre 1951 et 1960, la production automobile a été multipliée par cinq dans les pays du Marché commun, que le parc automobile mondial, dans l'intervalle, avait doublé, qu'il avait augmenté de deux fois aux États-Unis, en Australie, au Canada et en Belgique, et de 2,7 fois en France, 4 fois en Italie et 5,5 fois en Allemagne de l'Ouest. En 1956, l'Allemagne doublait la France et produisait 1,07 million de véhicules contre 827 000 dans l'Hexagone, qui comptait au total 4,2 millions de véhicules en circulation au 1er janvier 1957, soit environ un véhicule pour dix habitants. La France était néanmoins le quatrième constructeur mondial après les États-Unis, l'Allemagne et la Grande-Bretagne. Bien entendu, cette croissance bénéficiait à la manufacture dont la production doubla entre 1951 et 1957. Michelin continua donc de s'étendre dans des locaux plus grands. La surface de bâtiments de l'entreprise passa de 16 300 mètres carrés en 1898 à 90 000 mètres carrés en 1914, puis 360 620 mètres carrés en 1958[1], tandis que le nombre de salariés passa de 684 en 1898 à 4 995 en 1914, puis 14 970 en 1927 et 20 634 en 1958.

En 1958, l'année où est entré en vigueur le traité fondateur de la

1. *Bulletin intérieur,* n° 274 du 28 novembre 1958.

Communauté économique européenne (CEE), Michelin prit acte de la baisse des droits de douane prévue dans le Marché commun et leur suppression pure et simple à terme, tandis que les six pays membres[1] prenaient l'engagement d'harmoniser leurs politiques économique, sociale, fiscale et monétaire. « L'avantage d'un marché élargi sera donc compensé par une concurrence plus vive : les fabricants français et ceux des pays voisins pourront s'affronter, à armes égales ou presque, dans tout le territoire de la CEE[2] », relevait la manufacture qui s'en félicitait car, soutenait-elle, c'est en France que les taxes et les impôts sont les plus élevés. Dans son message de vœux au personnel à la fin de 1960, Michelin relevait que moins de 3 000 autos circulaient en France au début du siècle, tandis qu'il en sortait quotidiennement 5 500 des usines françaises en 1959 et qu'un total de 13 716 000 voitures avaient été produites dans le monde cette année-là[3] ! Dans ce même message intitulé « Un siècle de progrès », l'entreprise faisait valoir que, en 1860, un Français sur dix mille voyageait à l'étranger pour son plaisir, tandis qu'en 1960, surtout grâce à l'automobile, un quart des Français en vacances partait à l'étranger pendant les congés annuels, tandis que la durée de vie moyenne en France passait de quarante à soixante-neuf ans.

De 1951 à 1960, pour répondre à la demande, Michelin construisit en France de nouvelles usines de production à Orléans, Bourges, Troyes et Tours, tout en modernisant et en agrandissant ses installations à Clermont-Ferrand. L'entreprise avait, de la sorte, plus que triplé ses livraisons en dix ans. Néanmoins, dans son message de nouvel an à ses employés, à la fin de 1961, François Michelin les mettait en garde contre une concurrence toujours plus forte et une clientèle de plus en plus exigeante, « tant sur le plan français que sur le plan de l'exportation ; tant aussi dans le domaine de la qualité que dans le domaine des prix. (...) Nous avons de bonnes armes pour

1. France, Allemagne, Italie, Belgique, Pays-Bas, Luxembourg.
2. *Bulletin intérieur,* n° 265 du 9 mai 1958.
3. *Bulletin intérieur,* n° 311 du 30 décembre 1960.

nous défendre, mais elles ne resteront bonnes que si nous les perfectionnons sans cesse[1]. » Michelin devait faire face à une concurrence mondiale qui s'aiguisait, avec, en toile de fond, des progrès technologiques très rapides pour l'automobile.

Dans le domaine de la vitesse, les records tombaient les uns après les autres. La vitesse de 100 km/h est atteinte dès 1899 par la voiture électrique « La Jamais Contente » de Camille Jenatzy sur une distance de un kilomètre. Le 8 novembre 1909, Victor Hémery franchit la barre des 200 km/h à 202,6 km/h sur une Blitzen Benz. Le 29 mars 1927, Henry Seagrave pilote une Sunbeam à 325 km/h, puis, le 16 septembre 1947, John Cobb franchit les 634 km/h sur une Railton Mobil Special équipée de deux moteurs d'avion suralimentés. Le XXe siècle est bien le siècle de la vitesse, sur route, sur rail et dans les airs où les avions à réaction commerciaux comme la Caravelle en France dépassent les 800 km/h dès la fin des années cinquante. Ces progrès fulgurants exigent du pneumatique qu'il fasse de même : des gommes plus solides, des pneus plus adaptés à la vitesse, un confort amélioré, une plus grande longévité, des prix stables. Dans les années cinquante et soixante, la majorité des constructeurs européens adoptent progressivement la technologie du pneu radial, dont les applications chez Michelin sont étendues jusqu'aux énormes pneus utilisés par les engins du génie civil en 1959. En 1965, la firme clermontoise commercialise le pneu « XAS » doté d'une bande de roulement asymétrique destinée aux voitures rapides. La croissance du groupe se poursuit rapidement : en 1966, Michelin emploie 81 000 personnes dans le monde, dont 37 400 en France. À noter que le corollaire de l'internationalisation est un nombre d'employés à l'étranger bientôt supérieur à celui des usines françaises.

Dans les années soixante, François Michelin continuait de justifier l'application dans l'entreprise du taylorisme et de ses méthodes d'organisation scientifique du travail. Dans un grand article publié en 1960, le *Bulletin intérieur* souligne que « Michelin fut le pre-

1. *Bulletin intérieur,* n° 324 du 29 décembre 1961.

mier en France à mettre en pratique largement la méthode Taylor ; c'était avant la guerre de 1914 ». La revue poursuit : « À la suite d'une enquête qu'il fit réaliser sur place, aux États-Unis, Édouard Michelin décida d'employer la méthode Taylor dans l'usine. Grâce à son application, on améliora ce qui existait, on put mettre en route rapidement des fabrications nouvelles. » Et d'expliquer les vertus de ce modèle : « Dans un monde en pleine expansion vers un âge économique de plus en plus complexe, Taylor est venu apporter à "l'*Homo faber*" cet esprit rigoureux, rationnel, fécond, qui guide "l'*Homo sapiens*" dans ses recherches de science pure », souligne la revue interne. Augmenter la productivité chez Michelin est devenu un leitmotiv. « Quatre-vingts ans ont passé depuis les premières applications du système Taylor dont le champ s'est trouvé considérablement élargi. Mais nul doute que l'organisation scientifique du travail est à l'origine des méthodes qui régissent le monde industriel et commercial moderne : si le contrôle et l'analyse statistiques, les études de marchés, les méthodes de programmation, de recherche opérationnelle et d'optimologie arrivent à tenir les rênes au gigantisme économique d'aujourd'hui, il faut rendre hommage à Taylor », ajoute cette publication[1] pour qui « Aujourd'hui, les principes de base de la méthode Taylor sont toujours valables, bien entendu, et toujours utilisés, partout, dans des applications nouvelles ».

Tout cela pour le bénéfice des ouvriers dont les salaires sont en hausse et le temps de travail en baisse, tandis que les produits sortant de l'usine sont moins chers. Taylor n'avait-il pas lui-même affirmé que l'ouvrier est le premier bénéficiaire de cette méthode scientifique ? « À mon avis, dit-il dans un discours, c'est l'ouvrier qui en a retiré le plus grand profit. Son salaire a été majoré de 30 % à 100 % ; de plus je ne me rappelle pas un seul cas dans lequel l'ouvrier aurait travaillé plus longtemps qu'avant, tandis que j'en connais beaucoup dans lesquels les heures de travail ont été réduites[2]. » Face à cette

1. *Bulletin intérieur,* n° 301 du 20 mai 1960.
2. *Ibid.*

logique, rien n'est dit sur l'envers de la médaille : les cadences, la répétition de gestes automatiques, des ouvriers devenus des robots humains et l'univers parfois désespérant de ces ateliers modelés sur cette méthode venue d'outre-Atlantique.

Tous, d'ailleurs, ne partagent pas le credo implacable du taylorisme chez Michelin. Parmi ses adversaires, Antoine Barrière, un ancien ouvrier qui, dans un ouvrage sur son expérience dans la maison Michelin, critique les dérives du modèle de Frederick Winslow Taylor, y compris les cadences et le chronométrage. En théorie, « la production est libre, chacun devant produire ce dont il est capable. Hélas, les choses ne sont pas aussi simples, car chaque tâche ayant une valeur déterminée par les chronométreurs en fonction de l'allure d'un bon ouvrier (allure 100), il faut obligatoirement travailler au moins à l'allure 100 pour recevoir à la fin de la quatorzaine une paye satisfaisante. (...) D'autre part, malgré une production soi-disant libre, il faut savoir que si un ouvrier, volontairement ou involontairement, se cantonnait à une production inférieure à l'allure 100, il perdait vite sa place[1]. »

1. Antoine Barrière, *Michelin vu de l'intérieur, ce que j'ai vécu de 1950 à 1961*, Créer, 1983.

8. À la conquête de l'Amérique

René Zingraff se souvient : « Lorsque François Michelin est arrivé à la gérance, Michelin était une entreprise de taille européenne. Lui a eu une vision internationale de l'entreprise et je dirais que son grand défi a été l'Amérique du Nord. (...) On a un peu oublié cela, mais dans les années soixante-dix, les producteurs de pneumatiques américains dominaient les marchés mondiaux. Je me souviens à l'époque avoir été aux États-Unis. Pour la première visite d'ailleurs, je m'étais rendu à Akron[1], on n'y voyait que des grands noms, Goodyear, Goodrich, Uniroyal, General Tyres. Les plus grosses boîtes de pneumatiques internationales. Et voici le petit Européen qui débarque : avoir eu l'audace de venir attaquer ces grands noms, ces grandes entreprises, sur leur territoire, ça, ça a été le coup d'audace de François Michelin (...) Cela s'est fait par le biais du Canada, c'est-à-dire qu'une première expérimentation au début des années soixante-dix au Canada a permis de se forger une certaine expérience du monde nord-américain. Même si le Canada ce n'est pas tout à fait les États-Unis, c'est quand même très proche. Cette expérience ayant été relativement satisfaisante, Michelin a ensuite décidé l'attaque de l'Amérique du Nord aux États-Unis. Cela a changé la dimension de Michelin. Après il y a eu l'Amérique du Sud, l'Asie. Mais le tournant dans l'internationalisation de Michelin, ce fut bien l'Amérique du Nord[2]. »

1. La grande ville du caoutchouc et du pneu aux États-Unis.
2. Entretien avec l'auteur.

Du fait de la mondialisation et d'une concurrence qui s'aiguisait, Michelin n'avait en réalité guère d'autre choix que de poursuivre son internationalisation. Confortée par le succès de son pneu radial « X » qui lui donnait une avance technologique appréciable sur la concurrence, la maison Michelin, sous la houlette de François, prit donc la décision, lourde de conséquences mais aussi de risques, de s'implanter massivement en Amérique du Nord. Cette implantation commença par le Canada. Michelin n'osait pas encore se lancer dans une confrontation directe avec ses concurrents américains chez eux et les risques étaient ainsi limités. La manufacture créa la Michelin Tires Limited, filiale canadienne, dont la production de pneus poids lourds démarra en 1971 à Granton, en Nouvelle-Écosse. Quelques mois après, ce fut au tour des pneus tourisme à Bridgewater, dans la même province. Une troisième usine fut inaugurée en 1982 à Waterville, toujours en Nouvelle-Écosse. Vingt millions de pneus sortirent de cette usine en vingt-cinq ans d'existence. Michelin emploie actuellement trois mille cinq cents personnes dans ses trois usines canadiennes. L'administration américaine tenta de réagir en 1973 pour protéger les fabricants nationaux en imposant une surtaxe de 6,7 % frappant les pneus provenant du Canada. Mais cela ne fit que retarder la montée en puissance de Michelin sur le marché américain. La direction prit presque simultanément la décision de s'implanter sur le sol américain, avec la construction de deux usines à Greenville et à Anderson, en Caroline du Sud. Greenville restera le siège de Michelin aux États-Unis et emploie actuellement quelque vingt-trois mille personnes.

De fait, l'épopée nord-américaine fut fulgurante puisque, sous la houlette de François, la firme allait construire outre-Atlantique des usines au rythme d'une tous les deux ans pendant les années soixante-dix ! Entre 1973 et 1980, le continent américain absorbait entre 40 et 45 % de la totalité des programmes d'investissements de la manufacture, selon certains analystes financiers[1]. Après Greenville et Anderson, d'autres usines furent ainsi construites à Spartanburg,

1. *Michelin, un siècle de secrets, op. cit.*

également en Caroline du Sud, puis à Dothan, en Alabama, à Lexington, encore en Caroline du Sud. Michelin ouvrit un centre de recherche en 1976, dans le comté de Laurens, dans le même État. Bien qu'éloignée d'Akron, la capitale américaine du pneu, la région se prêtait bien aux investissements du Bibendum, car de nombreuses entreprises textiles qui assuraient autrefois la richesse locale avaient périclité. La main-d'œuvre s'y trouvait donc en abondance, de bonne qualité et bon marché comparée à celle du nord des États-Unis.

Michelin devint bientôt le fournisseur de Ford, puis de Volkswagen of America, puis des fabricants japonais Toyota, Datsun et Honda sur le sol américain. Mais ces investissements coûtaient très cher et il fallut attendre longtemps avant qu'ils ne deviennent une source de bénéfices pour la manufacture clermontoise. D'autre part, Michelin allait bientôt voir les concurrents japonais Bridgestone, Yokohama et Sumitomo débarquer en force sur le sol américain. Cette déferlante nippone fut, en elle-même, la preuve qu'il était indispensable pour Michelin de s'établir solidement en Amérique du Nord, au risque dans le cas contraire de demeurer un fabricant d'envergure européenne, condamné ainsi à jouer les seconds rôles sur les marchés mondiaux. En 1986, Michelin augmenta ses capacités de production de 40 % en Amérique du Nord. Les nouveaux investissements ne devaient, en réalité, jamais cesser. Au total, Michelin y ouvrira vingt usines. L'audace de Michelin aux États-Unis est telle que le Bibendum y jouait en grande partie son avenir. Comme le dit Alain Jemain : « Les États-Unis seront pour Michelin son tombeau ou son Eldorado[1]. »

Jacques Champay revient sur l'expérience américaine : « Comment grandir si l'on ne va pas là où se trouvent les marchés ? Très tôt Michelin a fait le choix de cette stratégie. Au plan commercial bien sûr. Puis au niveau des implantations industrielles. À l'échelle de l'Europe dès la première moitié du siècle dernier, après quoi ce fut l'étape capitale de l'implantation en Amérique du Nord[2]. » Celle-ci

1. *Ibid.*
2. Entretien avec l'auteur.

avait été précédée d'un long travail de développement commercial. Il permettait à la fois au produit d'être connu et à l'entreprise d'acquérir la connaissance du marché. Le pas décisif était d'être reconnu et homologué par les grands constructeurs américains. C'était le point de passage obligé. « La décision de produire en Amérique du Nord, l'implantation d'un centre de recherche et développement ont été des signes forts de l'engagement irréversible de Michelin. C'est la même logique qui a présidé à l'implantation en Asie », souligne Jacques Champay. S'il n'y avait eu l'audace d'un François Michelin de s'implanter en Amérique du Nord, Michelin serait resté un acteur de second rang. « On ne peut réécrire l'histoire, mais on peut penser que Michelin aurait abandonné son leadership. Avec les conséquences funestes que l'on peut imaginer. »

En Amérique du Nord, un processus en trois étapes a finalement été mis en œuvre : découverte des marchés, implantation industrielle, acquisition d'un grand manufacturier américain, Uniroyal Goodrich. Michelin est ainsi devenu américain en Amérique. « Après coup, tout cela paraît aller de soi », dit-il. Au demeurant on ne peut s'empêcher de relever que les restructurations qu'a connues l'industrie du pneumatique dans le monde valident *a posteriori* la stratégie choisie. Avec l'acquisition de Goodrich, Michelin se lançait en même temps dans une nouvelle stratégie multimarques. Cette opération a représenté un effort considérable pour Michelin.

Aller en Amérique, acquérir quelques années après un des principaux manufacturiers américains ne sont sans doute pas des décisions faciles à prendre. Elles s'inscrivent forcément dans une vision, explique Jacques Champay. Elles exigent des efforts financiers et humains, parfois plus importants que ce que l'on a pu évaluer au départ. Le fait que Michelin soit déjà bien implanté en Amérique au moment du rachat d'Uniroyal Goodrich était un atout. Des équipes étaient sur place. De la sorte, des Américains reprenaient des Américains. Cela a certainement facilité les choses. « Cette implantation en Amérique restera un temps fort dans l'histoire de l'entreprise. Je n'ai pas oublié ces premiers cadres américains, devenus des collègues depuis, qui ont choisi de partager cette aventure et qui, au début des années soixante-dix, sont venus passer de très nombreux mois à Clermont pour découvrir l'entreprise et se former ; Clermont qui était loin d'être la ville plutôt attrayante qu'elle est devenue aujourd'hui. Ça ne manquait pas de panache », dit-il.

Conscient sans doute des conséquences potentiellement dangereuses de parier trop exclusivement sur le marché américain, Michelin a toutefois profondément diversifié ses investissements à l'étranger. En 1981, la manufacture rachète le fabricant français Kléber. Outre l'Europe de l'Est, le manufacturier s'est fortement implanté en Asie. Au Japon, Michelin avance timidement ses pions au début des années soixante-dix, en créant une société mixte avec la maison de commerce Mitsui. En 1988, il conclut un accord de distribution au pays du soleil levant avec la firme Okamoto, sous la forme d'une joint-venture, prélude à une étape ultérieure de production directe sur le sol japonais. Michelin prend pied la même année en Thaïlande, avec des unités de production à Laem Chabang puis Nong Khae. 1990 est l'année du rachat par Michelin de l'important groupe américain Uniroyal-Goodrich Tire Company, deuxième fabricant américain de pneus et cinquième mondial. Grâce à cette acquisition, Michelin put atteindre une taille critique sur le marché américain. Le fabricant de Clermont-Ferrand était désormais un véritable acteur économique aux États-Unis, face aux géants du pneu du continent américain. Michelin adopte alors la stratégie de la multiplication des marques.

« Dans un marché américain très segmenté, nous avons appris qu'une seule marque ne pouvait pas tout faire[1] », explique Jim Micali, qui a succédé à Carlos Ghosn à la tête du siège de l'usine Michelin de Greenville. La formule était : « Offrir à la fois le bon avec Uniroyal et les marques de distributeurs, le mieux avec BF Goodrich, le meilleur avec Michelin. » C'était là, la façon marketing de pénétrer les grands réseaux de distribution américains. Pour Michelin, l'internationalisation signifie que s'il vend trois cents pneus dans le monde chaque minute, la moitié seule-

1. Interview à la revue *Entreprises* du 24 avril 2002.

ment d'entre eux portent le nom de la marque. L'autre moitié porte les noms de marques de ses filiales, Goodrich, Liberator ou Medalist aux États-Unis, Siamtyre au Cambodge, Stomil-Olsztyn en Pologne où l'on trouve aussi des pneus Kormoran. En Chine, il y a le pneu Warrior, et au Japon le pneu Riken. Avant la Chine, qui devait devenir une nouvelle cible des investissements de la firme, Michelin misa aussi sur le Brésil où il s'implanta à partir de 1979 avec des usines de pneus poids lourds et de rechapage.

La période des années cinquante à quatre-vingt correspond, on le voit, à une croissance très rapide pour Michelin. Ce qui fait dire à Alain Jemain que François Michelin a été « à coup sûr le chef d'entreprise privée français qui, par la seule dynamique de sa croissance interne, a construit le plus d'usines (quarante-deux) et créé le plus d'emplois, en France et dans le monde (soixante-dix mille) » pendant la période 1959-1982[1]. René Zingraff résume cette période ainsi : « Michelin avait de nombreuses longueurs d'avance avec son pneu radial, dont il a su largement profiter. Moi, j'ai connu chez Michelin ce qu'on appelle "les Trente Glorieuses", c'est-à-dire les années cinquante à quatre-vingt, où l'on construisait une usine tous les six mois ou presque. On était toujours en retard. La question ne se posait guère, quand on entrait dans l'usine le matin, de l'objectif à atteindre. On savait qu'il fallait en faire plus, accélérer, aller plus vite. On manquait de produits, on se faisait agonir par les garagistes parce qu'il n'y avait pas assez de pneus, pas assez de chambres à air, pas de ceci, pas de cela. Le gros changement est que cette situation-là a totalement évolué. Aujourd'hui, les produits sont disponibles, les concurrents ont rattrapé une bonne partie de leur retard et la bagarre sur les marchés est extrêmement vive. C'est là un changement majeur[2]. »

1. *Michelin, un siècle de secrets, op. cit.*
2. Entretien avec l'auteur.

9. Les années fastes

Le pneu radial a, incontestablement, insufflé une dynamique très forte dans la maison Michelin, mais la décision de le fabriquer ne s'est pas prise toute seule. « J'ai vécu son développement industriel. Quand je suis arrivé chez Michelin en 1963, le pneu radial était en train de se développer. Il n'était pas encore vendu en Amérique du Nord, mais en Europe il se développait très fort. La personne qui a été déterminante dans le développement du pneu est Robert Puiseux », indique René Zingraff. Le brevet date de 1946, or la décision de lancer la production de masse du radial n'était pas facile à prendre. Robert Puiseux était confronté à un choix difficile. « Le pneu radial voulait dire deux fois plus de kilomètres parcourus et un investissement très important dans le matériel de production parce que le matériel classique pour le pneu croisé ne permettait pas de faire le pneu radial. » Robert Puiseux devait tenir compte d'avis fortement négatifs au sein de l'entreprise provenant des commerçants de la maison qui disaient : « Il ne faut surtout pas faire ce pneu, on va en vendre deux fois moins puisqu'il fait deux fois plus de kilomètres », et des financiers qui disaient : « Pourquoi dépenser des sommes énormes, investir autant pour un produit finalement que l'on va moins vendre ? » Il avait, contre le pneu radial, deux avis négatifs extrêmement forts.

Alors qu'a fait Robert Puiseux ? « On en revient au principe de la recherche des faits. L'histoire raconte qu'il a fait équiper sa voiture de pneus radiaux. Il est parti faire quelques dizaines de kilomètres. Quand il est revenu, il a dit : "Incontestablement, ce produit, en tant qu'usager, m'apporte quelque chose. Donc si c'est bon pour le client, il faut le faire !" » Ainsi décida-t-il, contre l'avis de ses financiers et de ses commerçants, de développer le pneu radial. Lorsque René Zingraff est arrivé dans la manufacture, elle en était à construire des usines partout, pour répondre à une demande mondiale très forte en pneus radiaux. Les concurrents essayaient de trouver des succédanés. Les Américains inventèrent ce qu'ils appelaient les *bias belted.* « C'était un faux pneu radial qui contournait le brevet mais qui n'a pas marché », dit-il. De ce fait, Michelin s'est trouvé dans la situation où il était pratiquement le seul à fabriquer des pneus radiaux. « Nous avons profité de cette demande puissante qui montrait qu'effectivement Robert Puiseux avait eu raison, le client appréciait le produit ! » Il a fallu en même temps fournir un gros effort de formation. « Des équipes, envoyées par le siège, tournaient dans le monde entier pour créer des usines les unes après les autres. C'était une période extrêmement faste. »

Mais si le pneu radial suscitait une dynamique extraordinaire, il y avait un revers à la médaille. Portée par l'enthousiasme, comme grisée par le succès du pneu « X », la maison Michelin se mit à sous-estimer les difficultés à venir. « La demande était tellement forte que l'on ne se préoccupait pas trop de la performance économique. Elle n'était pas négligée, mais elle n'était pas au premier rang de nos priorités. Ce qui comptait, c'était le produit. Plus on en produisait, mieux cela valait », dit René Zingraff. S'il était un peu plus cher, ce n'était pas grave, car Michelin savait que le marché le demandait et qu'il se vendrait. La prise de conscience de l'existence d'un problème de performance économique n'intervint qu'à la fin des années quatre-vingt. Elle entraîna un certain nombre de changements. Le premier, en 1989, se traduisit par une nouvelle organisation dans l'entreprise, avec une réorganisation par zones.

« D'une organisation par métiers – le commerce, la recherche, la fabrication, les services support –, nous étions passés à une organisation par zones, avec les zones Amérique du Nord, Amérique du Sud, Asie, Europe. » Un nouveau partage des responsabilités fut décidé en 1996 et fut l'œuvre conjointe d'Édouard Michelin et de René Zingraff. Il s'agissait d'une organisation en lignes produits, beaucoup plus orientée vers le marché, qui est toujours celle utilisée actuellement. Quant aux difficultés économiques qui commençaient à se manifester, René Zingraff se souvient : « J'ai vécu le moment de cette remise en question économique ; ce fut un moment douloureux pour l'entreprise, parce qu'il n'est pas aisé de passer d'un mode où tout est assez facile et où l'objectif unique se résumait à "toujours plus", à un mode où il fallait être beaucoup plus vigilant et prendre en compte d'autres caractéristiques. » Il a donc fallu remettre en cause les perspectives de développement, les méthodes de travail.

L'implantation industrielle en Amérique du Nord puis en Asie a pesé lourd dans le développement de Michelin. Tout comme le rachat en 1990 d'Uniroyal Goodrich. « Il a été déterminant pour le renforcement de la présence de Michelin en Amérique du Nord », se souvient René Zingraff. Uniroyal est une marque compliquée, car elle appartient à Michelin en Amérique du Nord et la plupart des autres pays, mais elle fait partie du fabricant allemand Continental en Europe de l'Ouest. Le pneu Uniroyal vendu en Europe de l'Ouest est fabriqué par Continental. « C'est un peu comme Dunlop, une marque qui appartient à plusieurs personnes. Selon les pays où vous vous trouvez, ce n'est pas le même propriétaire. » S'agissant de Michelin, son siège reste à Clermont-Ferrand, mais son internationalisation rapide se traduit, sur le plan économique, par un déplacement graduel de son centre de gravité vers l'étranger. C'est ainsi que, en 1982, la manufacture réalise les deux tiers de son chiffre d'affaires hors de France.

10. L'Asie, nouvelle terre de conquête

Après les États-Unis et l'Europe de l'Est, c'est maintenant au tour de l'Asie de devenir une terre de conquête pour Michelin. Dans le sillage du Japon, mais après avoir réfléchi et hésité, Michelin a finalement décidé de s'implanter massivement en Chine. L'expérience a débuté en 1978, bien que Michelin ait attendu 1995 pour commencer à y produire des pneus, à Shenyang, dans le nord-est du pays. Shenyang est une ville de 7 millions d'habitants aujourd'hui sinistrée par la fermeture de nombreuses entreprises d'État. La direction de Michelin prit la décision d'y créer une société mixte, la Shenyang Tyre Co., avec l'une de ces entreprises d'État, la Shenyang Tyre General Factory, et d'y bâtir une première usine. Michelin détient 90 % de la nouvelle société. Le premier pneu en sortit le 4 décembre 1996, trois mois après une visite de François Michelin sur le site. Aujourd'hui, Michelin emploie plus de deux mille salariés à Shenyang, dans des usines construites sur 290 000 mètres carrés de terrain. Dix ans plus tard, la manufacture se félicite d'avoir misé sur la Chine, vaste pays le plus peuplé de la planète où le marché automobile explose. Michelin dit contrôler environ 25 % du marché du pneumatique local dans l'empire du Milieu où le réseau routier et autoroutier est, lui aussi, en très forte croissance.

Plus récemment, de longues négociations permirent à Michelin de conclure un accord de partenariat avec le numéro un chinois du pneumatique, la Shanghai Tyre and Rubber Corp (STRC) pour la création d'une société mixte dont, fait exceptionnel en Chine, la firme de Clermont a été autorisée à prendre la majorité du capital. Michelin en avait fait une condition. « Ils ont compris qu'ils devaient obtenir le top de la technologie et que nous ne pouvions l'apporter ici sans avoir le contrôle total des opérations, commentait alors Édouard Michelin. Je crois aussi que nous avions fait nos preuves à Shenyang[1]. » La manufacture a pour cela investi 937,4 millions de yuans (113 millions de dollars). Michelin, qui détient 70 % de la co-entreprise Shanghai Michelin Warrior Tyre, table sur une production annuelle de 4 millions de pneus Warrior à Shanghai, où la modernisation des machines en cours permettra bientôt de produire des pneus pour l'exportation vers les États-Unis sous les marques Uniroyal et BF Goodrich puis, plus tard, des pneus de marque Michelin. La firme de Clermont-Ferrand s'attend à un triplement du marché chinois du pneumatique tourisme et camionnette qui devrait atteindre 75 millions d'unités par an d'ici 2016, Michelin détenant actuellement plus de 20 % du marché de remplacement chinois[2].

Plusieurs faits récents montrent que l'entreprise auvergnate parie toujours sur la Chine et a bien l'intention d'y jouer gros. Le 30 janvier 2007, l'agence de presse officielle chinoise Xinhua (Chine Nouvelle) a révélé l'existence d'un énorme projet de Michelin : la construction, à Shenyang, de la plus grande unité de production du groupe dans le monde, pour un investissement de 300 millions de dollars, avec l'agrandissement de son usine existante, dans le but de porter à terme la production de pneus automobiles et camions à 12 millions d'unités par an. Michelin n'a pas voulu commenter cette information, mais un responsable de la province du Liaoning (Nord-Est) a expliqué qu'un protocole d'accord avait été signé entre la province et Michelin en vue de l'extension de son centre de Shenyang. Après cette opération, l'usine, dans laquelle Michelin a déjà investi la bagatelle de 150 millions de dollars, devien-

1. *L'Expansion,* juin 2005.
2. *Bibendum Magazine,* n° 669, octobre-novembre 2006.

drait la première du groupe au monde par sa taille, toujours selon l'agence chinoise.

Ce projet atteste du fait que la manufacture n'a pas l'intention d'abandonner ses parts de marché à la concurrence. Michelin mise assurément beaucoup sur la Chine. Comme pour l'expérience américaine en son temps, la Chine pourrait se révéler être pour l'entreprise un eldorado ou, au contraire, une tombe. Or, plusieurs fois déjà, la firme du Bibendum a failli faire naufrage. Une première fois après la Première Guerre mondiale, puis une seconde fois à la suite du krach boursier à Wall Street et la profonde crise qui s'ensuivit en 1929, puis plus tard encore, lorsque la manufacture s'est retrouvée à court de trésorerie du fait des coûts élevés de ses investissements. Mais Michelin peut aujourd'hui présenter un processus d'internationalisation largement réussi. En 2007, Michelin est en mesure d'annoncer une présence commerciale dans plus de 170 pays avec une part de 19,4 % du marché mondial, une implantation industrielle sur 69 sites de production dans 19 pays où sont produits annuellement un total de 190 millions de pneus et, enfin, la commercialisation de 20 millions de guides et de cartes. La firme du Bibendum emploie 127 000 employés sur tous les continents dont 28 000 en France, ainsi que 4 000 chercheurs en Europe, aux États-Unis et en Asie. En 2006, Michelin fêtait ses vingt-cinq ans d'activité au Brésil dans ses deux usines, poids lourds à Campo Grande et tourisme à Itatiaia, et ses trente-cinq ans d'activité au Canada, en Nouvelle-Écosse, d'où sont sortis 200 millions de pneus. Michelin est numéro un mondial pour les pneus de tourisme et pour camionnettes, numéro un aussi pour le pneu poids lourd, numéro un encore pour le pneu génie civil et le pneu avion, numéro un européen pour le pneu agricole. Le marché du pneu de remplacement représente environ 70 % de ses ventes en volume. Michelin réalise 49 % de ses ventes en Europe, 35 % en Amérique du Nord et 16 % dans les autres pays du monde. Son chiffre d'affaires enregistré hors de France est de 85 %.

15. Le Bibendum au carnaval de Nice en 1908.
Il tient une coupe remplie de clous, symbole de la résistance des pneus Michelin.

16. Le Bibendum au carnaval de Nice en 1911.

17. Le Bibendum devant une agence de vente au Mexique dans les années 1920.

18. L'un des premiers fiacres de Berlin équipés de pneus Michelin au début du XXe siècle.

19. L'ancêtre de la Micheline, autorail à pneus, dans les années 1930.

20. Michelin au Salon de l'automobile en 1912. Cette publicité entend démontrer que le montag d'un pneu Michelin est un jeu d'enfant.

21. « Parisiens, un scandale ! » Publicité restée célèbre pour inciter les transports en commun à adopter le pneu Michelin.

22. Transport du vin sur pneus Michelin. Autre publicité visant le même objectif.

23. Une plaque Michelin à l'entrée d'une localité. Il y en a eu des milliers dans toute la France à partir des années 1910.

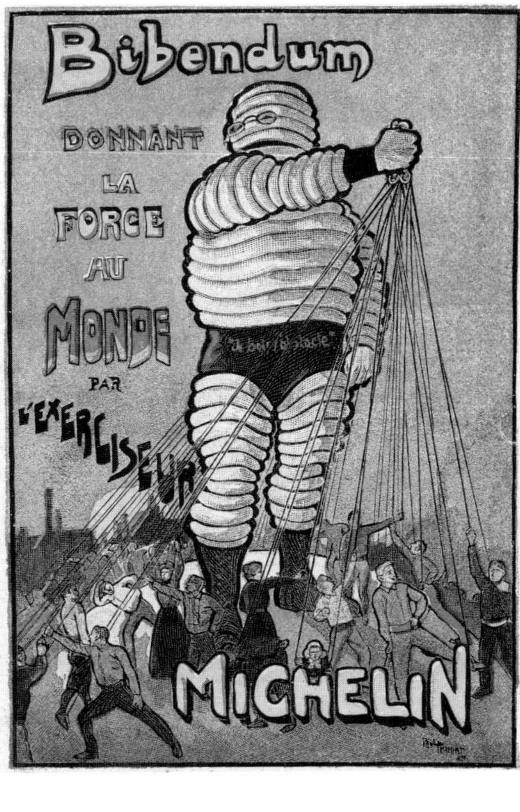

24. Une publicité célèbre du début du XXe siècle.

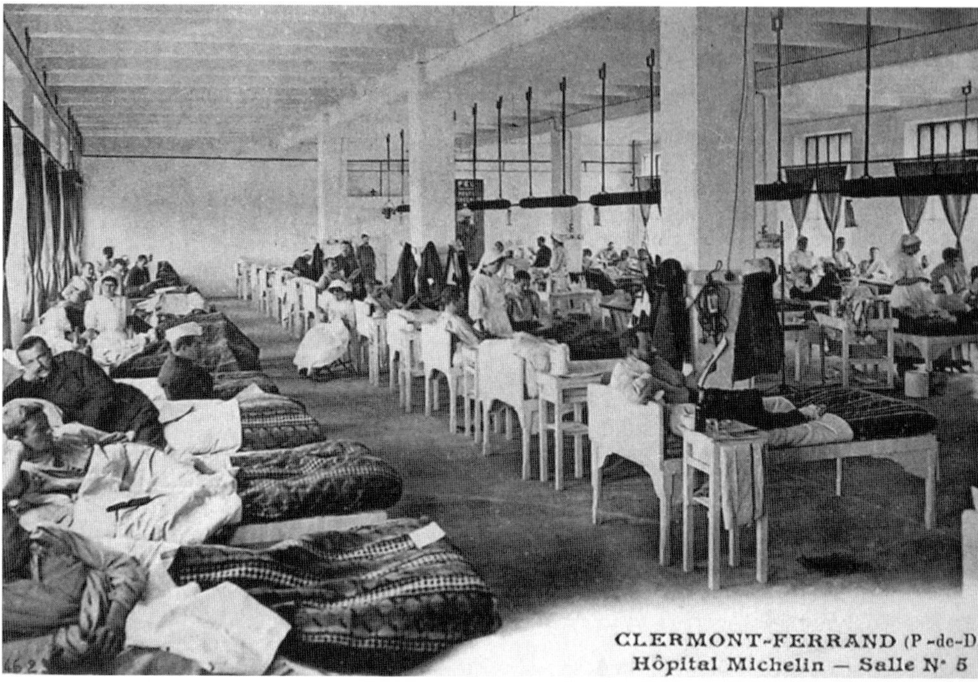

25. Une salle de l'hôpital Michelin (il s'agissait plutôt d'une clinique) qui, avec les écoles, les magasins et les cités Michelin faisait partie des œuvres sociales de la manufacture.

26. La pharmacie de la clinique Michelin.

27. Le président Jacques Chirac (C) s'entretient avec le patron de Michelin, Édouard Michelin (G), et son père, François Michelin, le 29 septembre 2000 à Paris, lors de l'inauguration du Mondial de l'automobile.

28. François Michelin parle à son fils Édouard,
lors d'une assemblée générale des actionnaires en 2002 à Clermont-Ferrand.

29. Les drapeaux sont en berne le 27 mai 2006, au siège social de Michelin, place des Carmes à Clermont-Ferrand, au lendemain du décès d'Édouard Michelin.

11. Le retour à la compétition

Michelin qui avait mis fin à sa participation aux courses automobiles en 1912 décide en 1965 de revenir sur les circuits. Mais ce retour s'effectue par la petite porte : il ne s'agissait alors que de tester le pneu radial dans des conditions extrêmes, sur des voitures de course. Les ingénieurs de la firme souhaitaient améliorer ce pneu qui, incontestablement supérieur aux pneus conventionnels, présentait toutefois une fâcheuse tendance à chasser dans les virages. C'est ainsi que, dans un premier temps, la manufacture équipe des Alpine Renault qui prennent part aux 24 Heures du Mans. Pierre Dupasquier a été pendant presque trente ans directeur de la compétition chez Michelin, jusqu'à son départ à la retraite en novembre 2005. Il n'a rien oublié de cette épopée. Il raconte comment Michelin est revenu aux courses, après plus de cinquante ans d'absence sur les circuits.

« À l'époque, un pneu normal faisait 10-12 000 kilomètres, un pneu "X" faisait 100 000 kilomètres ! C'était hallucinant ! Mais il était réputé pour décrocher dans les virages. Cet aspect, désagréable voire dangereux, était inacceptable. Les créateurs du moment ne s'intéressaient pas trop à cela. Mais c'est ce désir de comprendre ce qui se passait en situation extrême qui m'a animé[1] », dit-il. Le jeune ingénieur s'oriente alors vers la mise au point et l'expérimentation de pneus pour la course, avec la bénédiction mesurée de son patron de l'époque, Guy Bertrand. « Il m'avait averti que la dernière fois

1. Entretien avec l'auteur.

que quelqu'un avait voulu mettre au point un pneu de course, celui-ci avait éclaté et il avait été mis à la porte. Bon courage ! Mais il ne m'avait pas dit non. Je ne voulais pas faire des courses. Je voulais, grâce à des voitures de compétition rapides, réglables, conduites par des gens qui savaient mettre une voiture en travers et la récupérer, comprendre ce qui se passait avec ce sacré pneu "X". »

À la suite de cette décision, Michelin se retrouve aux 24 Heures du Mans en 1965, non pas pour se lancer dans la compétition, car c'était encore une idée malvenue dans l'entreprise, mais pour aider Alpine Renault à courir, avec des pneumatiques spéciaux que les ingénieurs avaient fabriqués à des dimensions spéciales. « Voilà comment nous nous sommes approchés non pas directement de la compétition, mais de la recherche de performances qui sont mises en évidence par la compétition. » Pierre Dupasquier estimait que les essais réalisés à Clermont-Ferrand étaient indispensables mais que, *in fine*, c'était la participation à la compétition qui permettait d'améliorer les performances du pneu.

« Nous sommes venus en 1965 sur les circuits pour montrer que le radial était performant. Cela nous a permis de mieux comprendre ce qui se passait avec les pneus "X", de les faire rouler sur des voitures de course. C'était pour aller plus loin dans l'essai et la compréhension du comportement d'un pneu "X", de manière à y apporter les modifications nécessaires pour que ce comportement soit satisfaisant, plus intéressant, plus compétitif que ce que pouvaient faire les pneus conventionnels de l'époque », dit-il. Mais il fallut attendre 1973 pour que la direction de Michelin accepte, finalement, l'idée d'un véritable retour public à la course automobile.

Pierre Dupasquier avait à cette époque pour responsabilité de s'occuper des relations avec les constructeurs automobiles. Il ignorait qu'il s'apprêtait à diriger pendant plus de trente ans les activités compétition de Michelin. « Un jour de 1972, le chef du personnel m'a téléphoné pour me dire : "Vos histoires de rallyes, cela ne marchera pas si vous ne revenez pas à Clermont." Je lui ai répondu que ce que je faisais me passionnait. Mais ils avaient dans l'idée de transférer mon poste à Clermont-Ferrand. Je suis donc rentré à

Clermont et c'est là où, officiellement, j'ai eu un bureau d'où je me suis occupé exclusivement de ces activités compétition. Cela tout en sachant que l'on est entré officiellement dans la course en 1975, d'une manière à la fois connue et acceptée par François Michelin. C'était lorsque Bernard Hanon, P-DG chez Renault, nous a demandé qu'on le suive dans son retour au championnat du monde des sports prototypes, un championnat où il y avait huit ou dix courses dans l'année. »

Ensuite, en 1977, Renault s'est lancé dans la formule 1. « Bernard Hanon nous a demandé : “Venez avec nous, j'ai décidé d'entrer en formule 1, j'ai un moteur turbo et non pas un 12 cylindres comme Ferrari, cela va être amusant, venez avec nous !” Questionné par le patron du commercial chez nous à l'époque, François Michelin avait répondu que ce n'était pas une mauvaise idée. Il n'y avait pas de service compétition dans l'annuaire, mais c'est comme cela qu'officiellement Michelin s'affichait publiquement comme partenaire de Renault pour, en 1975, prendre part aux championnats du monde de sports prototypes et, à partir de 1977, se lancer en formule 1. » Pierre Dupasquier poursuit : « Ça s'est très mal passé au début, parce que Renault ne connaissait rien du tout à la formule 1. Donc ce n'était pas terrible et c'est à ce moment qu'Enzo Ferrari, avec qui j'avais établi une relation dans un esprit d'équipement de pneus tourisme, m'a fait appeler au Grand Prix d'Italie en 1977 à Monza, et m'a fait dire de venir le voir à Maranello[1] le lundi matin suivant. Ce que j'ai fait, et là il me dit : “*Ingeniere,* je comprends que vous êtes maintenant en formule 1, qu'est-ce qu'il faut que je fasse pour avoir des pneus Michelin ?” » Comme il était impossible de répondre directement aux attentes de Ferrari, Pierre Dupasquier passa par le biais du service achats de Fiat. « Je voyais mal François Michelin dire “oui” à Ferrari. Nous en étions encore là ! C'est comme cela que nous avons équipé Ferrari à partir de 1978 et que

1. Maranello est une commune de la province italienne de Modène, siège de l'écurie Ferrari.

l'on a gagné la première course en formule 1 au Grand Prix du Brésil en 1978 ! »

Le 29 janvier 1978, la victoire de Carlos Reutemann sur Ferrari au Grand Prix du Brésil de formule 1 à Rio donne à Michelin sa première victoire de taille en compétition F1. « Ce jour-là, c'était démontré, on pouvait fermer les livres et rentrer à la maison : la preuve était faite qu'un pneumatique "X" fabriqué par Michelin était capable de gagner un Grand Prix de formule 1 ! » souligne Pierre Dupasquier. Dès lors, dans le sport automobile et la moto, Michelin accumule les victoires : 102 victoires et 111 pôle positions en 215 grands prix de F1 disputés[1], dont 9 titres de champion du monde des pilotes et de champion du monde des constructeurs, 9 années de victoires consécutives aux 24 Heures du Mans, 18 titres de champion du monde des pilotes en rallye depuis 1982, 174 victoires en WRC. Depuis 1986, Michelin a systématiquement remporté toutes les courses Paris-Dakar dans toutes les catégories (auto, moto et camion). Les grands noms de la F1 ont presque tous gagné avec Michelin : Alain Prost, Gilles Villeneuve, Jody Scheckter, Alan Jones, John Watson, René Arnoux, Nelson Piquet, Niki Lauda, Kimi Räikkönen, à l'exception cependant des champions du monde Ayrton Senna, Mika Häkkinen et Michael Schumacher. En Grand Prix moto, la catégorie reine en deux-roues, le constructeur a remporté 14 titres consécutifs de champion du monde. Au total, Michelin a raflé plus de 180 titres mondiaux et 1 300 courses de championnat du monde !

Qu'en dit Pierre Dupasquier ? « Je ne suis pas un homme de statistiques. Nous avions gagné le championnat du monde F1 en 1979 et nous sommes restés champions jusqu'en 1984. Jusqu'en 1983-1984, nous avons gagné pratiquement toutes les courses, sauf une ou deux dans l'année, parce que notre concurrent de l'époque, Goodyear, n'a jamais réussi à revenir au niveau. Il n'y avait pas encore la concurrence du fabricant japonais Bridgestone. Nous gagnions avec McLaren, avec Brabham, avec tout le monde. » Et

1. Résultats officiels du site http : //www.michelinsport.com.

Ferrari ? « En 1982, Ferrari a souhaité modifier la façon dont on travaillait ensemble, ce qui ne nous a pas intéressés. On s'est quittés, ils sont partis chez Goodyear. Ils n'ont plus gagné de championnat du monde, alors que nous avions gagné ensemble en 1979. Ils ont dû attendre Schumacher vingt-cinq ans pour gagner un championnat du monde. Ça a été vraiment la période noire pour Ferrari. » À cette époque, il y avait principalement trois fabricants de pneus sur les circuits, Michelin, Goodyear et Pirelli, ce dernier ne participant pas à toutes les courses. Des trois fabricants, c'est Michelin qui se distingue tous les ans, que ce soit en formule 1, en rallye, en championnat du monde. En moto, la firme du Bibendum rafle tous les championnats du monde, dans toutes les cylindrées, dans toutes les catégories. Qui dit mieux ? La première course à moto est gagnée en 125 cm^3 en 1974-1975, avec Anderson au guidon, avec la bénédiction de François Michelin. Mais les débuts en moto ne furent pas roses. Dans les années 1969-1970, Michelin était fournisseur de Moto Guzzi qui avait voulu battre des records avec une moto de série en Mondial. Mais le circuit de Monza, sa parabolique et ses dalles de béton avec de l'herbe qui poussait au milieu étaient éprouvants pour les pneus et les machines.

« Ça cassait tout sur une moto qui roulait à plus de 200 à l'heure ! Mais Moto Guzzi a monté des pneus Michelin et ils sont partis. Évidemment, cela s'est mal passé. Parce qu'il a fallu surgonfler les pneus et ce n'était pas des pneus pour rouler en permanence à 200 à l'heure, surchargés bien sûr à cause de la parabolique. C'est comme cela que nous avions commencé, là encore, à rendre service à un client qui avait besoin d'un produit qui n'était pas dans notre gamme. Donc nous l'avons développé, grâce à quoi plein de choses se sont passées. On a modifié la gomme pour la rendre plus compétitive en gardant nos pneus de série pour ne pas faire d'études trop coûteuses, trop lourdes, et c'était parti comme cela. En moto, nous avons tout gagné depuis ces années-là. Il y a bien eu quelques années noires où Dunlop a dû gagner deux ou trois grands prix en championnat du monde avec Kenny Roberts, mais ce n'était finalement presque rien. » Depuis, l'époque a changé et la concurrence s'est aiguisée. « À l'époque, le concurrent était Dunlop, maintenant, c'est tout le monde, Bridgestone surtout, qui ne laisse rien passer. Ils sont partout. Partout où l'on est, ils sont là tout de suite ! C'est une guerre », dit Pierre Dupasquier.

Michelin, qui hésitait à revenir à la compétition, n'eut finalement qu'à se féliciter de ce choix, car les courses lui ont beaucoup apporté dans le domaine de l'innovation. « Si on veut rester technique, raisonnable et sérieux dans la démonstration, il est clair que la compétition nous a énormément apporté », dit encore Pierre Dupasquier. Il est vraiment incontestable que lorsque des ingénieurs doivent mettre au point le meilleur pneu au monde, un tel objectif exige d'eux des efforts de recherche, de regrouper des compétences et de placer tout cela au cœur de l'entreprise. « Je le dis avec beaucoup de force : non seulement la compétition apporte la preuve de la capacité, mais celle-ci, il a fallu la construire, parce que même dans une entreprise comme Michelin, une entreprise technique et solide, on ne sait pas tout sur le pneumatique. Or plus on se pose de vraies questions, plus on se donne des occasions d'aller chercher les vraies réponses », explique Pierre Dupasquier. Par exemple, « si l'on veut gagner le Rallye de Suède, il faut vraiment bien connaître la neige. Parce que placer un peu de capacité neige dans un pneu, n'importe quel cul-bénit peut le faire, ou presque. En revanche, être les meilleurs du monde dans la neige en Suède, ça va vous apprendre qu'entre – 30, – 18, – 2, + 2 degrés de température de neige, ça n'est pas du tout le même type de mélange de gomme qu'il faudra utiliser. » Donc participer au Rallye de Suède permet d'étendre le savoir, les compétences et la connaissance. En n'y participant pas, on se prive d'une capacité d'innovation.

Michelin ne s'est pas privé de faire savoir au grand public les victoires à répétition remportées sur les circuits. De cette façon, la manufacture « a montré qu'elle est capable de gagner en devenant champion du monde. À la fin du compte, pour le public, c'est cela qui compte. Mais, pour arriver à ce résultat, cela suppose toute une chaîne de compétences, de dynamisme que les gens perçoivent très bien. Nos concurrents l'ont très bien perçu aussi, puisqu'ils se sont appliqués à faire comme nous. Notre concurrent japonais, Bridgestone, fait rigoureusement ce que l'on fait. Y compris d'essayer de nous empêcher d'être seuls en moto ».

Lorsque Michelin s'est à nouveau lancé sur les circuits, ce n'était pas gagné d'avance, soutient Pierre Dupasquier. « Les participations aux courses, c'est le laboratoire pour ce type de produits, sur ce type de machines. La participation aux courses vous donne la vraie grandeur du résultat et vous compare aussi à votre concurrent. On aurait pu essayer et puis avoir tout faux. Sincèrement, on ne savait pas au départ si on réussirait. Peut-être que quelqu'un savait, mais moi pas ! » Quelles ont été les plus belles victoires sur les circuits ? « Celles où nous avons fait la preuve que la direction que nous avions prise était la bonne. Évidemment, la plus importante a été 1978, la victoire de Carlos Reutemann au championnat du Brésil à Rio. Puis, en 1979, la consécration avec un championnat du monde, puis également les victoires en rallye, un terrain sur lequel nos concurrents sont tous venus, y compris Yokohama, le Pirelli asiatique. »

Les grandes joies de Pierre Dupasquier coïncident évidemment avec les victoires sur les circuits : « Je n'avais pas d'autre ambition que de répondre à des questions. En gagnant des compétitions, nous ne gagnions pas seulement des victoires sur le plan des courses, mais aussi des victoires techniques. Il arrivait que nous ayons le meilleur pneu, tout se passait bien, et puis le moteur casse et on ne gagnait pas la course. D'autres fois, au contraire, on pouvait gagner une course mais nous savions que nous n'étions pas très bons. Nous n'étions alors pas satisfaits du tout. »

François Michelin n'est venu qu'une seule fois sur un circuit, et encore pour des séances d'essais à Paul-Ricard. Édouard était plus intéressé. Mais, ajoute Pierre Dupasquier, « tous les deux adoraient l'automobile, si bien que, de mon point de vue, c'est certainement un des éléments qui ont compté dans le succès de l'entreprise ». L'ancien directeur des courses se souvient d'Édouard qui « adorait l'automobile, adorait la vitesse et conduisait très bien ». Pour autant, il n'était pas casse-cou, mais, au contraire, un personnage réfléchi, conscient de ses responsabilités.

C'est d'ailleurs lui qui, peu avant sa mort, avait décidé, après mûre réflexion, le retrait de Michelin des courses de formule 1. La Fédération internationale de l'automobile (FIA) ayant décidé de changer son règlement en F1 en imposant, à partir de 2008, un fabricant de pneus unique pour tous les participants sélectionnés sur appel d'offres, Édouard a estimé que sans concurrence sur les circuits la participation au championnat ne présentait plus d'intérêt. D'autant plus que Michelin investit peu en publicité sur les Grands Prix, à la différence de son concurrent Bridgestone qui sera finalement sélectionné par la FIA comme manufacturier unique pour 2008.

Il n'empêche, l'absence de Michelin sur les circuits de F1 est un coup dur, comme l'a été la sélection de Pirelli comme fournisseur unique de pneus en Championnat du monde des rallyes (WRC) au détriment de BF Goodrich, filiale de Michelin. Revers qui, fait sans précédent, a conduit le manufacturier de Clermont-Ferrand et son nouveau directeur de la compétition, Frédéric Henry-Biabaud, à assigner la FIA en justice afin d'obtenir l'annulation de la procédure pour « irrégularités ». Le tribunal de grande instance de Paris a cependant débouté Michelin, qui a fait appel.

Ce revers cuisant est un échec sévère pour Bibendum qui a ainsi perdu toute visibilité dans les deux principales disciplines des sports mécaniques. La question est posée de savoir si ce revers résulte des tensions persistantes ces dernières années entre Michelin et la FIA, tensions qui avaient tourné en affrontement ouvert lors du fiasco du Grand Prix des États-Unis en formule 1 en 2005, lorsque toutes les monoplaces chaussées de pneus Michelin avaient, au dernier moment, renoncé à prendre le départ, Michelin invoquant des conditions de sécurité insuffisantes. Ce retrait avait laissé six voitures équipées de pneus Bridgestone disputer seules une parodie de Grand Prix, sous les sifflets et les quolibets d'un public horriblement déçu. Pour certains observateurs, Michelin paie aujourd'hui cet épisode qui a laissé un souvenir amer à la FIA.

Pierre Dupasquier affirme pourtant qu'il a toujours fait preuve de la meilleure volonté possible dans sa collaboration avec les partenaires organisateurs des compétitions. Mais il reconnaît que, désormais, la tâche sera rude pour le Bibendum. « Cela va être très différent, dans la mesure où nous ne sommes plus en formule 1, nous ne sommes plus en rallye en 2008, il ne nous reste que la moto Grand Prix et Le Mans », dit-il. Puis il ajoute aussitôt, comme pour modérer ses propos : « Mais Le Mans, cela n'est pas rien, c'est très important. Le Mans et les épreuves autour du Mans sont, de mon point de vue, les plus belles épreuves qui existent car elles font intervenir le facteur de l'endurance. » Sur le circuit de la Sarthe, vingt-quatre heures, c'est long, « il faut passer la nuit, c'est magique la nuit. Il se passe des choses extraordinaires du point de vue humain, ces épreuves-là sont merveilleuses. Du point de vue technique aussi ».

TROISIÈME PARTIE

LE CLAN MICHELIN ET L'AVENIR DE LA « MAISON »

En 1959, la manufacture reçoit la visite du président de la République, Charles de Gaulle, qui s'est rendu en Auvergne[1]. Sa venue est en elle-même une forme de consécration pour l'image de Michelin, devenu à l'époque l'un des leaders des entreprises françaises. Le *Bulletin intérieur*, dans son numéro du 12 juin, raconte cette visite, menée au pas de charge, puisque le chef de l'État ne reste en réalité qu'une heure sur place. « Samedi dernier, à 16 heures, sept DS noires pénétraient dans l'usine de Cataroux par la porte de Saint-Vincent : le général de Gaulle, président de la République et sa suite, composée de ministres et de personnalités officielles, moins de vingt personnes en tout, vont passer une heure chez Michelin. » Le Général a droit à un exposé sur les performances de Michelin présenté par le gérant, Robert Puiseux, avant de prendre la parole et de saluer « cette énorme, cette gigantesque, cette magnifique entreprise » qui « est évidemment capitale pour le progrès technique et même pour la renommée de la France ». François Michelin n'apparaît nulle part sur les photos de cette journée. Il est vrai que le chef du clan Michelin ne tenait pas particulièrement aux honneurs officiels. Mais il avait ses entrées dans les allées du pouvoir lorsque des décisions importantes devaient être prises.

1. Il avait déjà visité la manufacture en 1944, pour saluer l'attitude de ses dirigeants pendant la guerre.

1. Michelin et Clermont-Ferrand, une histoire d'amour

« Le jour où la Maison quitterait ses murs, elle perdrait son âme », avait coutume de dire François Michelin. Plus d'un siècle après la création de l'entreprise, le lien entre la manufacture et la ville est toujours aussi fort. Ainsi, lorsqu'il y a quelques années, la ville de Clermont-Ferrand décida de se doter d'un tramway, elle annonça *urbi et orbi* qu'il serait le premier dans le monde à rouler sur pneus ! Il n'était guère possible, pour l'équipe municipale, d'ignorer la présence de Michelin. Et c'est ainsi que circule, depuis la fin 2006, « un tramway sur pneus dans la ville du pneu », comme le souligne le maire socialiste, Serge Godard. Mais était-il seulement imaginable qu'un tramway circulât sur des roues métalliques dans Michelin-ville, capitale européenne du pneumatique ? L'entreprise Michelin est indissociable de la ville de Clermont-Ferrand dont elle a assuré l'essentiel de son développement économique et social depuis plus d'un siècle. Leurs sorts restent intimement mêlés.

Songeons que la manufacture emploie environ 20 % de la population active de Clermont-Ferrand et de sa région. Le poids relatif de Michelin dans l'économie locale a certes tendance à stagner depuis la fin du XXe siècle, du fait des nombreuses suppressions de postes. Michelin emploie actuellement quelque treize mille sept cents salariés dans ses usines de la capitale auvergnate, contre trente mille il y a moins de vingt-cinq ans. Les réductions des coûts salariaux ne sont sans doute pas terminées. Mais il est intéressant de noter que, en dépit de ces réductions d'effectifs, la taxe professionnelle versée par Michelin à la ville a augmenté, du fait d'investissements importants qui compensent les suppressions d'emplois. Cela veut dire qu'en dépit des pertes d'emplois, la richesse apportée par la manufacture à la ville de Clermont-Ferrand augmente. Pour Philippe Rousseau, les retombées de la présence de Michelin dans le Puy-de-Dôme, principalement à Clermont, « pèsent » 900 millions d'euros, « l'équivalent de deux viaducs de Millau »[1].

Les dirigeants de Michelin auraient très bien pu considérer que l'avenir de la firme et son rayonnement international passaient par un déménagement du siège à Paris. Pourquoi, en effet, rester dans une ville moyenne de deux cent quarante mille habitants, si l'on compte l'agglomération urbaine, enclavée au centre de la France dans une région plutôt pauvre, loin des clients constructeurs automobiles de même que des grandes écoles d'ingénieurs et des centres du pouvoir politique ? Mais quitter Clermont, il n'en a jamais été sérieusement question, car Michelin trouve dans cette fidélité à Clermont « les sources de son originalité, de sa force et de son bon sens, estime Alain Jemain. Son expansion s'explique dans une large mesure par cette obstination farouche de puiser complètement, abondamment, dans ses propres racines terriennes et paysannes[2]. » Si bien que Michelin est devenu l'unique entreprise de cette taille en France dont le siège reste implanté en province, tout en étant l'une des entreprises françaises les plus internationalisées. Un mariage réussi, donc. Si bien aussi que les responsables de Michelin ont, les uns après les autres, toujours promis que le siège social de la manufacture demeurerait à Clermont.

À un journaliste du quotidien *La Montagne* qui l'interrogeait sur les raisons de maintenir le siège à Clermont, François Michelin répondit : « C'est une force énorme. À Clermont-Ferrand, nous sommes près de la matière, de l'usine et des hommes, et ça sent le caoutchouc ! La conception française qui veut que tout soit concentré à Paris est stupide, comme il est stupide de penser que

1. *La Montagne,* 5 février 2005.
2. *Michelin, un siècle de secrets, op. cit.*

les idées viennent d'en haut. Elles viennent du terrain, de la réalité. Mon grand-père m'a toujours dit : "Tu sais, il y a beaucoup plus d'idées dans le crâne des gens qui tripotent la matière tous les jours. Ils savent des choses que nous ne savons pas du fait que nous sommes trop souvent dans nos bureaux." Voilà pourquoi le siège de Michelin est, et restera, à Clermont-Ferrand[1]. »

Lorsqu'il a pris les rênes de l'entreprise en 1999, Édouard Michelin s'est empressé de proclamer la même chose : Michelin restera à Clermont. Jean Massoubre, ex-conseiller de François Michelin, confirme ces dires. « Le grand-père Édouard avait toujours considéré comme essentiel de maintenir le siège de la société à Clermont. La suggestion lui avait souvent été faite de trouver des facilités et des avantages à transférer le siège à Paris. Il n'en a jamais été question, il estimait que la société n'avait que des avantages à maintenir sa direction et son inspiration à Clermont[2]. » Quant à son petit-fils François, « il n'avait pas transigé non plus. Il était persuadé de l'intérêt supérieur de Michelin de rester à Clermont ». Si bien qu'aujourd'hui Michelin est devenu la seule entreprise du CAC 40 dont le siège social reste installé en région.

Trois maires socialistes se sont succédé à la tête de Clermont-Ferrand depuis la fin de la guerre : Gabriel Montpied (1944-1973), Roger Quilliot (1973-1998) et, depuis 1998, Serge Godard. On aurait pu penser que la cohabitation entre une mairie socialiste et une entreprise aussi conservatrice que Michelin s'avérerait orageuse. Or, il n'en a rien été, le journaliste Pierre-Gabriel Gonzalez, un expert de Michelin, y voyant un « contrat de non-agression », sorte d'accord tacite non écrit entre les dirigeants de la manufacture et les maires de la ville, les uns et les autres y trouvant des « besoins mutuels de stabilité » et, de ce fait, tissant des liens informels qui ont évité que naissent des crises. Michelin avait d'ailleurs tout intérêt à ce que les socialistes soient aux commandes de la ville, une situation créant pour eux une nécessité de

1. Entretien avec Jean-Pierre Rouger, *La Montagne,* du 16 mai 2002.
2. Entretien avec l'auteur.

paix sociale. Mais, dans l'opposition, « ils n'auraient eu de cesse de dénoncer la "collusion entre Michelin et la droite" et nous aurions assisté à une guérilla permanente[1] », estime-t-il.

Outre son impact décisif sur l'économie locale, Michelin a laissé en héritage à Clermont-Ferrand quelques beaux bijoux, dont l'Association sportive montferrandaise (ASM), l'ex-Association sportive Michelin qui a dû changer de nom en 1922 à la demande expresse des autorités sportives nationales officielles. Fondée, on l'a vu, en 1911 par Marcel Michelin, mort en déportation en Allemagne, l'ASM est aujourd'hui un fleuron du sport amateur et professionnel en France, un modèle pour l'Hexagone s'agissant des installations sportives dont elle dispose et le nombre de ses adhérents. Son club omnisports est largement ouvert à la population clermontoise. Son vaisseau amiral est son équipe de rugby qui joue en première division et qui se trouvait en 2007 au deuxième rang derrière celle de Paris. L'ASM, constituée en association loi de 1901, dispose d'un budget annuel de 4,5 millions d'euros pour faire vivre quatorze sections sportives qui vont de la course à pied au football où sont inscrits trois mille adhérents encadrés par trois cent cinquante éducateurs, entraîneurs et dirigeants bénévoles. Michelin reste propriétaire des installations, mais les met à la disposition de l'ASM sur trois sites répartis sur 25 hectares. L'ASM est responsable de leur entretien.

Son président actuel, Jacques Champay, est fier du développement de l'ASM qui, dit-il, représente « l'un des tout premiers clubs omnisports de France par le nombre de ses adhérents, la qualité de ses équipements et l'engagement de ses équipes[2] ». Pour faire vivre le sport professionnel, il a fallu créer une seconde entité juridique, la Société anonyme sportive professionnelle (SASP), connue sous le nom d'ASM Clermont-Auvergne, qui fonctionne grâce à un budget annuel de 11 millions d'euros. Elle est le partenaire pour

1. Pierre-Gabriel Gonzalez, *Michelin et sa ville. Je t'aime moi non plus,* L'Ecir, 2007.

2. Entretien avec l'auteur.

l'organisation des événements sportifs professionnels, y compris pour l'équipe de rugby. Son budget de même que celui de l'ASM tiennent « grâce au soutien de Michelin toujours présent, mais aussi du monde institutionnel et d'une large famille de partenaires de l'environnement économique », dit-il. Depuis la création du Club, plus de trois mille athlètes ont obtenu un titre de champion de France ou ont fait l'objet de sélections dans des équipes nationales.

Sans Michelin, Clermont-Ferrand serait restée une petite ville de province, enclavée et loin de tout. Selon une étude de la DATAR, l'impact économique de Michelin a permis à la ville d'être largement surclassée par rapport à sa taille en matière d'emplois qualifiés, de réseau bancaire et financier, de recherche et développement. Dans ces secteurs d'activité et bien d'autres, Michelin a clairement tiré Clermont-Ferrand vers le haut. La manufacture a, en outre, attiré à Clermont nombre de sous-traitants, d'entreprises en informatique, de sociétés de conseil.

Manuel Armand, reporter à *La Montagne*, s'intéresse tout particulièrement à Michelin ainsi qu'au tissu économique, social et politique de la région. Pour lui, le développement de Clermont est inséparable de l'avenir de Michelin. Les liens sont évidemment très étroits. « Songez qu'une bonne partie des habitants sont engagés de façon très proche avec Michelin, soit qu'ils y travaillent, soit qu'ils aient quelqu'un de leur famille qui y travaille ou qui y ait travaillé. Quand on fait le compte aujourd'hui, c'est douze mille salariés. Il doit, d'autre part, y avoir cinquante mille retraités Michelin encore en vie. Lorsqu'on y ajoute les ayants droit, cela fait une énorme population directement concernée par Michelin. Donc je suis d'avis que dans cette agglomération de deux cent quarante mille habitants, un habitant sur deux a un lien direct avec Michelin, soit qu'il y travaille, soit qu'il en soit retraité, soit ayant droit ou avec un lien de famille proche avec quelqu'un qui y travaille ou qui est retraité de Michelin. Ce qui fait que nous ne sommes pas à Michelin-ville, mais nous n'en sommes pas loin[1] », explique-t-il.

1. Entretien avec l'auteur.

« La difficulté pour Michelin est de ne pas apparaître comme ayant une position trop dominatrice sur le tissu économique et social local. C'est pour cela que ces liens sont très ambigus. C'est vrai que Michelin joue un rôle très important à Clermont, mais l'entreprise et ses dirigeants ne veulent pas ou rechignent à le faire savoir. Les gens qui y travaillent sont à la fois très fiers de l'entreprise, mais en même temps un petit peu gênés d'être les habitants de Michelin-ville. Il y a toujours cette ambiguïté entre la fierté et la réticence à le dire, d'un côté comme de l'autre, aussi bien de la part de l'entreprise que de la part des Bibs », ajoute le journaliste. Mais, comme le relève Pierre-Gabriel Gonzalez, du fait des plans sociaux à répétition, le poids de Michelin dans l'économie locale est aujourd'hui beaucoup moins marqué, la structure de l'emploi à Clermont tendant à se rapprocher de la moyenne nationale. Cependant, si les revenus distribués par la manufacture ont chuté de 23,3 % en francs constants de 1981 à 1993, cette dégringolade demeure bien moindre que la baisse des effectifs qui atteint 42,3 % pendant la même période[1]. Il y a là le résultat d'emplois plus qualifiés et mieux rétribués.

L'attachement des habitants de Clermont à Michelin s'est clairement exprimé lors du décès d'Édouard Michelin. « Lorsque Édouard est mort, c'était un week-end où l'actualité était creuse, ce qui fait que l'on s'est mis, la presse nationale et nous, à faire des pages et des pages sur la mort d'Édouard. Il y a un moment où je me suis demandé s'il n'y avait pas un emballement médiatique sans commune mesure avec le poids réel de la mort d'Édouard. Je me suis demandé, est-ce qu'à *La Montagne*, on n'en fait pas trop ? Un moment, j'ai eu cette inquiétude et finalement, quand j'ai vu, le jour des obsèques, cette mobilisation des Clermontois, je me suis dit que, finalement, on était bien en phase avec la très forte émotion clermontoise. Il y avait des gens à genoux dans la rue des Gras pendant la messe. Le stade Michelin avait été ouvert avec des écrans géants pour la retransmission de la messe. Les gens

1. *Michelin et sa ville, op. cit.*

n'étaient pas obligés de venir, or le stade était plein, j'y étais, dans une ambiance très recueillie. Nous avions publié une photo en très grand format du stade où l'on voit des Bibs dans leur bleu de travail, et il se trouve – nous ne l'avions pas fait exprès, je ne m'en suis pas rendu compte lorsqu'on l'a publiée mais on me l'a dit après – que les gens qui étaient en photo dans *La Montagne*, c'étaient des membres de la CGT. Ils ont dû être assez surpris de se retrouver en photo ! C'est pour dire que l'attachement des Bibs à leur entreprise est très fort. Que les gens soient militants syndicaux ou non, l'attachement est fort. »

« Cet attachement est sensible y compris chez des gens qui ont un discours très critique, poursuit Manuel Armand. J'imagine que c'est la même chose chez Renault, chez Peugeot, ou chez Pechiney. Mais je pense quand même que pour Michelin, il y a autre chose de plus fort. » Quant à la localisation du siège social à Clermont-Ferrand, le reporter de *La Montagne* se souvient. « Le siège social trouverait sans doute beaucoup d'avantages à être à Paris. Quand on veut procéder à des recrutements de très haut niveau, c'est plus facile d'être servi à Paris qu'à Clermont. Pour un ingénieur de haut vol, venir s'installer à Clermont, c'est un peu difficile. Mais quand Édouard a pris les commandes, succédant à son père, l'un de ses premiers propos forts a été de dire : “Le siège social est à Clermont et restera à Clermont.” Il a ainsi coupé court à toutes les interrogations, les rumeurs et a dit : “Nous ne sommes pas là pour gérer des actifs financiers, nous sommes des industriels et nous avons besoin d'avoir à la porte de nos bureaux des ateliers pour savoir ce qui s'y passe, comment ça marche.” Il résumait cela par cette formule : “Moi, j'ai besoin de sentir le caoutchouc.” Je pense qu'il y a là quelque chose de vrai, cela reste une entreprise véritablement industrielle où les cadres sont des industriels. »

Aujourd'hui, Michelin veut laisser une trace moderne de sa présence industrielle à Clermont-Ferrand. Les vieux ateliers ont été détruits, des portails et des murs réhabilités. La firme étudie actuellement la possibilité de céder à la ville ses pistes d'essais et ses « toboggans », ces « va-et-vient » qui servaient aux essais de pneumatiques. Ces installations, qui s'étendent sur 10 hectares, pourraient être reconverties en parc à thème sur l'automobile ou en une « cité de la mobilité ». Un protocole d'accord dans ce sens a été signé avec la ville en juillet 2003. Trois mois avant son décès, Édouard Michelin déclarait au journal *La Montagne* que Michelin était disposé à faire don des terrains, à la condition qu'ils servent, avec d'autres partenaires, à la création d'un « parc à thème sur les technologies de l'automobile » dans lequel Michelin prendrait sa part et pourrait installer son musée.

Mais, est-ce parce qu'ils ont été échaudés par les difficultés rencontrées par le parc à thème Vulcania, projet dans lequel la Région a beaucoup investi et dont la fréquentation est très en deçà des attentes, le conseil général du Puy-de-Dôme est resté très prudent, tout comme la mairie de Clermont-Ferrand. Le maire, Serge Godard, a certes jugé l'opération « extrêmement importante » et proposé la mise en place d'un « groupe de travail »[1], mais le projet est, en réalité, au point mort et rien ne permet de penser qu'il sortira des cartons dans les prochaines années, faute d'investisseurs. Or, pour Pierre-Gabriel Gonzalez, un tel projet s'impose pour que Clermont-Ferrand demeure la capitale du caoutchouc, afin de ne pas « passer à côté d'une histoire humaine et sociale qui concerne une ville jusqu'au plus profond d'elle-même et ce depuis au moins quatre générations[2] ».

1. *Ibid.*
2. *Ibid.*

2. Une famille soudée contre les prédateurs

L'entreprise Michelin a sans doute été sauvée des prédateurs potentiels et des OPA hostiles par son statut juridique de société en commandite par actions (SCA) qui, plus d'un siècle plus tard, continue de faire sa force. Celui-ci, comme on l'a vu, garantit pour ses dirigeants une grande autonomie vis-à-vis des actionnaires et rend, de ce fait, une tentative de prise de contrôle effective très difficile. Les exemples de grandes entreprises gérées pendant plus d'un siècle par des membres d'une même famille ne sont pas légion. Michelin ainsi que le groupe Lagardère en sont deux.

La commandite « a des vertus propres, qui sont la continuité de commandement et la capacité à conduire une stratégie de long terme » tout en permettant « de prendre rapidement des décisions qui s'inscrivent dans la durée », soulignait Édouard Michelin dans une interview en 1997 au magazine *L'Expansion*. Pour Manuel Armand, Michelin a trouvé sa planche de salut dans son statut : « Le système de la commandite est quelque chose qui a failli disparaître lors de la réforme pour la modernisation des entreprises en 1966. Il y en a quelques-unes qui sont montées au créneau, comme Michelin, parce que la commandite permet à des grandes entreprises de garder la main sur leur destin sans crainte de prise de contrôle extérieure[1]. »

René Zingraff abonde dans le même sens : ce statut peut garder à distance un éventuel acquéreur ou prédateur et renforce une

1. Entretien avec l'auteur.

certaine stabilité pour l'équipe dirigeante. « En outre, le fait que les gérants soient responsables sur leurs biens propres, ceci incontestablement, je peux vous le dire pour l'avoir vécu, nous amène à nous dire à tout moment : il faut quand même faire attention ! Si l'entreprise coule, je coule avec. L'autre aspect est que cela permet une grande continuité dans le management de l'entreprise. Voici là une force fantastique. Trop souvent – on le voit bien dans une entreprise aujourd'hui –, un dirigeant arrive, pour rester deux, trois, quatre, cinq ans et puis hop, il s'en va ! Son successeur, bien sûr, se dépêche de remettre en cause tout ou partie de ce qui a pu être fait avant lui. Au prétexte que ce n'est plus au goût du jour. Cela conduit parfois les entreprises à faire des zigzags, un coup à gauche, un coup à droite, finalement préjudiciables à la performance globale de l'entreprise sur la durée. Je peux vous assurer que dans de nombreuses décisions que nous avons prises quand j'étais cogérant, cette notion du long terme a été un élément déterminant de nos choix. De ne jamais sacrifier le long terme au court terme. Ça, c'est une force. Nous ne sommes pas là pour trois, quatre ou cinq ans, nous sommes là jusqu'à la fin de notre carrière. »

Pouvoir piloter l'entreprise avec, en ligne de mire, le long terme : « Cela vous donne à la fois un sens de la responsabilité et une vision différente de celle de quelqu'un qui serait là pour assumer des responsabilités pendant une durée courte. Ce statut rend une OPA difficile ; il ne la rend pas impossible, mais difficile. Techniquement, ce n'est pas impossible, pratiquement, c'est très difficile, souligne René Zingraff. On peut bien entendu imaginer des situations dans lesquelles quelqu'un qui aurait pris une majorité du capital aurait, face à lui, des gérants en place qu'il ne peut pas enlever mais qui, grâce à la majorité qu'il aurait à l'assemblée générale des actionnaires, serait capable de rendre la vie très difficile aux gérants. Nous entrerions dans une situation de conflit permanent dont on se dit qu'il faudrait à un moment donné qu'il y ait une des deux parties qui lâche. Mais mener une opération de ce genre, on y réfléchit à deux fois avant, car les risques seraient grands. Ce statut est donc plus répulsif que totalement une fermeture[1]. »

Pour Alain Jemain, ce statut juridique est un garde-fou en même temps qu'une garantie de bonne gouvernance, puisque le gérant est responsable sur ses biens propres. Ce gérant, qu'il appelle « le monarque », est « responsable de ses actes *in infinitum* sur tous ses biens propres passés, présents et à venir ». De ce fait, « il n'a d'autre ambition que de réussir. Sinon, pas d'échappatoire, pas de parapluie, pas d'excuses »[2]. De ce statut découle « l'obligation d'être maître chez soi. Pas de position capitaliste minoritaire, pas de participation qui ne donne aucun contrôle, pas d'alliance que l'on ne verrouille d'une manière ou d'une autre », dit-il. Or, du temps de « Monsieur François », « le seul vrai patron, c'est François Michelin ». Lorsqu'on interroge Pierre-Gabriel Gonzalez, journaliste et expert de Michelin, sur ce qui peut bien être le trait caractéristique de Michelin, il répond : « La famille. (…) C'est du fait de cet attachement à la tradition familiale et au berceau de l'entreprise que Clermont est resté le siège social d'une entreprise de niveau mondial, qui compte cent vingt mille salariés dont trente mille en France[3]. »

Lorsque, le 17 mai 2002, François Michelin tire sa révérence et quitte la cogérance du groupe devant mille deux cents actionnaires réunis en assemblée générale, il lance à son fils : « Édouard, à toi le soin », utilisant ce terme de marine signifiant qu'il remettait le commandement de la manufacture à celui de ses six enfants qu'il avait choisi de longue date. « Merci, capitaine », répondit son fils, tout en promettant de « tenir le cap », lançant à son père très ému : « Tu restes ici chez toi ! » Adressant un hommage à François, Édouard avait insisté sur « le lien secret, puissant, de nous tous entre nous », évoquant « l'ADN Michelin »[4]. Le journaliste de *La*

1. Entretien avec l'auteur.
2. *Michelin, un siècle de secrets, op. cit.*
3. *Le Point,* 26 mai 2005.
4. AFP, 17 mai 2002.

Montagne, Manuel Armand, rappelle, lui, que l'entreprise a été sans discontinuer aux mains de membres de la famille Michelin, même s'ils n'en portaient pas toujours le nom. Y compris le gérant actuel, Michel Rollier.

« Avec lui, c'est toujours la famille. Rétrospectivement, Édouard, le fondateur, avec son côté "Je suis proche des ouvriers", était aussi un champion de l'ingénierie financière et juridique. Si nous avons aujourd'hui Michel Rollier à la tête de l'entreprise, ce n'est pas un pur hasard. Rollier a eu cette très belle phrase au mois de novembre 2006 lors d'une assemblée des actionnaires : "Cette entreprise, je n'y suis que depuis dix ans mais je la connais depuis toujours." On sentait qu'il avait besoin de légitimer son pouvoir. Mais effectivement il entre chez Michelin comme directeur financier et, dix ans plus tard, c'est le patron ! Ce n'est pas tout à fait une simple opportunité de carrière ni non plus le fait du hasard. Son père, François, était cousin germain de François Michelin et ils étaient même plus que cela, ils étaient "frères de lait", puisque François Michelin, orphelin très jeune de père et de mère, a été élevé par les parents de François Rollier. Ce dernier et François Michelin sont non seulement cousins germains, mais ils ont été élevés ensemble. Lorsque Michel Rollier est devenu cogérant, le service de presse a dit : "Non, non, il n'y a aucun lien de parenté avec Édouard Michelin." Mais en réalité, après avoir un peu dit cela au début, ils ont eu du mal à rester sur cette position. Ils ont en fait des liens familiaux de très grande proximité. »

Au fur et à mesure de son internationalisation, Michelin a perfectionné sa structure. En 1951, l'année de l'entrée en Bourse de Michelin, le gérant de l'époque, Robert Puiseux, crée une holding, la Compagnie générale des établissements Michelin (CGEM), dont le siège reste à Clermont-Ferrand. La CGEM exerce sa tutelle sur deux autres holdings filiales : la Manufacture française des pneumatiques Michelin, qui demeure chargée de toutes les activités du groupe en France, et la Compagnie financière Michelin, qui conduit toutes les activités à l'étranger, et dont le siège est à Bâle (Suisse). Bénéficiant d'un régime fiscal avantageux, cette dernière pilote aussi les prises de participation du groupe dans le monde, de même qu'elle dirige les opérations financières de toutes les filiales de Michelin hors de France. Selon les estimations d'Alain Jemain, au début des années quatre-vingt, les descendants des branches des familles fondatrices détenaient ensemble entre 40 % et 50 % du capital de la CGEM, mais aucun actionnaire familial ne posséderait individuellement plus de 1,5 %. La Caisse des dépôts et consignations serait, de loin, le premier actionnaire individuel, avec 5 % du capital[1]. Mais, selon l'hebdomadaire *Challenges*, l'actionnariat de Michelin est aujourd'hui dominé par les fonds anglo-saxons qui en posséderaient 63 %[2]. En réalité, au 31 décembre 2005, 45,8 % du capital étaient détenus par des institutionnels étrangers (banques, compagnies d'assurances), 2,1 % par le personnel Michelin (sous la forme du plan d'épargne entreprise), 5 % par la Capital Research Management Company, 31,9 % par des institutionnels français et 15,2 % par des actionnaires individuels[3].

1. *Michelin, un siècle de secrets, op. cit.*
2. *Challenges,* n° 74, 5 avril 2007.
3. *La Montagne* du 31 mai 2006.

3. François Michelin, le patriarche

Quel Clermontois ne connaît pas la silhouette de François Michelin, ce grand corps massif, légèrement voûté du fait de l'âge, de grandes oreilles décollées, ce visage si familier, un regard vif et de larges poches sous les yeux qui se sont creusées avec les années, le sourire facile, franc et direct ? S'il a été un grand patron français, celui qui a fait passer l'entreprise familiale du dixième rang mondial au premier en un demi-siècle, il est aussi évidemment une grande figure de Clermont-Ferrand qui restera centrale dans l'histoire contemporaine du développement industriel et économique de la capitale auvergnate. Atypique parmi les patrons français, « Monsieur François » cultive la simplicité à l'extrême. Jamais, chez lui, de signe ostentatoire de richesse ou de luxe, mais au contraire une vie publique simple et sobre. Pas question de vacances aux Bahamas ou de croisière en yacht dans les Caraïbes. Rien de commun avec ces « patrons voyous » qui pillent une entreprise pour, lorsqu'elle coule, la quitter avec l'argent de la caisse et des montagnes de stock-options. Volonté de cultiver le mythe ou non, on le voit arriver à pied à l'usine, ou bien juché sur un Solex ou encore à bord de sa vieille 2 CV Citroën. Plus tard, il viendra en BX Citroën. Il ne peut entrer dans l'usine qu'en utilisant son badge magnétique, comme les autres. Il porte le même manteau élimé des années durant. « Ses costumes râpés, ses imperméables sans âge, ses gros foulards de laine dans lesquels il s'emmitoufle l'hiver sont célèbres [1] », explique le journa-

1. *Michelin, un siècle de secrets, op. cit.*

liste Alain Jemain. « Monsieur François » use ses chemises jusqu'à ce qu'elles ne puissent plus servir. Dans son bureau, rien de cossu, au contraire, tout y respire le souci de la sobriété et de l'économie.

François Michelin n'a guère de goût pour les soirées mondaines, les déjeuners en ville, les clubs de l'élite industrielle, les ors des salons des ministères et la grande vie parisienne. Discret, il a voulu, pendant ses quarante-sept années passées à l'usine, être à l'écoute de son personnel. Arpentant les ateliers ou les ruelles des usines de Clermont, il lui arrivait fréquemment de s'arrêter pour s'adresser à un ouvrier avec qui il pouvait facilement parler pendant une demi-heure. Cela lui permettait de « sentir le pouls » de l'entreprise et, peu à peu, de nouer un lien personnel avec les employés. C'est un fervent chrétien. Il est licencié en mathématiques. Il aurait voulu devenir météorologue et n'a jamais souhaité briguer de mandat politique. « Regardez mes oreilles, elles sont décollées. C'est mon plus beau diplôme. On doit passer son temps à écouter à droite et à gauche pour bien appréhender toutes les situations et, du coup, s'enrichir. C'est une joie d'écouter toutes les personnes, quels que soient leur niveau hiérarchique et leur qualification sociale, pour garder ensuite ce qui est fondamental afin d'agir. Les bonnes idées viennent de l'observation réelle des faits. Il faut savoir s'émerveiller[1] », disait-il.

Petit-fils d'Édouard et fils d'Étienne Michelin qui meurt quand il n'a que six ans, François est né en 1926 à Clermont-Ferrand. Il est orphelin lorsqu'il perd sa mère à l'âge de dix ans. Élevé par sa grand-mère et Marthe Rollier, la sœur de sa mère, François est un adolescent timide et rêveur qui suit une partie de sa scolarité dans le pensionnat des Frères de Clermont. Il entre à l'usine des Carmes en 1951 sous une fausse identité et y suit le stage classique d'intégration des ingénieurs. Comme les autres cadres dirigeants, il effectue un parcours du combattant. Comme l'explique Pol Échevin : « Plus Michelin que nature, "Monsieur François" a appris son métier à l'école de Puiseux, c'est-à-dire sur le tas. Il a revêtu le bleu de chauffe, s'est mêlé aux ouvriers, a fait les trois-huit, travaillé à la

1. Entretien avec Jean-Pierre Rouger, *La Montagne,* du 16 mai 2002.

recherche, parcouru la France des clients, découvert la puissance de son empire à l'étranger. Il n'a donc pas été parachuté directement de sa confortable résidence du cours Sablon dans le bureau place des Carmes, chargé de secrets et où l'on ne pénètre qu'en franchissant des sas[1]. » Deux années durant, il intègre des équipes qui effectuent des horaires en trois-huit en qualité d'ouvrier à l'atelier poids lourds, puis à la fabrication des pneus pour voitures à l'usine de Cataroux.

Il effectue un stage de formation au commerce avec les « voyageurs » (représentants de commerce) de Michelin et, à ce titre, apprend le travail des garagistes et détaillants en pneus. Plus tard, il est envoyé pendant quelques mois à l'usine de Turin, en Italie, puis prend la direction de l'atelier poids lourds à l'usine des Carmes. Après quatre ans de « classes » destinées à apprendre le fonctionnement de l'entreprise, il devient cogérant de la manufacture le 28 mai 1955 au côté de Robert Puiseux, puis en devient le véritable patron en octobre 1959. De nature calme, il est déterminé et peut aussi être brutal. En 1968, il claque la porte du CNPF, en désaccord avec les accords de Grenelle. « L'autorité ne se partage pas, elle s'incarne », disait-il. Il est, plus tard, secondé par François Rollier à partir de 1966, puis par René Zingraff, nommé cogérant en 1986 et qui le restera vingt ans. En 1991, François Rollier se retire de la cogérance pour partir en retraite, et François Michelin appelle son fils Édouard pour prendre ces fonctions. Ce dernier lui succédera en 1999 comme véritable patron de l'entreprise et François quittera définitivement la cogérance en mai 2002. Mais « Monsieur François » n'a jamais pris complètement sa retraite et n'a pas réussi à couper tous les liens avec la maison Michelin. Comment le pourrait-il ? On le sait encore en contact régulier avec l'entreprise et ses dirigeants, d'autant plus depuis la mort de son fils et du vide que cette disparition a créé. « Je n'ai plus de responsabilités administratives. Mais on ne peut pas séparer un arbre de ses racines. Le

1. *Échec au roi, op. cit.*

vieil arbre est toujours là et les oiseaux, quand ils seront fatigués, pourront toujours se reposer sur ses branches[1] », dit-il.

« François Michelin est surtout passionné d'hommes, dit de lui Carlos Ghosn. (...) Quand il rencontrait une personne, toutes ses antennes étaient dehors. Il ne faisait pas semblant. Ce n'était pas une pose, comme cela peut être le cas de temps en temps chez certains patrons. (...) Il y a chez François Michelin une capacité d'étonnement qui est assez exceptionnelle. Il n'avait pas ce côté blasé de ceux qui en ont tellement vu que leur capacité d'étonnement est érodée[2]. » Que disent de ce personnage si singulier ceux qui l'ont côtoyé au quotidien ? Parmi eux, Jean Massoubre, qui a régulièrement travaillé avec François en qualité de conseiller particulier jusqu'à son départ à la retraite en 1986. Jean Massoubre est quelqu'un de sobre qui évite l'usage des superlatifs. Mais à l'égard de son ancien patron, il n'est pas avare d'éloges : « Monsieur François est un homme très original, très particulier, qui a d'éminentes qualités. La science pure n'était pas son atout principal, son goût premier, c'est la technique, la technologie appliquée. Il ne passait pas de journée à Clermont sans visiter au moins un atelier, et il avait des contacts essentiellement avec des ingénieurs de recherche, d'études. »

« Pendant de nombreuses années, au cours de la période critique pour le pneu radial, il ne s'est pas passé de jour sans qu'il suive directement ce projet, donne son avis, apporte sa contribution. Dans les années soixante-dix à quatre-vingt, il a énormément participé à la mise au point du pneu radial, explique-t-il. Il y avait chez lui ce goût pour la technique, mais aussi pour la précision, la perfection, pour aller jusqu'au bout, poser des questions jusqu'à leur terme. C'est un aspect chez lui qui m'a beaucoup frappé. Nous ne nous sommes jamais contentés d'à-peu-près, on s'est toujours efforcé de comprendre complètement un problème et d'aller jusqu'au bout et jusqu'à la conclusion extrême dans la réalisation. Ce qui fait que

1. *Ibid.*
2. Carlos Ghosn et Philippe Riès, *Citoyen du Monde,* Grasset, 2003.

nous nous sommes trouvés, en général, en bonne position pour réaliser ce qui était à l'ordre du jour et le plus souvent en avance sur les questions qui pouvaient se poser. Quand un nouveau problème se présentait, il était déjà connu, en partie déjà à l'étude ou même résolu. Je crois que c'est là une force de Michelin, encore aujourd'hui, que d'être en avance sur ses concurrents[1]. »

Comment était-il dans ses contacts avec ses employés ? « Il mettait très à l'aise. En fait, ses qualités s'exprimaient dans la capacité de comprendre et d'expliquer. C'était un homme qui ne faisait pas les choses à demi, mais qui allait jusqu'au bout. Une question devait être comprise et résolue de façon qui ne laisse pas prise au doute. » Qu'est-ce qui a fait de François Michelin un grand patron ? « Il était un grand patron par le choix des personnes, mais aussi par le goût pour la précision extrême dans les problèmes techniques. Pour les problèmes financiers, il s'entourait de financiers ; pour le choix des décisions industrielles, il demandait l'avis de groupes d'ingénieurs qui définissaient ce qui était nécessaire et lui apportaient leurs conclusions. » Monsieur François « était un meneur d'hommes ». Certes, derrière de nombreuses innovations réalisées par l'entreprise se trouvaient de grands ingénieurs et certains chefs de service de Michelin. « Mais le rôle de François était toujours là, il participait, il approuvait. Je ne crois pas qu'il y ait beaucoup de maisons où le patron participe tellement à la vie industrielle et technique de la Maison. M. Dassault, peut-être. »

François Michelin savait-il écouter ? « Voilà une question difficile. Il écoutait et mettait ce qu'il entendait à profit, mais il ne se laissait pas du tout dicter ce qu'il devait faire ou influencer directement par des solutions ou des suggestions qui lui étaient présentées. Il les remaniait, les repensait pour en faire sa chose. Il y a beaucoup d'innovations dans l'usine qui lui sont dues et qui ne lui sont pas officiellement attribuées. Il était vraiment le patron qui était présent partout et toujours. Je ne fais pas de la flatterie : cet homme vivait avec son usine. Et qui dit son usine, dit le personnel de son usine. »

1. Entretien avec l'auteur.

On dit qu'il avait les qualités de son grand-père Édouard. La simplicité, un mode de vie assez sobre, montrer en exemple une sorte d'austérité, ce goût des hommes. « Cela est absolument exact. Je n'ai pas connu personnellement le grand-père, je suis entré à l'usine peu après sa disparition. Mais l'influence qu'il exerçait et sa participation aux innovations, aux nominations et à la gestion directe de cette maison, tout cela était comparable entre Édouard et François. D'ailleurs, Monsieur François se référait énormément à ce grand-père, à ce que celui-ci avait laissé, en écrits en particulier, j'entends des écrits confidentiels, des écrits personnels. »

Mais peut-on malgré tout faire état de défauts chez François Michelin ? « Qui n'a pas de défauts ? Si défaut il avait, c'était peut-être celui de tout influencer, de pénétrer pratiquement dans tous les domaines de la Maison. Pour lui, le choix des hommes, les grandes orientations de la société, les grandes décisions, tout cela faisait un tout. C'était vraiment le patron à l'ancienne. Les organes de décision étaient réduits à très peu et c'était avant tout des échanges d'idées entre quelques hommes, comme en particulier son cousin, François Rollier. » Il reste que François Michelin tenait à un travail d'équipe à la tête de l'entreprise. « Il y avait un petit groupe dans l'usine dont je puis dire que les dirigeants étaient en communion, en symbiose avec le patron. Aussi, bien sûr, sur le plan technique pour faire en sorte que tout le monde participe. »

Et cette image abondamment reprise et complaisamment mise en avant par la direction de Michelin d'un patron vivant dans la simplicité : de la poudre aux yeux ? « Effectivement, j'hésite, je ne viens pas naturellement à cette image ; ce n'est pas ce qui frappait. Le fait qu'il ait conservé une vieille voiture et un vieil imperméable alors qu'il avait à sa disposition tout ce qu'il voulait et la possibilité de mener un train de vie luxueux, le goût des voitures rapides, ça n'était pas contradictoire. Il était la simplicité même. Il ne cherchait absolument pas à produire une impression, jamais il ne l'a fait. Il était d'un très grand naturel, d'une très grande simplicité. Ce qui ne manquait pas de surprendre les patrons concurrents, les grands fournisseurs. Ils étaient parfois surpris de son intérêt pour des détails ou des questions mineures et de sa connaissance du détail de l'exécution et de la réalisation. Bien sûr, il y avait des directeurs d'achat, un service qui associait commerce et technique. Mais c'était des services d'exécution. Les décisions essentielles, importantes, avaient toutes passé ou au moins avaient été retravaillées, repensées par Monsieur François. Il était au courant absolument de tout ce qui se passait dans la Maison. »

Qu'avait-il comme voiture ? « Il avait bien entendu une 2 CV, il avait également ce qu'il y avait de plus courant comme voitures, des Citroën, du niveau de la BX. Mais il avait aussi des voitures puissantes, des modèles de DS gonflées. Mais il ne se flattait pas de performances ou de luxe dans les réunions. » Son bureau reflétait la simplicité de son occupant. « Il avait un bureau personnel qui traduisait bien l'homme. Un tout petit bureau par sa taille. C'était bien évidemment un héritage, un bureau qui faisait partie d'un groupe de bureaux de direction dans les années de l'entre-deux-guerres. Il l'avait naturellement gardé, ce bureau minuscule encombré de livres, de documents. Mais s'il frappait par sa petitesse, il permettait des communications rapides. À aucun moment il n'a été prisonnier des moyens. C'était avant tout le mouvement des idées, ensuite la réalisation et c'est cette réalisation dont il suivait les progrès de très près. »

Jean Massoubre rencontrait François Michelin pratiquement tous les jours. « Il n'y avait pas de règle, mais il était toujours disponible pour moi et inversement. Je suis resté conseiller technique jusqu'à la fin de mon activité. » Bien entendu, l'usine s'est élargie, les contacts de François Michelin se sont multipliés, mais sa façon de travailler n'avait pas tellement changé. Quand François voulait voir son conseiller, « soit il m'appelait et me disait de venir, mais le plus souvent il poussait la porte et entrait dans mon bureau. Il était d'une très grande liberté avec son personnel qu'il connaissait ». Les employés avaient-ils du respect pour lui ? « Il était extrêmement connu et inspirait beaucoup de respect. Il est important que les salariés, les employés d'une maison connaissent la physionomie et le comportement de leur patron. Vous avez des patrons qui sont loin des lieux de travail, ils ignorent la nature du travail et ignorent même les moyens employés pour le travail. Pour eux, la nomination des cadres techniques se fait sur dossier, avec l'avis de personnes détachées. Lui, au contraire, il allait volontairement très près au contact de la mise au point des réalisations. » Jean Massoubre n'est pas tendre pour les « patrons voyous » qui empochent d'énormes montants de stock-options, siphonnent la trésorerie de leur entreprise et vivent sur un grand pied. « Ce sont des patrons scandaleux, mais lorsqu'ils sont patrons, ils arrivent à concentrer l'autorité de façon à ce que des décisions qui paraissent surprenantes et scandaleuses soient légales. » Un comportement, dit-il, aux antipodes de François Michelin.

Parmi les autres plus proches collaborateurs de François Michelin, René Zingraff a travaillé à son côté durant vingt ans à la gérance de l'entreprise. Peut-on parler de la personnalité hors du commun de François Michelin ? Pour lui, François Michelin a évidemment tracé un sillon très profond dans l'entreprise : « Il est complètement atypique par rapport aux grands chefs d'entreprise français que je connais. C'est quelqu'un qui conserve des valeurs profondes. Je l'ai vu devant les grands de ce monde, devant des agents de production, devant des ouvriers, c'est le même personnage. Ce sont les mêmes mots, le même discours, avec lesquels les agents de maîtrise, les ouvriers sont à l'aise bien souvent, mais qui déconcertent les "grands" parce que ce n'est pas leur langage habituel. »

« François Michelin, face à l'époque à un ministre de l'Industrie, m'avait demandé de l'accompagner. Je vais avec lui et nous sommes reçus dans un salon magnifique du ministère. Je ne sais plus quelle question lui posa le ministre. "Non, je ne peux pas vous dire, moi il y a une seule chose que je connaisse, c'est le pneu", répondit François Michelin. Puis il sortit une coupe de pneu et dit : "Vous voyez, je peux vous expliquer comment cela fonctionne, ça." Et il commence à raconter le pneu. "Vous voyez, tout cela c'est fait par des gens qui travaillent devant des machines, et lorsque le client achète ce produit, il achète la performance, il achète les kilomètres." Et je voyais dans les yeux de cet homme en face, ce ministre, une espèce d'émerveillement et presque d'envie. Je me suis dit que cet homme devait penser: "Quelle conviction, quelle chance, si je pouvais, moi, avoir les mêmes convictions, les mêmes certitudes." Cela a duré vingt ou vingt-cinq minutes peut-être, ce fut un long monologue de François Michelin sur le pneu. Je ne sais pas quel était le sujet que l'on devait traiter, mais nous n'avions pas traité le sujet. Je ne sais pas ce qu'il est advenu de cette rencontre, où cela a conduit, mais ça, c'est François Michelin ! »

« C'est quelqu'un qui a aussi une très grande faculté, celle de projeter les choses très loin. Je l'ai vu très souvent dialoguer avec des chercheurs. C'était assez extraordinaire, parce que c'est quelqu'un qui a une capacité d'imagination très forte. Devant les chercheurs qui proposaient une voie de recherche ou une solution, très souvent leur horizon s'arrêtait à un point donné, et François Michelin leur disait: "Mais et là plus loin, pourquoi nous n'irions pas jusque-là ? – Ah, on ne sait pas, répondaient les chercheurs. – Moi, je ne pourrai pas, mais vous peut-être, vous pourriez y penser ?" disait-il. Il élargissait l'horizon de ses collaborateurs et il les amenait à envisager des solutions qu'ils s'étaient jusqu'alors refusé d'imaginer, disant "non, on ne sait pas". "Mais pourquoi ne pas aller jusque-là ?", insistait-il. C'était très riche pour eux. Il a toujours eu cette capacité. Il est connu pour ne pas être homme qui cherche ce qui est ostentatoire. Dans le domaine de la recherche, il a cependant toujours voulu la doter des outils les plus modernes. On a eu de très nombreuses discussions avec François Michelin à ce sujet. »

Quid de la méthode de travail du binôme François Michelin + René Zingraff ? « Il me disait toujours: "Vous, monsieur Zingraff, vous avez beaucoup de bon sens." Lui, justement, se méfiait un peu de son imagination et de sa tendance à, soit enjoliver, soit au contraire à dramatiser ou à noircir des situations. Il venait donc chercher avec moi ou auprès de moi un rééquilibrage. Alors il venait me voir. Nous avons passé ensemble des centaines d'heures à discuter, généralement dans mon bureau, d'ailleurs, ce n'était pas dans le sien que cela se faisait, sur le mode : “Monsieur Zingraff, et si l'on faisait cela ? Qu'est-ce que vous en pensez ? – Monsieur Michelin, non, je crois que cela n'est pas faisable.” L'un des aspects qu'il appréciait chez moi, c'était la franchise. Je n'ai jamais essayé de lui faire plaisir. J'ai toujours essayé d'être honnête et de lui dire : “Je n'ai pas d'opinion là-dessus”, ou bien si j'en avais une : “Voilà ce qu'elle est.” Même encore récemment, car je le vois encore de temps en temps. Je le connais bien, je sais quels sont ses qualités et ses défauts. Comme tout le monde, il en a. Je pense qu'il me connaît bien aussi, il connaît mes qualités et mes défauts. Nous n'avons pas toujours été d'accord. Mais je dois reconnaître qu'il m'a souvent écouté. Quand je n'étais pas d'accord, il est rare qu'il ait continué sur son idée. Mais il pouvait revenir à la charge. “La semaine dernière nous avons parlé de cela, y avez-vous pensé depuis ? Moi, j'y ai réfléchi. Peut-être que l'on pourrait… – Non, non, moi, c'est plutôt dans l'autre sens que j'irais. – Ah, mais pourquoi ? – Pour telle et telle raison et puis j'ai tâté le terrain sur tel ou tel sujet et j'ai senti qu'ils n'étaient pas prêts.” François Michelin écoutait ; il m'a écouté très souvent. »

Michel Rondreux a fréquemment côtoyé François Michelin, suffisamment pour se faire une idée très précise du personnage : « C'est quelqu'un qui sort de l'ordinaire. Ce qui m'a frappé, c'est son amour du produit. Il doit rêver toutes les nuits du pneu et il en connaît tous les détails. C'est l'amour du produit, c'est aussi son côté visionnaire, celui de raisonner et de prendre ses décisions plus en fonction du long terme que du court terme. Ainsi, lorsque nous nous sommes installés aux États-Unis, nous savions très bien que nous allions y être en déficit pendant un certain nombre d'années. C'était toujours la priorité au long terme et je ne suis pas sûr que ce soit encore vrai aujourd'hui. Or tout cela est lié à la méthode de gestion et à l'importance que l'on accorde aux actionnaires aujourd'hui. L'actionnaire veut du rendement à court terme. Il y a un compromis à trouver. Je ne veux pas dire que François Michelin s'est désintéressé des actionnaires, mais, ce qui est sûr c'est que ce n'était pas un thème prioritaire. Il me faut aussi citer l'aspect philosophique du personnage. Il mettait toujours en avant le respect des hommes. Je vous parlais des réunions qu'il organisait avec les stagiaires. Quand ils en sortaient, ils disaient : "C'est un philosophe, ce n'est pas un patron d'entreprise." Il est doté d'une capacité d'écoute très forte et surtout de la volonté de mettre les gens en situation de devenir ce qu'ils sont, c'est-à-dire de les mettre en situation d'exprimer au maximum le potentiel qu'il y a en eux[1]. »

« Autre chose m'a frappé chez lui ; il leur laissait la bride sur le cou, c'est-à-dire prendre des décisions, faire des expériences, même quand il était convaincu que c'était une bêtise. Il les laissait faire des bêtises, jusqu'à un certain point. Il savait quand même mettre des limites, mais il disait souvent : "C'est à travers des erreurs que l'on a faites et dont on tire les leçons que l'on progresse." Il mettait ce principe en pratique. Il laissait faire des choses même si, d'entrée, il aurait pu prendre une décision contraire et éviter la bêtise. Sachant que cela n'avait pas de conséquences importantes pour l'entreprise, il savait que cela faisait partie de l'expérience des gens. C'est quelqu'un qui attache beaucoup d'importance à la formation des gens. Il s'y est beaucoup impliqué, souligne M. Rondreux. (...) Il sait parfaitement que pour recueillir l'information, il faut se faire l'avocat du diable, il faut poser des questions déroutantes. Une anecdote. C'est quelqu'un qui avait horreur des réunions trop bien préparées, ou de ce que l'on fait maintenant avec le logiciel Power Point, ces réunions trop bien organisées parce que ce n'est pas spontané. Donc, lors des réunions, il posait des questions qui obligeaient les gens à sortir de leur réserve et surtout de leur cadre trop bien préparé pour être plus naturels. Ça désorientait beaucoup les Américains qui ont horreur de cela. Nous, nous y étions davantage préparés. Il s'intéressait aux détails, il allait toutes les semaines à l'usine de Ladoux et je crois qu'il y va encore pour écouter les gens, poser des questions. C'est l'homme qui allait dans les ateliers la nuit pour

1. Entretien avec l'auteur.

discuter avec les ouvriers et il y trouvait le contact direct avec les ouvriers, qui appréciaient d'ailleurs. »

Jacques Champay fut, lui aussi, un proche collaborateur de François Michelin. Il dresse évidemment un portrait flatteur de son ancien patron, mais il souligne qu'il fallait parfois refréner ses ardeurs : « Vous dites que François Michelin fut un sage et un gestionnaire prudent. Sage sans aucun doute, mais au sens classique du terme : celui qui a la connaissance juste des choses. Prudent, il est vrai qu'il avait au quotidien horreur du gaspillage et quelquefois le trait pouvait être forcé. Il fut surtout, et c'est bien là l'essentiel, un visionnaire et un gestionnaire extrêmement audacieux, qui sut mobiliser les forces de l'entreprise pour en mener à bien le développement. Peut-être un patron traditionnel n'aurait-il pas su donner une telle impulsion, n'aurait-il pas pris de tels risques. Il y a eu une volonté constamment affirmée de forcer le destin. (…) Son obsession était la réussite, dans la durée, de l'entreprise. D'où l'obligation d'aller sans cesse de l'avant. Et, dans le même temps, il était bien conscient que les ressources ne sont pas illimitées. D'où le message constamment rappelé : “Ces ressources, utilisons-les pour ce qui est strictement indispensable, éliminons l'inutile, traquons le superflu.” La réutilisation des vieux bouts de crayon, c'était une caricature, mais quelquefois il faut des images fortes pour faire passer les bonnes habitudes dans la vie de tous les jours. François Michelin a été un puissant impulseur des choses essentielles. »

Quant à Louis Saugues, entré chez Michelin en 1958 comme simple ouvrier, il a pris sa retraite depuis déjà quelques années, mais il se souvient bien de François Michelin, qu'il a rencontré à maintes reprises, surtout dans les dernières années de sa carrière, au conservatoire Michelin, lorsqu'il était chargé du patrimoine de l'entreprise. « Quand j'étais au Conservatoire, on le voyait au moins une fois par semaine. Soit il emmenait des visiteurs pour leur montrer l'histoire du groupe, soit il était là pour des repas organisés dans une salle de restaurant à côté. Il était omniprésent[1]. » Qu'est-ce qui frappait chez

1. Entretien avec l'auteur.

lui ? « Sa simplicité et ses connaissances », répond Louis Saugues sans hésiter. « Monsieur François » venait parfois à l'usine dès 5 heures du matin pour partager le casse-croûte matinal des ouvriers. « Au début, il venait tôt pour apprendre son métier. Il connaissait toutes les machines, tous les ateliers de fabrication et d'essais. Il a gravi les échelons comme n'importe qui. » Visiblement, le patron menait une vie simple. « Je le voyais arriver avec sa 2 CV, qu'il garait à côté du service G, à l'entrée, tout à fait comme n'importe quel employé l'aurait fait. C'était, je crois, un grand patron hors normes. Je n'en ai pas connu d'autres, mais il est sûr qu'il ne doit pas y en avoir beaucoup comme lui. Il venait souvent au Conservatoire poser des questions très pertinentes, mais très simplement. » François Michelin était l'âme de l'entreprise. « C'était vraiment le patron. C'était aussi le genre de patron à saluer ses employés et à traverser la route pour les saluer. (...) Je pense que c'est un monsieur qui aimait son personnel. Et son personnel le lui rendait. Peut-être pas toujours. Il y a toujours des gens qui ont des difficultés à comprendre la position d'un patron. Dans certains cas, c'est humain, dans d'autres cas, connaissent-ils bien les tenants et les aboutissants ? Ce n'est pas facile d'être patron d'une entreprise qui employait à un certain moment cent cinquante mille personnes. »

Albert Couturier ne se fait pas prier pour parler de « Monsieur François » : « Le grand-père Édouard, décédé en 1940, a tenu quarante et quelques années comme gérant et, si l'on regarde François, c'est pareil. De 1959 à 1999. Il a voulu, peut-être volontairement, ne pas dépasser la durée de son grand-père. Ce qui est assez remarquable de modestie. Lorsqu'il a pris la tête de Michelin à la fin des années cinquante, nous avions un rayonnement de Michelin purement français et nous étions dixième mondial. Aujourd'hui, le dixième mondial, c'est Hankook en Corée. Observons l'évolution de Michelin dans les années soixante et soixante-dix en France, en Europe, puis les années soixante-dix à quatre-vingt au Canada et aux États-Unis, le début du Brésil. Puis, plus tard, Michelin a pris pied en Asie, en Amérique centrale, en Amérique du Sud, avec aujourd'hui trois usines au Brésil, puis pendant les années quatre-vingt-dix dans les pays de l'Est, la Pologne, la Roumanie, la Hongrie, ainsi que le développement en Chine. En 1999, il pouvait légitimement souffler et s'arrêter ! C'est extraordinaire. Il a su bien s'entourer dans les années quatre-vingt. 1983 a été une année difficile, une année charnière. Jusqu'en 1983, nous n'avions souffert de rien. Le premier choc pétrolier, on ne l'a pas vu, cela prouve que le vélo Michelin avait acquis une certaine vitesse. Quand on s'est arrêté de pédaler, c'est en 1983 que la bicyclette a commencé à tomber et alors là, c'était la catastrophe nationale ! La première année de ce qu'on appelait des plans de préretraites, une sélection par l'âge, cinquante-cinq ans – ou cinquante-six –, je ne me souviens pas bien, mais on a décapité toutes les grosses têtes. C'était en raison du choc pétrolier, du coût des matières premières. »

Visionnaire, nommé au Conseil d'État et conseiller de François Mitterrand, François a su en permanence s'entourer de super-chefs de service. « Que peut-on en dire ? Que l'on souhaite à tout le monde d'avoir un chef d'entreprise comme celui-là. Alors qu'il y ait une certaine hostilité de la part de syndicats non constructifs, est-ce vraiment une surprise ? Il est sûr qu'il en a eu gros sur la patate quand il a perdu l'ensemble des œuvres sociales et l'activité paternaliste qui avait été créée. C'était en 1968. Il a fallu liquider l'ensemble des activités sociales parce que ce n'était plus du domaine de l'entreprise. Donc il en a certainement eu très gros sur le cœur de transférer cinq mille cinq cents élèves à l'Éducation nationale. Je pense qu'il a été un petit peu marqué à cette époque-là. Tandis que sur le plan industriel, c'était le plein boom. » Dans la maison, il inspirait le respect. « Il connaissait son métier, il était passé partout, donc on n'allait pas lui parler de gomme au service Z, de fil de fer au service R ; il connaissait. Il savait de quoi il parlait. Cela fait plaisir dans une entreprise lorsque vous sentez que votre engagement et vos efforts sont appréciés jusqu'au plus haut niveau. C'est différent avec ces financiers qui pilotent une entreprise et qui ne savent même pas ce qui se passe en bas. C'est un peu démoralisant ! » François, c'était aussi la connaissance des hommes. « Il avait une mémoire d'éléphant. Il vous disait bonjour aujourd'hui, six mois après il vous retrouvait dans un autre contexte et il était capable de mettre un nom ou au moins un environnement sur votre figure. C'est extraordinaire. Alors bien sûr, maintenant, avec cent trente mille employés, c'est peut-être plus difficile, d'autant que l'entreprise est mondiale. Alors reconnaître un Coréen d'un Japonais ou d'un Chinois, c'est plus difficile ! »

La simplicité de François parvenait à conquérir les cœurs. « On ne l'a jamais vu sur un yacht, acheter des châteaux. S'il avait une petite demeure un peu moderne et un peu coquette, c'était peut-être plus un héritage de famille. Il n'y avait pas de dépense inconsidérée. S'ajoutait une mentalité hors du commun. Celle d'être responsable sur ses biens personnels dans le principe de la commandite par actions. » Ce respect était-il perceptible dans l'entreprise ? « Absolument, un grand respect. Quand il passait, on ne claquait pas forcément des talons puisqu'il savait serrer la main à tout le monde. Présent à toutes les remises de médaille, présent à tous les prix pour les élèves. Présent, présent, présent tout le temps. » Que savait-on de son style de vie dans sa vie privée ? Pas grand-chose. « Il est tellement discret, tellement modeste. Il n'y a rien à dire. Il n'y a rien à rechercher. Vous pouviez bien mettre des espions et des paparazzi sur ses talons, il n'y avait rien à trouver. Il mangeait là dans des petits restaurants tout simples, dans les villages proches de Clermont. Je l'ai vu un jour au *Restaurant de la Poste* à Pontgibaud, dans le couloir, face au bar, pour ne pas déranger. C'était pour ne pas déranger ! Alors qu'il aurait très bien pu se mettre dans la grande salle quand même, avec Madame, sa demi-bouteille de Badoit et une demi-bouteille de vin pour Madame. Il avait certainement les moyens de manger aux Troisgros, mais pourquoi aller aux Troisgros quand on est bien dans un petit restaurant à cinq minutes de chez soi à Orcines ? » Le voit-on encore maintenant qu'il a pris sa retraite ? « Il continue de venir le soir dans l'usine, saluer quelques anciens. Je l'ai vu il n'y a pas bien longtemps. »

4. Édouard, le dauphin

Depuis le décès d'Édouard Michelin, sa famille habite encore dans la maison familiale, une grande bâtisse toute proche de la cathédrale de Clermont-Ferrand. Au moment de sa disparition, Édouard faisait construire une maison à Chamalières, à la périphérie de Clermont. Il était, lui aussi, une figure familière pour les Clermontois. Édouard allait régulièrement acheter son pain dans une boulangerie proche de chez lui et prendre son café au comptoir du café *La Lune*. Il aimait faire la cuisine, il était féru de ski, de randonnée et de pêche sous-marine. Peu avant sa mort, curieux des choses de la vie, il avait demandé au boulanger du quartier de partager la fabrication du pain et il avait passé une partie de la nuit devant le fournil. Une photo dans la boulangerie immortalise cet épisode, montrant Édouard la main plongée dans le pétrin, préparant la pâte à pain. Son visage juvénile était familier à beaucoup de Clermontois qui pouvaient régulièrement le croiser au marché Saint-Pierre, tout proche de sa maison, ou dans d'autres commerces de la ville. Bien que plus mince, la ressemblance physique avec son père était frappante. Il existait aussi beaucoup de traits communs dans leurs caractères. L'un et l'autre sont discrets, croyants et pratiquants, persévérants, tenaces, attachés aux « valeurs » du groupe.

Le père et le fils prenaient soin d'éviter le luxe ostentatoire pour lui préférer la simplicité et le contact facile. « Il avait toutes les qualités de son père et aucun de ses défauts », disait de lui avec un trait d'humour le commissaire européen aux Transports, Jacques

Barrot, qui avait croisé Édouard lorsque ce dernier effectua un stage à l'usine du Puy-en-Velay en Haute-Loire. « Il possède toutes les qualités de caractère, de cœur et d'esprit pour être le chef », a affirmé son père, le 28 juin 1999, lorsque Édouard lui succéda à la tête de la maison[1]. Mais il y avait aussi des différences marquées entre le père et le fils. En particulier dans la manière de gérer la manufacture. Si le père n'attachait guère d'importance aux questions financières et se souciait comme d'une guigne des actionnaires, avec le fils aux commandes, tout changea. L'actionnaire reçut désormais de la direction toute l'attention qu'il attendait d'elle. D'autre part, confronté à un effritement de sa compétitivité et à une concurrence toujours plus dure, la maison Michelin s'engagea avec l'arrivée d'Édouard dans un nouveau cycle caractérisé par une gestion financière nettement plus prudente. Enfin, profondément influencé par ses années passées aux États-Unis, Édouard entendait rénover l'image de Michelin l'austère.

Cinquième des six enfants de François, Édouard est né le 13 août 1963 à Clermont-Ferrand. Il effectue une partie de sa scolarité au collège de Massillon, un établissement privé. Après son bac, il effectue sa préparation au concours d'entrée dans les grandes écoles au lycée jésuite Sainte-Geneviève-des-Bois à Versailles. Il sort diplômé de l'École centrale en 1987. Après avoir un peu hésité, Édouard intègre Michelin en 1989 où, comme tous les jeunes ingénieurs fraîchement recrutés, il doit effectuer un « parcours du combattant » en bleu de travail. Après un stage de fin d'études au centre de recherches de Michelin en Caroline du Sud, il effectue son service militaire comme chef de quart dans le sous-marin nucléaire *L'Inflexible*. Il devient en 1989 chef d'équipe à l'usine de Montceau-les-Mines (Saône-et-Loire). « Ce n'était pas un feignant ! Il a fait tous les postes, en bleu et en chaussures de sécurité, et il a charrié ses kilos de gomme comme tout le monde[2] », dit Jean Tomicki, délégué CGT dans cette usine. Puis,

1. *La Montagne,* 27 mai 2005.
2. Patrick Juan, in *Le Panda vous parle,* 31 mai 2006.

en 1990, il devient chef de fabrication à l'usine du Puy-en-Velay. Son père l'avait cependant déjà choisi pour lui succéder. Dès lors, il gravit rapidement les échelons de la hiérarchie. François le nomme cogérant de la CGEM le 28 juin 1991, pour succéder à François Rollier, atteint par la limite d'âge. Édouard n'a que vingt-huit ans ! En 1992, il épouse Cécile. La cérémonie religieuse est célébrée par son frère, le père Étienne Michelin, dans la cathédrale de Chartres. Pour une fois, la famille déroge à la simplicité. Deux mille cinq cents invités assistent à la noce. Sa femme lui donnera six enfants.

Puis il est promu à la direction de Michelin aux États-Unis où son patron n'est autre que Carlos Ghosn. Ce dernier se souvient : « Au début de 1993, François Michelin m'avait appelé : "J'aimerais bien qu'Édouard aille passer un peu de temps aux États-Unis pour travailler dans l'équipe nord-américaine." Depuis un certain temps, tout le monde savait à l'intérieur de l'entreprise que François Michelin, très légitimement, souhaitait voir un de ses fils prendre sa succession[1]. » En juillet 1996, conscient qu'il n'avait aucune chance de prendre un jour la tête de l'entreprise puisque le successeur annoncé de François était Édouard, Carlos Ghosn décide de quitter la manufacture pour devenir le numéro deux de Renault, sachant qu'il succéderait un jour à Louis Schweitzer. L'avenir de Carlos Ghosn chez Michelin était d'autant plus bouché que ses relations avec Édouard n'ont, semble-t-il, pas toujours été au beau fixe. Lorsqu'on interroge Jean Massoubre sur le fait de savoir si Édouard Michelin s'entendait bien avec Carlos Ghosn, il répond : « Non, pas énormément. Mais il ne faut pas dire qu'ils ne s'entendaient pas bien, car il l'avait promu très rapidement et il a reconnu très vite ses qualités, mais Carlos Ghosn était effectivement, lui alors, très américain. Je suis sûr que Carlos Ghosn a beaucoup appris chez Michelin. J'avoue que l'on ne pense pas beaucoup à Carlos Ghosn quand on parle de Michelin. Il n'a pas introduit rapidement dans la Maison et d'une façon très visible des transfor-

1. Carlos Ghosn et Philippe Riès, *Citoyen du Monde, op. cit.*

mations liées à sa personne et ses méthodes. Michelin est resté Michelin[1]. » Une autre façon de dire que le passage de Carlos Ghosn chez Michelin n'a pas été inoubliable.

Les années d'Édouard à Greenville lui valurent l'étiquette de « manager à l'américaine » ou le sobriquet de « l'Américain », ce qu'il rejetait avec la dernière énergie, se déclarant « d'abord français et, avant tout, clermontois ». Quoi qu'il en soit, il est certain qu'il fut profondément influencé par son expérience américaine et que ses méthodes ne plaisaient pas à tout le monde dans l'entreprise.

Il est l'auteur d'une bourde dans la communication du groupe qui est restée célèbre. Parvenu le 28 juin 1999 à la tête de la manufacture dont il devient le vrai patron, il suscite une levée de boucliers dans le monde syndical le 8 septembre de la même année lorsque, devant des analystes financiers, il annonce en même temps une hausse semestrielle de 20 % des bénéfices du groupe et la suppression de sept mille cinq cents postes dans les usines du groupe en Europe en trois ans, soit une réduction des effectifs de l'ordre de 10 %. Ce raté retentissant lui valut un concert de critiques acerbes, y compris dans le gouvernement de Lionel Jospin. Il ressortit ébranlé de cette erreur de communication manifeste, se jurant qu'on ne l'y reprendrait plus.

« C'était une période lourde et douloureuse. Je me suis senti tout petit ce jour-là », devait-il dire par la suite. Mais cette expérience le décide à moderniser la communication de Michelin. Moins attaché que son père au culte du secret, il organise en 2001 les premières journées portes ouvertes à la manufacture qui reçoit la visite de vingt mille Clermontois et il met sur pied le premier service de communication digne de ce nom. En 1996, autre coup de canif au culte du secret lorsque, à l'initiative d'Édouard, Michelin rend publics les noms des neufs responsables membres du conseil exécutif groupe qui seconde les trois cogérants. C'est aussi Édouard qui, malgré les hésitations de son père, décide de

1. Entretien avec l'auteur.

moderniser le siège de Michelin à Clermont. Un énorme chantier avec la réhabilitation de 17 000 mètres carrés de bâtiments et la construction de 17 000 mètres carrés de bâtiments neufs sur le site des Carmes.

C'est Édouard encore qui parvient à imposer une cure d'austérité chez Michelin avec l'annonce, en avril 1993, d'un plan d'économie de 3,5 milliards de francs. C'est encore lui qui réussira à convaincre son père de la nécessité de moderniser en profondeur l'organisation du groupe qui, à partir de 1996, abandonne les structures de directions par zones géographiques au profit de directions par lignes de produits (pneus tourisme, poids lourds, agricole et génie civil, cartes et guides). L'innovation et la recherche demeurent une priorité sous la houlette d'Édouard, un adepte déclaré des nouvelles technologies. Le budget recherche et développement représente 4 % du chiffre d'affaires du groupe en 2004. Déjà fournisseur des pneus de la navette spatiale américaine[1] et du Concorde franco-britannique après l'accident de Gonesse dans le Val-d'Oise le 25 juillet 2000, Michelin équipe aussi le géant des airs Airbus A380, grâce à des pneus à carcasse radiale pouvant supporter chacun une charge de 33 tonnes à une vitesse de 378 km/h.

On prête aussi à Édouard une inflexion sensible dans la politique sociale de Michelin. C'est lui qui, en 2000, prend en charge les négociations très complexes sur l'application de la loi sur les 35 heures que son père ne s'est pas privé de critiquer abondamment. Le 14 mars 2000, c'est toujours lui qui, rompant avec la tradition, présentait les résultats du groupe devant la presse, chose que son père n'avait jamais faite en quarante-quatre ans à la tête de Michelin. En mai 2001, c'est Édouard qui annonce un plan d'actionnariat pour les salariés à travers le monde qui, ainsi, peuvent « être associés encore plus intimement à la vie internationale du groupe », expliquait-il. Le personnel, qui jusqu'alors détenait 0,2 % du capital,

1. Des pneus Goodrich équipent la navette spatiale Columbia à partir de 1977. La firme Goodrich est rachetée par Michelin en 1989.

a été autorisé à en acquérir 2 % à des conditions privilégiées à l'occasion d'une opération menée en avril 2002[1].

Édouard entendait « dépoussiérer » la maison Michelin. « J'ai la lourde charge, depuis trois mois, de diriger Michelin et d'inscrire notre entreprise dans le XXIe siècle. Chaque entreprise a sa culture, sa personnalité, ses habitudes, sa poussière. Il faut respecter cette personnalité, mais aussi savoir parfois dépoussiérer. Ma responsabilité est de savoir si notre façon de travailler est adaptée à notre époque », disait-il en novembre 1999, dans une interview au quotidien *Libération*[2]. Parlant de son père qui venait de lui transmettre les rênes de l'entreprise, il ajoutait : « Lui comme moi reconnaissons que le XXIe siècle n'aura rien à voir avec ce que l'on a connu. Je dois apporter, avec ma personnalité propre, des choses nouvelles, adaptées à notre époque, avec les équipes Michelin. » Mais Édouard cultive, comme son père, la discrétion. La part du capital du groupe détenue par la famille Michelin demeure secrète, de même que les salaires des principaux responsables de la maison.

Selon certaines estimations, la famille Michelin détiendrait moins de 5 % du capital du groupe[3], mais selon d'autres analystes, cette part serait de l'ordre de 20 %. Difficile de faire la part du vrai et du faux. Par ailleurs, Édouard avait refusé d'entrer dans le *Who's Who.* Bien que patron d'une des plus grandes entreprises françaises, Édouard restait simple. « J'aime avoir une vie anonyme, toute simple en dehors du travail, même si ce n'est pas facile[4] », disait-il. Catholique pratiquant, il était féru de chant grégorien. À la différence de son père, il aimait aussi la vitesse. Il prenait goût à piloter des bolides à 300 km/h sur les pistes d'essais de Michelin. Il aimait les risques et la performance. À ce titre, il était un ardent défenseur de la participation de Michelin aux courses, en particulier celles de formule 1 et des

1. Michelin a versé 40,2 millions d'euros à son personnel français au titre de l'intéressement et de la participation pour l'exercice 2004, 37 millions pour 2003 et 21,7 millions pour 2002, selon les chiffres officiels du groupe.
2. Interview publiée le 15 novembre 1999.
3. *Les Échos* du 5 février 2007.
4. *Ibid.*

Grands Prix moto. « La compétition est l'adrénaline de l'innovation chez Michelin », disait-il. C'est sous l'impulsion d'Édouard que Michelin était revenu à la compétition en formule 1 en 2001, après huit ans d'absence. Le même Édouard décida cependant de quitter la F1 en 2006, en raison d'un désaccord avec la Fédération internationale de l'automobile (FIA). Michelin peut néanmoins retirer quelque fierté à avoir remporté 97 victoires en formule 1, 342 dans la catégorie moto, et 14 aux 24 Heures du Mans.

Albert Couturier se souvient bien d'Édouard. « Avec lui, c'était la continuité dans le changement. Y compris dans la méthode de gestion de l'entreprise. On partait d'un système très franco-français. Même si les usines en Italie ou en Angleterre étaient un peu indépendantes, il y avait un commandement suprême à Clermont-Ferrand. Il y avait tout de même un certain nombre de brides lâchées pour que ces usines puissent s'exprimer, avec de bons résultats. Édouard, c'est la culture américaine, c'est-à-dire que l'on coupe tout ce qui n'est pas tout à fait rentable. On se concentre sur le cœur du métier. C'est la culture (Carlos) Ghosn ». Pour autant, avec Édouard, ce n'est pas la révolution dans les usines. D'autant qu'il a hérité de quelques traits de caractère de son père. « Édouard, il avait quand même pris à papa un certain nombre de qualités, c'est-à-dire celles d'aller vers les hommes, d'essayer de mémoriser un nom, un visage, et là aussi il était fort. Ça passait très bien, un excellent contact, pas provocateur. J'essaie de comparer avec d'autres grandes entreprises où il y a des "messieurs". Chez nous, c'est rare les "messieurs". C'est vraiment des gens qui travaillent et qui n'écrasent pas tout ce qui est autour. Ou, sinon, ils ne restent pas bien longtemps. Du fait même de la taille de l'entreprise, il est évident qu'Édouard ne pouvait pas rencontrer tout le monde. Mais il avait très nettement amélioré la communication avec le monde extérieur. Il menait tout cela tambour battant, à bride abattue, si bien qu'il avait souffert un peu au début, après des déclarations un peu hâtives. Mais bon, c'est l'apprentissage cela[1]. »

1. Entretien avec l'auteur.

Les enquêteurs n'ont jamais réussi à élucider les circonstances et les causes du naufrage du *Liberté,* un ligneur en aluminium de 8,50 mètres à bord duquel Édouard était parti vers 4 h 30 du matin du port d'Audierne, ce 26 mai 2006, en compagnie de Guillaume Normant, le président du comité local des pêches. Édouard était un amoureux de la Bretagne où il possédait une maison, à Beg-Meil, près de Fouesnant, en face des îles Glénan. Il était parti pour pêcher le bar. Pour raison de sécurité, son ami Thierry Bolloré, parti lui aussi pour une journée de pêche, était monté à bord d'un autre bateau similaire. Les deux bateaux devaient pêcher le bar à proximité de l'île de Sein, au large de la pointe du Raz. Les pêcheurs de la région savent que cette zone, « le Raz de Sein », à l'extrême ouest du Finistère, est balayée par de forts courants marins mais qu'elle est aussi très poissonneuse. À proximité du sémaphore de la pointe du Raz, la statue de Notre-Dame-des-Naufragés et la baie des Trépassés toute proche sont comme des témoins de la réputation des lieux où se sont produits de très nombreux naufrages depuis l'Antiquité.

Depuis des siècles, le passage entre la pointe du Raz et l'île, appelé le raz de Sein, est réputé très dangereux pour la navigation, surtout à la mauvaise saison et la nuit, en raison de la violence des courants marins. Les deux bateaux devaient revenir vers 14 heures. L'alerte est donnée vers 15 heures. Un patrouilleur de la Marine nationale, deux vedettes, une dizaine de bateaux de pêche partirent à la recherche du *Liberté*. C'est un hélicoptère Super Frelon de la Marine nationale qui repéra le corps sans vie d'Édouard, flottant à la surface de la mer. Le corps de Guillaume Normant n'a jamais été retrouvé.

Le jour de ses funérailles à Clermont le 31 mai, en présence du ministre de l'Économie et des Finances, Thierry Breton, et de nombreuses autres personnalités, près de dix mille personnes se déplacèrent pour y assister, dans une ambiance de recueillement et de tristesse, y compris plusieurs milliers de « Bibs » venus rendre un dernier hommage à leur patron. Le père Étienne, le frère aîné d'Édouard, celui-là même qui l'avait marié, suivit le cercueil et célébra la messe avec monseigneur Pierre d'Ornelas, évêque auxiliaire de Paris et ami de la famille. La presse française, de façon unanime, rendit un hommage élogieux au jeune patron. « Il y a, au-delà de l'hommage convenu à un défunt, une communion inédite autour d'un homme, d'une entreprise, d'un mythe. Édouard Michelin est celui qui, arrivé en 1999, a changé, après avoir déclenché une tempête politique sur des suppressions d'emplois, l'image de sa firme, rompant avec le paternalisme social et (partiellement) avec le culte du secret, écrivait Michel Noblecourt dans *Le Midi Libre*. (…) Dans ce climat d'empathie entre une partie de l'opinion et le symbole Michelin, le propos de Jacques Chirac décrivant l'économie française "en deuil" semble à peine excessif. Singuliers Français qui, à cause d'une mondialisation majoritairement honnie, n'aiment plus leurs entreprises mais pleurent leurs capitaines d'industrie. »

« Le décès d'Édouard Michelin a fait resurgir l'ambivalence des relations entre la ville et sa manufacture. Des relations où se mélangent la gêne de revendiquer un passé ouvrier en même temps que la fierté d'être le siège d'une grande multinationale. Ne plus avoir un Michelin à la tête du numéro un mondial du pneumatique ? Face à cette perspective, Clermont-Ferrand est comme saisie de vertige. L'accession de Michel Rollier au rang de patron du groupe vient cependant remettre en évidence que le groupe n'est décidément pas une multinationale comme les autres », soulignait Manuel Armand dans les colonnes du *Monde*. « Comment le groupe va-t-il surmonter cette épreuve ? Comme il l'avait fait dans les années trente, lorsque Étienne et Pierre Michelin moururent dans deux accidents successifs : un régent, proche de la famille, avait été chargé de former et de promouvoir le plus rapidement possible François Michelin, fils d'Étienne et père d'Édouard. C'est ce que va faire Michel Rollier, devenu le seul associé commandité, qui pourrait être rejoint par Benoît Michelin, frère d'Édouard, simple ingénieur au centre de recherche. Pas forcément comme futur successeur, mais comme symbole de l'engagement de la famille tout entière », estimait Airy Routier, du *Nouvel Observateur*.

Selon le magazine *Challenges*, Édouard était en 2005 la vingtième fortune de France avec 18 % du capital de Michelin, soit environ 1,3 milliard d'euros. Mais pour Thierry Breton, ancien ministre de l'Économie et des Finances, Édouard « était un patron simple, proche des autres, profondément humaniste. Il portait en lui une petite lumière que recevaient toutes celles et tous ceux qui l'approchaient ». Il en alla jusqu'à la gauche et aux syndicats pour pleurer la disparition du jeune patron. Le maire socialiste de Clermont-Ferrand, Serge Godard, salua l'attachement d'Édouard à la ville : « Les syndicalistes ont pu lui reprocher de ne pas préserver les emplois, mais en fait, à Clermont-Ferrand, il n'y a pratiquement jamais eu de licenciements, et ce d'autant qu'il était très attaché à la formation des salariés. » Le maire jouait un peu sur les mots, car si les licenciements secs ont été rares, il y avait eu des milliers de suppressions de postes. Pour Alain Senane, syndicaliste CFDT chez Michelin, le jeune patron « avait apporté, tout en respectant la tradition, un souffle de modernité dans l'entreprise, que ce soit dans les relations sociales, dans la communication ou la gestion ». « Il avait su donner un sens à l'entreprise, renouer le dialogue social, moderniser et réorganiser la firme dans le cadre d'une concurrence mondiale exacerbée », déclaraient les représentants départementaux, régionaux et fédéraux de la CFDT[1].

Avec le décès d'Édouard, se pose avec une acuité particulière la question de la succession dans une entreprise quasi dynastique. Or, parmi les cinq frères et sœurs d'Édouard, aucun ne semble en mesure de prendre les commandes du groupe. Quant aux six enfants d'Édouard, ils sont encore beaucoup trop jeunes. Quand un Michelin pourra-t-il revenir à la tête de la manufacture ? La question reste ouverte, bien qu'elle soit un sujet tabou chez les dirigeants actuels de la manufacture. Mais, comme le dit le professeur de philosophie Alain Etchegoyen, « Michelin, ce ne sont pas seulement les patrons. (…) Dans notre capitalisme débridé, l'héritage est souvent choquant. Il faut prendre l'entreprise comme

1. *La Montagne* du 28 mai 2006.

telle : Michelin, c'est une famille ; je ne connais pas en France un seul cas d'héritier équivalent à Michelin. Quand un fils succède à son père, se pose la question de la légitimité. Chez Michelin, elle ne se pose pas, elle s'impose. Ça va de soi. Question d'éducation, de culture et surtout de transmission. La peine du père, François, doit être infinie. Mais il sait que jamais les Michelin n'ont considéré que l'entreprise se réduisait au chef. Michelin est un système dans lequel la famille joue son rôle, mais la fidélité, la confiance, la foi des salariés constituent l'âme de la Maison[1]. » « Il était mon successeur » mais « l'entreprise a su surmonter le choc qu'a représenté la disparition d'Édouard », affirme son père[2]. Et d'ajouter que « l'équipe en place est une équipe solide, elle est là pour dix ans ».

La disparition d'Édouard est venue rappeler à la famille Michelin d'autres coups du sort tragiques. Au point que pour conjurer le mauvais sort, François et son fils ne prenaient jamais l'avion ensemble. Le 27 août 1932, Étienne, fils aîné du fondateur Édouard, se tuait dans un accident d'avion à l'âge de trente-quatre ans. En 1937, la veille du nouvel an, le second fils d'Édouard, Pierre, mourait à son tour dans un accident de voiture, lui aussi à l'âge de trente-quatre ans. Or, Étienne et Pierre avaient tous deux été formés pour prendre un jour en main la destinée de la manufacture et avaient déjà été nommés cogérants aux côtés d'Édouard au moment de leur mort. « Effroyables ruptures », dit Alain Jemain, lequel note qu'en 1933 le seul héritier en ligne directe du grand-père Édouard était François, qui n'avait alors que quatorze ans[3].

D'autres tragédies, il y en a eu. En 1949, un cousin, le petit-fils d'André – le créateur du *Guide rouge* –, trouvait la mort dans un accident de voiture à l'âge de vingt-neuf ans avec ses deux enfants. Pendant la Seconde Guerre mondiale, la famille Michelin perd cinq des siens, internés dans des camps nazis. Parmi eux, Marcel, fils

1. *Les Échos* du 6 juin 2006.
2. *Challenges*, n° 74 du 5 avril 2007.
3. *Michelin, un siècle de secrets, op. cit.*

d'André, entré dans la Résistance, mort en 1944 en déportation dans un camp nazi à Ohrdruf. Un des fils de Marcel, Jean-Pierre, était tué à l'âge de vingt-cinq ans, à l'automne 1943, par une rafale de mitrailleuse allemande. Ce qui fait dire à Pol Échevin, malgré ses opinions syndicales très tranchées, que « Michelin appartient à cette fraction du patronat qui, sous la botte, n'a pas failli [1] ». D'ailleurs, comme pour saluer l'action de Michelin pendant l'occupation allemande, le général de Gaulle, lorsqu'il rendit visite à la manufacture le 1er juillet 1945, déclara : « Patrons, ingénieurs et ouvriers, qui avez su donner l'exemple du courage et du sacrifice, je vous salue. »

1. *Échec au roi, op. cit.*

5. Michel Rollier régent, une affaire de famille

Avec Michel Rollier aux affaires, le clan Michelin est préservé. Même s'il n'en porte pas le nom, le nouveau patron est un proche de la famille. Dans les colonnes du *Monde*, le journaliste Stéphane Lauer raconte les circonstances de l'arrivée au pouvoir de cet homme qui, loin de tirer bénéfice d'un héritage ou d'une ambition dévorante, obéissait à « son sens du devoir » : « Pour comprendre, il faut remonter à juin 1992. À la veille de sa mort, son père, qui a assuré la cogérance de Michelin de 1966 à 1991, a réuni ses enfants autour de lui. Il leur a fait promettre que, si un jour la famille Michelin était en difficulté, l'un d'entre eux se tiendra prêt à lui venir en aide[1]. »

Sitôt la mort d'Édouard connue, la manufacture n'a guère attendu pour annoncer qu'il n'y aurait pas de vacance du pouvoir. C'est ainsi que dès le 26 mai 2006 au soir, le jour même du décès d'Édouard, Michelin déclarait dans un court communiqué : « Conformément aux statuts de Michelin, M. Michel Rollier, cogérant en exercice, exercera la continuité de la direction du groupe. » Le lendemain, ce dernier faisait une courte déclaration au personnel pour appuyer ce sentiment de continuité : « J'assume à partir d'aujourd'hui la direction du groupe Michelin. » Il précisait que cette décision avait été prise « avec l'appui des membres du conseil exécutif du groupe et de l'ensemble des directeurs, ainsi qu'avec la confiance des membres du conseil de surveillance ».

1. *Le Monde,* 1er juin 2007.

Presque simultanément, il assurait aux employés du groupe que les activités se poursuivraient « dans la continuité ». « Michelin continue dans la fidélité de ce qu'a fait Édouard depuis dix ans pour nous. (...) Les prochains jours seront consacrés à penser à lui et à nous organiser pour continuer. Édouard Michelin avait fait tout ce qu'il fallait pour que cet avenir soit assuré », ajoutait-il.

Avec la disparition d'Édouard, Michel Rollier devenait, à soixante et un ans, seul et unique gérant, une situation qui ne s'est pas produite souvent dans l'histoire de l'entreprise. Mais, bien que le nouveau gérant ne porte pas le nom de Michelin, il n'y a pas eu de véritable rupture dans les usages de la maison. Car, même s'il est entré relativement récemment dans l'entreprise (en 1996), il n'est certainement pas un inconnu pour la famille Michelin. On peut même dire qu'il en fait partie.

En effet, il y a d'abord les liens de parenté. Sa grand-mère était la tante de François Michelin. Il y a aussi l'expérience de la gérance. Son père, François Rollier, a lui-même été cogérant de Michelin pendant vingt-quatre ans, et a été très proche de François Michelin. « Il y avait entre eux une proximité impressionnante[1] », explique Michel Rollier. Nous avons vu que les deux François ont grandi ensemble. Orphelin très jeune, François avait été, en quelque sorte, adopté par le grand-père Rollier, dans la famille duquel il a été élevé et où il a passé une bonne partie de sa jeunesse. Si bien que Michel Rollier n'exagère qu'à peine quand il dit que l'entreprise Michelin, il « la connaît par cœur depuis longtemps[2] ». Son accession à la tête de la manufacture s'inscrit ainsi « dans de solides logiques familiales », comme le souligne Manuel Armand dans les colonnes de *La Montagne*[3].

Il y eut d'autres épisodes comparables dans l'histoire centenaire de Michelin. Pendant la période 1940-1955, l'entreprise était dirigée par Robert Puiseux qui, tout en ne portant pas le nom de

1. *Ibid.*
2. Confidence à un cadre dirigeant de Michelin.
3. *La Montagne* du 28 mai 2006.

Michelin, assura une longue transition entre la mort des deux frères fondateurs, Édouard et André, et l'arrivée aux commandes en 1955 du petit-fils d'Édouard, François. Or, explique Manuel Armand, « le pouvoir n'avait pas réellement échappé aux mains de la famille. Mari d'Anne Michelin, Robert Puiseux n'était autre que le gendre d'Édouard et l'oncle de François », si bien que « c'est une même histoire de famille qui se joue aujourd'hui »[1]. Pour le journaliste de *La Montagne*, « aujourd'hui, la direction du groupe reste donc dans la famille, au sens large du terme ». D'autant que l'on peut également supposer que « bien que retraité depuis 2002, François Michelin ne sera pas très loin ».

Mais qui est Michel Rollier ? Diplômé de Sciences-Po Paris, ancien étudiant en troisième cycle de droit, il est mal connu des « Bibs ». En outre, il ne vient pas de l'industrie, mais de la finance. Il fut, avant de rejoindre Michelin, directeur général adjoint de l'usine de fabrication de papier Aussedat Rey fondée par l'un de ses ancêtres. Il est recruté chez Michelin en qualité de directeur du service juridique, puis à partir d'août 1998, il devient directeur des services plans, résultats et contrôle de gestion. Il fait alors partie du conseil exécutif du groupe. Il est nommé directeur financier à l'automne 1999, puis est promu cogérant en mai 2005 avec, comme feuille de route, la possibilité qu'il puisse un jour remplacer Édouard en cas de disparition de ce dernier.

« Lorsque je suis arrivé chez Michelin en 1997, je n'envisageais certainement pas de devenir un jour cogérant. Lorsque Édouard Michelin et René Zingraff me l'ont proposé, j'ai été surpris. C'était inattendu pour moi[2] », affirme-t-il. Michelin était alors dirigé par un triumvirat : Michel Rollier, Édouard Michelin et René Zingraff. Ce dernier a pris sa retraite le 6 mai 2006, vingt jours avant le décès d'Édouard. Évidemment, l'argument mis en avant pour garder la confiance des partenaires de l'entreprise est que le gérant ne gouverne pas seul une immense machine comme Michelin. Il est

1. *Ibid.*
2. *Le Point* du 30 juin 2005.

entouré des membres du conseil exécutif qui réunit dix responsables en charge directe d'une ligne-produit, du Centre de technologies, d'un service-groupe ou d'une zone géographique.

D'autre part, les responsables de toutes les entités de Michelin siègent au sein du collège des directeurs qui compte une trentaine de membres et qui ont, eux aussi, leur mot à dire. En outre, la ligne d'horizon du développement de Michelin est déjà définie puisque Édouard avait lui-même tracé en février 2005 une feuille de route jusqu'à l'horizon 2010 : un objectif de croissance annuelle de 3,5 % en Europe de l'Ouest et en Amérique du Nord, zones où « il faut continuer de moderniser notre outil de production ». L'autre priorité : les pays émergents, dont tout particulièrement l'Asie où « nous ne sommes pas encore assez présents ».

Le but à atteindre est une marge opérationnelle de 10 %, contre seulement 8,2 % en 2006, niveau que Michel Rollier juge « bien insuffisant ». Objectif irréaliste ? Avec la montée des prix des matières premières, la concurrence qui s'aiguise, Michelin est confronté à un réel problème de compétitivité. Mais le marché de l'automobile devrait continuer de croître puisque, selon certaines estimations, le nombre de voitures dans le monde devrait doubler d'ici 2030 pour passer à 1,6 milliard !

Le 15 février 2007, le groupe annonçait ses résultats pour 2006. Cependant, peut-être plus encore que les chiffres, c'est une réorganisation de la gérance qui aura retenu l'attention des observateurs. Car Michel Rollier a, dans le même temps, annoncé qu'il proposerait à l'assemblée des actionnaires, qui s'est tenue le 11 mai 2007, de donner son accord à un renforcement de l'équipe de direction, en appelant à ses côtés en tant que « gérants non commandités » le directeur financier Didier Miraton et le directeur de la recherche et de la performance industrielle Jean-Dominique Senard. Michel Rollier demeure ainsi le véritable patron de l'entreprise, mais c'est néanmoins la première fois que l'on fait appel à des gérants non commandités, nommés pour une durée de cinq ans renouvelable.

« Le décès brutal d'Édouard Michelin en mai 2006 a conduit à ce que je sois seul gérant associé commandité de la CGEM. En accord avec le conseil de surveillance, je souhaite que soit renforcée l'équipe de direction par la nomination de gérants non commandités qui viendront partager avec moi les responsabilités de gestion de la compagnie. Didier Miraton et Jean-Dominique Senard sont deux dirigeants aux expériences complémentaires, l'une acquise en interne dans le domaine fondamental de la recherche et de l'innovation, l'autre à l'extérieur de Michelin dans de grands groupes internationaux. La collaboration qui a été la nôtre et les relations de confiance qui se sont établies me permettent d'être certain que nous constituerons l'équipe soudée et efficace dont Michelin a besoin pour relever les défis qui sont les siens aujourd'hui », a expliqué Michel Rollier.

Ainsi, voici reconstitué un triumvirat à la tête de Michelin, tout comme c'était le cas avec François Michelin, Édouard Michelin et René Zingraff. Comme le disait avec humour François pour vanter les avantages d'un tel trio : « Pour observer la cathédrale de Clermont, il est intéressant d'avoir trois points de vue, un du bas de la rue des Gras, l'autre de la place de la Victoire et le troisième de la rue Philippe-Marcombes[1]. » Avec Didier Miraton et Jean-Dominique Senard, Michel Rollier crée une équipe forte. Le premier, né en 1958, est ingénieur civil des Ponts et chaussées, entré chez Michelin en 1982 en qualité d'ingénieur d'études au centre de technologies à Ladoux. De 1986 à 1989, il est responsable du recrutement des ingénieurs et des cadres au service du personnel à Clermont, puis il est expatrié aux États-Unis où il devient ingénieur du développement des pneus poids lourds. Il est nommé en 1996 directeur technique de la ligne produit génie civil, puis promu en mars 2001 directeur général du centre de technologies Michelin et membre du conseil exécutif du groupe. Le second, né en 1953, est diplômé d'HEC et titulaire d'une maîtrise de droit. Ancien de Total puis de Saint-Gobain, il a été directeur financier de Pechiney puis président de Pechiney SA. Il a rejoint Michelin en mars 2005. Il y devient directeur financier et membre du

1. *Michelin et sa ville*, *op. cit.*

conseil exécutif de l'entreprise. Michel Rollier a parlé d'une « équipe soudée, mobilisée sur un objectif » qui est « d'accélérer nos programmes, gagner en compétitivité » et de faire ainsi de 2007 « une année de croissance ».

Des capacités de Michel Rollier, François Michelin ne doute pas : « C'est un financier, mais il sait écouter. Je l'ai vu dans un atelier, on voyait que le courant passait[1]. » Y aura-t-il un jour de nouveau un Michelin aux manettes ? « Oui, dit-il, s'il y en a un qui s'en montre capable. Je crois que le personnel le souhaite. » En attendant, ce trio aux commandes et cette situation juridique inédite font penser à certains observateurs que ce nouveau montage ouvre la voie à une gestion moins étroitement liée aux intérêts familiaux des Michelin. Pour Michel Rollier, « cette réforme permettra un accès plus souple et plus facile à la direction, pour des responsables dont la compétence est reconnue[2] ». En attendant, cette modification des statuts risque de pérenniser l'éloignement des Michelin, d'autant qu'elle déjoue le pronostic de Michel Rollier lui-même qui, dans un premier temps, avait affirmé qu'il resterait seul aux commandes.

Gagner en compétitivité ! Voilà l'objectif le plus important de la nouvelle équipe au pouvoir. Cela signifie investir sur les marchés émergents et réduire les coûts en Europe et aux États-Unis. Michel Rollier, en juin 2006, ne disait pas autre chose : « Nous maintenons une stratégie de croissance ciblée. Nous allons notamment accélérer nos investissements à l'Est, dans les pays émergents, dont les marchés croissent en moyenne de 10 % contre seulement 2 % à l'Ouest. Nous avons des projets de croissance en Pologne, en Hongrie, en Roumanie, en Thaïlande, en Chine[3]. » « Nous avons un fort potentiel de croissance en Chine, au Brésil, en Russie et des pays à conquérir, comme l'Inde et le Vietnam », ajoute-t-il un an plus tard[4].

1. *Challenges,* n° 74 du 5 avril 2007.
2. *Ibid.*
3. Entretien publié par *Le Monde* du 13 juin 2006.
4. *Le Figaro,* 31 mai 2007.

En Europe et en Amérique du Nord, il faudra donc se serrer la ceinture. « Nous voulons doubler le rythme des gains de productivité en Europe de l'Ouest et aux États-Unis. L'essentiel sera réalisé par des départs à la retraite non remplacés », poursuit-il. En Europe de l'Ouest et en Amérique du Nord, Michelin conservera une base de production et cherchera à moderniser ses usines dont beaucoup datent des années soixante, mais « il y aura peu d'investissements de capacité ». Sur le tiers des effectifs qui partiront à la retraite d'ici à 2010, « entre le tiers et la moitié seront remplacés », dit-il. Les autres, non. « Dans l'avenir, il y aura peut-être des regroupements de sites, mais sans drame[1] », déclare-t-il.

On ne peut être plus clair. D'autant qu'il a récemment durci encore son propos. Michelin, dit-il, devra économiser de 1,5 à 1,7 milliard d'euros par an d'ici 2010 à niveau d'activité constant. Ce qui ne manquera pas d'avoir un impact sur l'emploi. « En Europe de l'Ouest et en Amérique du Nord, nous bénéficions de la structure de notre pyramide des âges. Environ vingt mille personnes devraient partir à la retraite d'ici 2010 et moins d'une sur deux sera remplacée[2] », affirme-t-il. Il a donc décidé d'accélérer encore la cadence prévue par Édouard. « Le danger aurait été l'immobilisme. Michel Rollier s'est épargné ce piège. Au contraire, il a choisi d'accélérer[3] », indique Jean Dominique Senard.

Avec Michel Rollier devenu le patron de la maison, une page est tournée dans l'histoire de Michelin, celle d'un groupe dirigé par des entrepreneurs audacieux, que ce soient les frères fondateurs ou François, ou même Édouard, bien que ce dernier ait été critiqué dans l'entreprise pour sa gestion trop inspirée, au goût de certains, par le management à l'américaine. L'avènement de Michel Rollier, financier pur sucre, marque aussi, d'une certaine façon, l'achèvement de la normalisation de Michelin qui, confronté à une concurrence acharnée et à des marchés de plus en plus difficiles, devait

1. *Challenges*, n° 74 du 5 avril 2007.
2. *Le Figaro*, 31 mai 2007.
3. *Le Monde*, 1er juin 2007.

nécessairement adopter une gestion plus conforme à une grande multinationale.

Désormais, les « valeurs » et l'« esprit » Michelin, sa culture d'entreprise, devront quelque peu s'effacer devant les nécessités du marché et les dures lois de la concurrence, pour laisser la place à une vision plus comptable de son avenir et à des méthodes plus orthodoxes dans sa gestion. Pour autant, Michelin demeure dirigé par une équipe d'industriels qui entourent les gérants. Des efforts pour améliorer significativement la marge opérationnelle et la compétitivité du groupe ? Oui certainement, mais pas aux dépens de l'innovation technologique et de la qualité du service au client qui devront rester les piliers du développement futur, au risque d'amorcer la dégringolade.

Qu'en dit Pierre Dupasquier, l'homme des courses qui, étant maintenant à la retraite, a retrouvé sa liberté de parole ? Michelin dirigé par un financier restera-t-il Michelin ? « Il faut dire haut et fort que l'aspect financier est totalement incontournable, autrement nous disparaissons. Il n'y a même pas à se poser la question. (...) Cela dit, en fonction des produits sur lesquels nous travaillons, je pense que les entrepreneurs doivent observer une attitude différente. Car il est des produits pour lesquels l'objet lui-même est presque secondaire, pourvu qu'il soit bien emballé et que l'entreprise fasse des bénéfices. Je ne citerai personne, mais enfin il y a des fabricants de cosmétiques... (...) Il faut, pour un produit comme le pneumatique, trouver un équilibre délicat entre le caractère incontournable de l'aspect financier et l'esprit d'entreprise, tout particulièrement cet esprit qui est de vouloir toujours améliorer le service au client. (...) Je crois que les dirigeants actuels en sont parfaitement conscients. Michel Rollier est un homme qui connaît bien l'entreprise, qui connaît bien les autres dirigeants du groupe, qui a bien connu Édouard, qui connaît parfaitement François. Je crois que c'est quelqu'un de parfaitement compétent et pour lequel je ne me fais aucun souci[1]. »

1. Entretien avec l'auteur.

« C'est très personnel, mais je suis extrêmement confiant, parce que je suis convaincu qu'il va mettre ses compétences de financier au service de la pérennité de l'entreprise. Or ceci passe par une capacité d'innover permanente et il va continuer d'être celui qui, parmi les manufacturiers, apporte le meilleur service pneumatique au client. » De l'avis de Pierre Dupasquier, Michelin doit éviter une trop grande diversification et se concentrer sur son cœur de métier, le pneumatique. Car à vouloir fabriquer des stylos sous la marque Michelin, il suffit d'un seul qui ne marche pas pour écorner l'image de l'entreprise. « C'est un choix qui a été fait par François Michelin de ne pas se diversifier, de fabriquer des pneumatiques, tous les pneumatiques et bien les pneumatiques. Est-ce que ce choix sera maintenu, je n'en sais rien. C'est un choix difficile, parce qu'on peut être tenté de faire un peu de monnaie dans les imperméables et les tuyaux d'arrosage. » Mais ce serait là une erreur.

6. Bibendum se serre la ceinture

Dans ce chapitre, nous serons obligés de citer quelques chiffres, afin de mettre en relief la comparaison entre le groupe et ses principaux concurrents. Ils font apparaître une lente détérioration de la situation de Michelin.

Le groupe aime collectionner les records. Une voiture sur cinq dans le monde est équipée de pneus de la marque. Outre ses quelque 69 usines implantées dans 17 pays, la manufacture possède 7 centres de recherche et d'essais en France, au Japon, aux États-Unis et en Espagne. La manufacture produit du latex dans 6 plantations d'hévéa au Brésil et au Nigeria. Chaque jour ouvré, 770 000 pneus sortent des usines du groupe, de même que près de 100 000 chambres à air, 46 000 roues et 60 000 cartes et guides. En 1960 déjà, c'est la manufacture de Clermont qui fabrique les pneus pour les plus gros camions du monde[1]. Les pneus mesuraient 2,24 mètres de haut ! Si la firme concentre ses activités sur son cœur de métier, le pneu, cela ne l'empêche pas de poursuivre tranquillement sa diversification. Elle s'est notamment mise à produire sous sa marque des écrans GPS pour véhicules. Elle affirme avoir créé la base de données routières en ligne la plus riche du monde avec http : //www.viamichelin.com qui diffuse des services et conseils aux usagers de la route. Elle a même annoncé récemment la mise au point, avec l'équipementier britannique Umbro, d'une chaussure de football dont la commercialisation a démarré en

1. *Bulletin intérieur,* n° 309 du 28 novembre 1960.

juillet 2007[1]. Baptisée « X Boot III », cette chaussure bénéficie des dernières technologies mises au point dans le centre de recherches de Ladoux, à Clermont-Ferrand.

Dans un communiqué, Michelin a indiqué souhaiter développer ses activités « sports et loisirs », une composante de sa branche « Lifestyle » créée en 2000, avec la mise à profit de son expérience dans le pneumatique et la gomme. Certes, le chiffre d'affaires généré par la branche « Lifestyle » n'a atteint que 150 millions d'euros en 2006, une petite goutte d'eau par rapport au chiffre d'affaires global de la manufacture qui était de 16,38 milliards d'euros pendant l'exercice 2006. Mais cette diversification limitée participe à l'image positive du groupe, en phase avec son temps. Michelin entend aussi demeurer pionnier dans le domaine de l'innovation. Ainsi, en 1988, il met au point le procédé « PAX System » qui permet de parcourir 200 kilomètres à 80 km/h après une crevaison. Mais, là, le fabricant n'est pas seul. Ses concurrents ont, eux aussi, commercialisé des pneus pour roulage à plat. La manufacture de Clermont-Ferrand équipe toujours les plus gros camions du monde, pesant 600 tonnes à pleine charge. Nombre d'avions commerciaux sont munis de pneus « X Air » à carcasse radiale. Pour les poids lourds, l'entreprise commercialise depuis quelques années le « X-One », un pneu plus large qui permet de remplacer les montes de pneus jumelés.

Mais la direction de Michelin doit se rendre à une évidence : l'époque de l'expansion ultrarapide est probablement révolue. Celle-ci aura globalement duré de 1921, date de la construction de l'usine de Cataroux, à Clermont-Ferrand (en 1927, date d'achèvement de cette usine, Michelin emploie déjà dix mille salariés dans les usines de Clermont-Ferrand et dix-huit mille en France et à l'étranger !), jusqu'au milieu des années quatre-vingt. Avec, il est vrai, quelques épisodes de crise grave, telles que les conséquences pour la manufacture de la dépression de 1929 (en septembre 1936, les salariés de Michelin ne sont plus que sept mille, point le plus bas des

1. AFP, 15 février 2007.

effectifs de la firme). Différents jalons ont rythmé cette forte croissance. En 1935, la firme du Bibendum prend le contrôle de Citroën, qui se trouve en grande difficulté financière et a déposé son bilan le 21 décembre 1934. André Citroën, innovateur de génie mais aventuriste en matière de finances, tout à l'opposé de la prudence des Michelin, est obligé de céder ses usines alors qu'il vient de présenter au public le premier modèle de sa célèbre et révolutionnaire Traction avant. Pierre Michelin est nommé président et Pierre Boulanger vice-président. Michelin gardera Citroën quarante ans, avant de céder cette entreprise à Peugeot en plusieurs étapes de 1974 à 1976[1]. La manufacture demeure cependant fournisseur exclusif de Citroën.

On a vu à quel point l'un des moteurs de la croissance de Michelin fut le pneu radial « X ». Grâce à ce pneu, conçu dans le plus grand secret pendant les années de l'Occupation et de Vichy sous le nom de code CAM (cage à mouche), Michelin a construit un total de trente-huit usines à travers le monde entre 1960 et 1979, dont quinze en France. L'acquisition, en 1989, d'Uniroyal-Goodrich Tire donna à Michelin la taille critique en Amérique du Nord pour pouvoir se mesurer directement aux majors américains comme Goodyear et Firestone. Pourtant, de l'âge d'or de l'entreprise, il faut sans doute déjà parler au passé. Premier signe des difficultés : alors qu'elle était restée numéro un du pneu dans le monde pendant quatre années consécutives de 2001 à 2004, ce titre envié lui a été ravi par Bridgestone en 2005, date à laquelle Michelin ne détenait plus que 17,7 % du marché mondial, à peine plus que Goodyear (17,3 %).

L'Europe demeure, de loin, son premier marché, avec 49 % de son chiffre d'affaires. L'Amérique du Nord vient en deuxième position, avec une part de marché de 36 %, les autres pays représentant 15 %. En Europe, la manufacture avait un temps songé à acqué-

1. Selon certains observateurs familiers du dossier, Michelin a cédé Citroën afin d'avoir les coudées plus franches pour réussir son offensive sur les marchés étrangers, la marque aux chevrons étant très critiquée pour sa gestion anachronique. La cession a lieu en avril 1976, la famille Peugeot portant sa participation de 38 à 92 % dans Citroën qui devait alors être renfloué de toute urgence.

rir l'allemand Continental[1]. Des rumeurs récurrentes concernant un tel rachat surgissent dans les salles de marché, influençant les cours des deux groupes. Mais l'avenir est désormais ailleurs qu'en Europe ou même qu'en Amérique du Nord. La direction de la firme auvergnate attend beaucoup plus de son développement dans les pays émergents, tout particulièrement en Asie. D'autre part, un argument est de nature à rassurer les investisseurs : Michel Rollier n'est pas le seul financier à la tête du groupe puisque deux de ses plus proches collaborateurs le sont également. Il s'agit du président du conseil de surveillance Éric Bourdais de Charbonnière et du responsable financier Jean-Dominique Senard. « Cela fait qu'en interne, le ton change, Michel Rollier affirme maintenant que l'on ne peut plus faire de croissance sans baisse des coûts[2] », souligne Philippe Houchois, de JP Morgan. Par ailleurs, même s'il a perdu sa première place au profit de son concurrent direct Bridgestone, le groupe n'est pas en mauvaise santé financière. JP Morgan estime que sa dette nette atteignait 4,4 milliards d'euros à la fin de 2006, un ratio de 89 % des fonds propres, c'est-à-dire un niveau jugé raisonnable.

Michelin doit cependant faire face à d'autres contraintes, dont une hausse continuelle des prix du caoutchouc. Ils ont triplé entre le début de 2004 et la mi-2006, pour atteindre 2,80 dollars le kilo en juin 2006. Or après avoir fléchi, voilà le cours du caoutchouc qui remonte depuis la fin 2006. Il était de 2,10 dollars le kilo en février 2007 contre 1,50 dollar en janvier 2006. Le caoutchouc représente en valeur 32 % des achats de matières premières de Michelin (le reste étant de l'acier et des produits pétroliers). Les plantations d'hévéa que possède le groupe ne couvrent que 10 % à peine de ses besoins. Face à une demande qui grimpe, il est vraisemblable que ces cours continueront de croître.

1. Selon un ancien haut dirigeant de Michelin, l'entreprise avait sérieusement envisagé ce rachat il y a une dizaine d'années, mais ce projet ne s'est jamais concrétisé.

2. *Les Échos* du 5 février 2007.

Les résultats de la maison de la place des Carmes ont été marqués en 2006 par une baisse significative de 35,7 % de son bénéfice net part du groupe, à 573 millions d'euros (contre 889 millions en 2005), sur un chiffre d'affaires en progrès de 5,1 % à 16,384 milliards d'euros (15,590 milliards en 2005). Ces résultats sont inférieurs aux prévisions des analystes financiers, qui tablaient sur un bénéfice de 670 millions d'euros et un chiffre d'affaires de 16,5 milliards d'euros. Présentant ces résultats, Michel Rollier a néanmoins estimé que 2006 avait été « une année positive » et souhaité que 2007 soit « une année de croissance ». Il a cependant annoncé que 2007 serait aussi « une année d'accélération de la mise en œuvre de nos programmes qui ont pour but d'améliorer notre compétitivité », ce qui laisse clairement entendre une mise en place plus rapide des restructurations et des suppressions de postes.

« Il est plus que jamais nécessaire de réduire l'ensemble des coûts du groupe et de dynamiser la croissance de nos volumes vendus grâce à une offre de produits toujours plus compétitive », a-t-il ajouté. Le message ne peut être plus transparent. Le gérant a expliqué que pour la quatrième année consécutive Michelin avait dû « faire face à l'inflation de ses coûts externes : matières premières, énergie, logistique ». Cette hausse a atteint 824 millions d'euros, dont 740 millions pour les seules matières premières. Pour 2007, Michelin juge que « les ventes nettes et la marge opérationnelle devraient être en progression sensible par rapport à 2006, en ligne avec les objectifs 2010 du groupe ». Or l'entreprise a déjà réalisé un gain de compétitivité notable au cours de la période 2003-2006 avec une hausse de 14 % de la productivité mesurée en nombre de tonnes produites par employé et par an. Mais, visiblement, on est encore loin du compte.

Du fait de son avance technologique, Michelin a pendant longtemps pu se permettre de vendre ses pneus de 10 à 15 % plus cher que la concurrence. Mais cela n'est plus possible et ne suffit plus à assurer sa compétitivité, car les grands fabricants de pneus se livrent à une guerre des prix sans merci. Or JP Morgan évalue à 122 000 euros le chiffre d'affaires par personne chez Michelin, contre 183 000 euros pour Bridgestone et Goodyear, 177 000 euros pour Continental et 150 000 euros chez Pirelli, ce qui place Michelin en bon dernier, le cancre de la classe ! UBS relève, pour sa part, que Michelin emploie vingt mille personnes de plus que Bridgestone et même quarante mille de plus que Goodyear dans l'activité du pneumatique, pour une production pourtant sensiblement équivalente, soit 200 millions de pneus par an. Michelin a déjà procédé à huit plans sociaux ou mesures de suppressions d'emplois en France entre 1983 et 1999, avec la suppression de quinze mille postes dans les seules usines de Clermont-Ferrand [1]. Mais ce n'est pas suffisant.

À l'évidence, la nécessité impérieuse demeure de poursuivre les restructurations dans l'entreprise où vingt mille salariés doivent partir à la retraite entre 2006 et 2010, soit 27 % du personnel employé en Europe et aux États-Unis [2]. Outre les suppressions de postes, surtout en Europe, les analystes estiment que Michelin devra aussi procéder à des regroupements de ses usines, quitte à fermer les plus petites, pour poursuivre les économies d'échelle et réduire les coûts de transport. En résumé, Michelin devra nécessairement faire encore des économies dans les prochaines années afin de ne pas perdre de terrain là où ses concurrents Bridgestone et Goodyear pourraient bien continuer d'en gagner. Selon la revue spécialisée *Tire Business,* Michelin a abandonné 2,5 % de part du marché mondial en un an en 2006, dans un marché en hausse de 9 % à 101 milliards de dollars, du fait notamment de prix jugés trop élevés et non compétitifs.

1. 3 110 postes supprimés en 1983 dont 2 075 à Clermont, 4 993 en 1985 dont 3 245 dans la capitale auvergnate, 2 196 en 1987 dont 1 306 à Clermont, 2 260 en 1990 dont 2 005 dans les usines auvergnates, 4 900 en 1991 dont 2 432 à Clermont-Ferrand, 2 950 en 1993 dont 1 550 à Clermont, 1 170 en 1994 y compris 600 à Clermont et enfin 1 445 en 1997, dont 852 à Clermont. Source : AFP, 20 septembre 1999.

2. Estimation de Gaétan Toulemonde de la Deutsche Bank, citée par *Les Échos* du 5 février 2007.

7. Les grandes manœuvres, un avenir incertain

L'autre question lancinante, on l'a évoquée, est la succession à la tête de l'entreprise. Si l'élargissement de la gérance à deux gérants non commandités permet à Michel Rollier de ne pas être seul aux commandes pour les années à venir, cette formule n'est vraisemblablement que provisoire. Après Michel Rollier, qui, dans la famille Michelin, pourrait prendre les commandes de la manufacture ? Le cofondateur Édouard s'était employé à écarter son frère André de la gestion réelle de l'usine. Il en fut de même pour la descendance d'André. Les deux frères ont eu ensemble quelque trois cents descendants. Le nombre est même de cinq cents si l'on compte ceux de leur sœur Marie (1856-1953). En 1958, lorsque mourut la seconde épouse d'André, quatre cent soixante-cinq neveux et nièces furent invités aux funérailles. Bien qu'il n'en existe aucune preuve tangible, il semble qu'Édouard, sur son lit de mort, désigna pour lui succéder Robert Puiseux, son gendre, le mari de sa fille Anne, ainsi que Pierre Boulanger qui était alors son collaborateur le plus fidèle. Les deux hommes, de caractères très différents, ne s'accordaient guère, mais peu de temps avant de mourir, le patriarche les supplia de s'entendre et leur confia la gérance.

Puisque les deux fils d'Édouard moururent prématurément dans des accidents, la manufacture aurait pu être confiée à un autre Michelin : soit Jean, fils d'André, qui était à ce moment cadre dans la firme, responsable des œuvres sociales, ou encore Marcel, le deuxième fils d'André, lui aussi cadre dirigeant, chargé des essais. Clairement, ce n'était pas là la volonté du vieil Édouard qui, avant de succomber, demanda à Robert Puiseux de transmettre le pouvoir, le moment venu, à un Michelin en ligne directe. On dit que la branche familiale d'André fut considérablement irritée d'être ainsi écartée[1]. Avec Michel Rollier aux manettes, tout comme en 1938, s'ouvre donc une ère de régence assumée par quelqu'un qui ne porte pas le nom Michelin. Mais, quoi qu'il en soit, son arrivée n'a pas suscité d'émoi particulier et la situation actuelle n'est pas jugée alarmante. « Elle n'inquiète pas le marché, au contraire, car Michel Rollier est jugé très crédible. Et comme il n'appartient pas à la famille directe, on lui prête moins d'états d'âme pour effectuer les restructurations nécessaires[2] », estime Yves Quemener, analyste chez Kepler Equities.

Que pense Jean Massoubre de l'avenir de Michelin ? Est-il d'avis que la manufacture a gardé cette dynamique indispensable pour rester numéro un ? « Je le crois. J'estime qu'Édouard Michelin possédait très fort ce sentiment du développement nécessaire et du développement propre à Michelin. Mais, c'est devenu plus difficile ». En effet, les incertitudes et les contraintes sont nombreuses. « Mais tout cela a toujours existé et fait partie des fatalités. Édouard Michelin ne pensait pas très différemment de François Michelin. Le coût des matières premières dans le prix de revient des pneumatiques est quelque chose d'imparable, on n'y peut rien. » Quant aux coûts de la main-d'œuvre en Europe, ils se sont déjà rapprochés de ceux des États-Unis. « Michelin reste bien armé pour l'avenir. C'est psychologique », dit-il. Jean Massoubre avoue néanmoins ses hésitations, sinon même une certaine inquiétude face à une entreprise désormais dirigée par un financier : « Je ne peux pas répondre, je le connais trop peu. De ce que je sais de lui, je n'ai aucune hostilité à l'égard des financiers, mais il ne possède pas le feu sacré qui habitait Édouard Michelin. Lui, il avait sucé le lait Michelin depuis sa tendre enfance. Or Rollier est un financier, mais pour autant, ce

1. Herbert Lottman, *Michelin, 100 Ans d'aventures,* Flammarion, 1998.
2. *Les Échos* du 5 février 2007.

n'est pas un homme seul qui fait la politique de la maison. Même François Michelin était un peu prisonnier de sa machine[1]. »

René Zingraff est plus optimiste : « Pour moi, le grand défi de Michelin, c'est incontestablement la capacité à rester innovant. Pour les quelques années qui viennent, pour autant que je le sache, il n'y a pas trop de souci à avoir, mais je parle à plus long terme. Compte tenu de la taille de l'entreprise et de son implantation internationale, c'est la capacité d'adaptation à l'environnement, aux exigences du marché qui se pose de façon permanente et qui exige beaucoup de souplesse et de réactivité. Il faut faire vite de nos jours, vous savez ! » Michelin est aidé par sa structure juridique. Du fait de son statut de société en commandite, « les décisions sont prises par les gérants, nous n'avons pas besoin de convoquer un conseil d'administration pour guetter les avis des uns et des autres et mettre cela à la majorité. On décide. Il y a actuellement une bonne équipe de direction. Je la connais bien, ce sont des gens compétents, des personnalités diverses, mais assez complémentaires. Je pense que telle qu'elle est aujourd'hui, elle est armée pour faire face à cela. Maintenant, ce qui se passera dans cinq ans, dans dix ans ? Je ne peux le dire. Mais le défi, c'est certainement la réactivité, la capacité d'adaptation, la souplesse, la vitesse d'adaptation et puis la capacité à rester innovant. Le produit Michelin reste malgré tout, compte tenu de son positionnement sur le marché, un produit qui se doit d'être en avance en matière de performance[2]. »

Que penser, pourtant, de ce monde où l'environnement, la pénurie en sources d'énergie et le réchauffement climatique font peser une hypothèque sur l'avenir des moyens de transports, y compris l'automobile ? Cela ne risque-t-il pas de peser sur Michelin ? « C'est justement au travers de l'innovation que l'on peut répondre à un certain nombre de ces problématiques-là. Imaginez que l'on soit capable de fabriquer un pneu qui fasse encore deux fois plus de

1. Entretien avec l'auteur.
2. Entretien avec l'auteur.

kilomètres. On réalise alors un pas vers la réponse aux problèmes d'environnement. On ne résout pas tout. Mais si on fabrique un pneu dont la résistance au roulement est diminuée de moitié, on diminue sensiblement la consommation. Michelin travaille dans ces voies-là et a sinon des réponses immédiates, du moins un certain nombre de solutions qui se profilent sur l'horizon. » Il y a déjà eu des progrès sensibles réalisés, et Michelin n'a pas encore atteint le sommet en matière de pneumatiques : il existe encore des voies de progrès importants. « Pour Michelin, rester en tête est déterminant, de même que d'être partie prenante à tout nouveau développement des moyens de transport, de systèmes pour lesquels l'entreprise peut apporter un savoir-faire. La vraie question est : dans vingt ans, y aura-t-il encore des pneumatiques ? C'est une question que l'on se pose régulièrement chez Michelin et, peut-être par manque d'imagination, on n'a jamais trouvé, à ce jour, de réponse qui aille dans le sens de la suppression des pneumatiques », dit René Zingraff.

Toutefois, la stagnation du marché automobile en Europe n'est-elle pas de mauvais augure ? « Il est vrai que l'évolution des marchés occidentaux est très limitée, mais elle est quand même de l'ordre de 2 % par an, ce qui n'est pas négligeable, parce que les masses en jeu sont importantes. 2 % sur des masses de cette importance-là, cela représente quelque chose de conséquent. Et puis il y a tous les pays en voie de développement, évidemment la Chine, l'Inde, etc., qui croissent à des taux de plus de 10 % par an. Il y a encore des possibilités de développement en termes de marché. Je ne suis pas inquiet pour les dix ans qui viennent », dit-il.

Les pneumatiques connaîtront des évolutions quant à leurs performances, mais la définition même du produit ne devrait pas être profondément modifiée. « Je ne suis pas capable, aujourd'hui, d'imaginer un système et des moyens de transport radicalement différents », explique-t-il. Les motorisations vont cependant continuer de changer, avec de plus en plus de moteurs hybrides et de véhicules électriques. « Je crois fermement à la pile à hydrogène, dit-il. Chez Michelin, nous avons mis au point une voiture à pile à hydrogène qui marche. Je l'ai conduite, j'ai roulé à 130 km/h sur les routes. Cela viendra. Et je pense que, par ce biais, une partie des problèmes de pollution de l'environnement trouvera une réponse adéquate. Je reste également convaincu que le transport individuel demeure un outil, un moyen d'exprimer la liberté de l'individu que n'offre pas tout autre moyen de transport, en particulier les transports en commun. »

Mais pour Michelin, s'il n'a pas été très facile de se hisser au premier rang, en revanche, de mauvaises décisions risquent d'entraîner une régression qui peut être très rapide. « Je peux vous dire que cet aspect a été présent à nos esprits et qu'il est présent aujourd'hui, j'en suis sûr, à l'esprit de Michel Rollier et de son équipe de direction. Dans le sport, il est relativement plus facile de grimper à la première place que de s'y maintenir. D'ailleurs, nous ne sommes plus à la première place, puisque les ventes de Bridgestone dépassent les nôtres, en partie du fait des parités monétaires. Bridgestone, en volume, a vendu davantage que nous en 2005, en chiffre d'affaires exprimé en dollars. Mais cela est en réalité anecdotique, parce que nous n'avons jamais cherché à tirer trop parti de cette soi-disant première place. Ce qui nous importe, c'est d'être le meilleur. »

Le fait que Michel Rollier soit un financier ne risque-t-il pas de dénaturer quelque peu l'esprit Michelin dont nous parlions ? René Zingraff estime que non puisque, comme l'expérience de Michelin l'a montré, il s'agit davantage d'une question d'état d'esprit que d'un problème de formation spécifique : « Je pense que Michel Rollier est bien imprégné de l'esprit de la Maison. À lui de savoir s'entourer des gens compétents pour apporter éventuellement l'expertise ou la connaissance qu'il n'a pas, dans le domaine industriel ou technique. L'avenir nous le dira, je ne peux pas préjuger de ce qui se passera. Il est certain que M. Rollier sera encore plus sensible aux aspects économiques et aux performances de l'entreprise que nous l'étions, plus encore avec Édouard qu'avec François Michelin. Or nous avions déjà marqué le coup assez fortement. Il sera aidé en cela par un environnement qui pèse tout de même de plus en plus sur les entreprises. »

René Zingraff poursuit : « J'ai connu des assemblées générales en présence de François Michelin au cours desquelles les gens posaient la question : “Mais, monsieur Michelin, pourquoi le cours de l’action Michelin n’évolue-t-il pas davantage ?” Et François Michelin se mettait à expliquer comment fonctionnent la Bourse, les gens qui spéculent. Tout le monde applaudissait en disant : “Monsieur Michelin, bravo !” Édouard Michelin ne pouvait pas se permettre cela. Il fallait qu’il explique pourquoi l’action ne bougeait pas, ou pourquoi elle bougeait. Autres temps, autres mœurs, autres attitudes aussi. Il est certain qu’aujourd’hui la pression des acteurs économiques, de ceux qui évoluent dans le domaine de la finance et de l’économie, est beaucoup plus forte qu’elle ne l’était à l’époque où François Michelin était en charge. »

En outre, poursuit-il, François Michelin avait une telle aura que les gens lui faisaient confiance. « Un jour en 1984, nous étions, avec François Michelin, en compagnie d’un groupe d’Américains. Comme il ne parlait pas très bien l’anglais, je lui servais d’interprète. Une personne lui posa la question : “Monsieur Michelin, le cours de l’action Michelin est à combien aujourd’hui ?” Il se tourna vers moi et me demanda, “Monsieur Zingraff, vous connaissez le cours de l’action ?” Il ne regardait jamais le cours de l’action. Il était au courant parce qu’on lui disait que l’action montait ou descendait. Cela ne le préoccupait pas beaucoup. Je peux vous dire qu’Édouard, tous les matins en entrant, il avait le cours de Bourse en clôture la veille au soir sur son bureau. Cela faisait partie des informations au quotidien qui arrivaient. Cela illustre le changement et l’impact de l’environnement sur la façon de fonctionner et de travailler. »

Michel Rondreux se montre, quant à lui, d’un optimisme mesuré à propos de l’avenir de Michelin : « Le gros défi aujourd’hui, c’est le défi énergétique. » La consommation d’énergie d’un pneu de véhicule standard n’est pas négligeable, même si elle a déjà été considérablement réduite. Les grandes évolutions ont été le pneu radial et la qualité des mélanges des gommes, avec tout particulièrement l’introduction de la silice. « Je sais que des études continuent d’être menées à la fois au niveau des charges et des gommes de synthèse, de façon à continuer de réduire cette résistance au roulement et donc la consommation d'énergie. La difficulté est de trouver ce compromis très compliqué à mettre au point pour ce qui est de la bande de roulement. On lui demande des choses qui sont un peu inconciliables. On attend d'elle une faible consommation d'énergie or, *de facto,* c'est elle qui en a le plus besoin puisque c'est la plus épaisse et c'est elle qui se déforme. En outre, on lui demande une bonne adhérence, or l'adhérence résulte précisément de la consommation d'énergie à certaines fréquences dans la bande de roulement. » Ainsi, explique-t-il, « les recherches et les progrès que l'on peut encore espérer sont à trouver là ».

Qu'en est-il de la remise en cause des transports, de l'automobile, de la protection de l'environnement ? La hausse des cours des matières premières ? « Michelin poursuit une réflexion sur la mobilité et c'est pour cela qu'il a créé le Challenge Bibendum[1]. Ma réflexion personnelle est que le problème de l'énergie sera réglé un jour. » Michel Rondreux est aussi d'avis que, à terme, le carburant de base sera l'hydrogène, or les sources d'hydrogène sont intarissables. « Comment produire l'hydrogène ? Il y a trente-six façons, mais il y en a une qui consiste à procéder à l'électrolyse de l'eau à partir de l'électricité. Je suis convaincu que ce sera chose faite, peut-être dans trente ans ou davantage, car la fusion permettra beaucoup de choses. (...) Je suis persuadé qu'il faut que l'on développe l'énergie nucléaire, en prenant toutes les précautions nécessaires. Nous mettons toujours en avant les risques, mais toutes les autres formes d'énergie comportent des risques et il y en a qui en comportent davantage. Prenez l'exemple de l'exploitation du charbon : le nombre de morts qu'il y a eu est considérable et ce n'est pas de la théorie, c'est la réalité. (...) Rares sont ceux qui s'en émeuvent, alors que l'on s'émeut du fait qu'il y a eu, un jour, une fuite quelque part dans une unité nucléaire et qui d'ailleurs n'a rien à voir avec le cœur de la centrale. »

1. Le Challenge Bibendum, organisé chaque année, vise à récompenser des avancées en matière de nouvelles technologies pour l'environnement dans le domaine de l'automobile.

Le défi de Michelin est aussi de poursuivre son internationalisation : « Je considère que Michelin est bien placé face à tous ces défis, parce qu'en termes de mondialisation il est maintenant pratiquement sur tous les grands marchés. Aujourd'hui, son effort est à porter et à maintenir en Asie. L'implantation est menée ou a été menée de façon appropriée en Chine, en Russie, en Inde. Je pense que les bonnes orientations ont été prises. Cependant, de là à prévoir l'avenir, il peut se passer tellement de choses dans le monde », ajoute-t-il.

Quant à la personne de Michel Rollier, Michel Rondreux n'est pas trop inquiet, car la gestion de l'entreprise est collégiale : « Il est vrai que les gérants ont un rôle fondamental chez Michelin. Mais j'insiste, parce que je l'ai vécu, pour dire que c'est une direction collégiale. Dans les années quatre-vingt, nous avions une gérance regroupée autour de François Michelin. Avec Édouard, nous avions le comité exécutif groupe et le collège des directeurs. C'était vraiment un travail d'équipe. Avec la mise en place des lignes-produits, les responsabilités des patrons de chacune des lignes-produits sont énormes. Je ne dirai pas qu'elles se substituent à celles du gérant, mais je crois que le gérant ne peut pas faire n'importe quoi. » Théoriquement, il le pourrait, mais raisonnablement il est bien obligé de tenir compte de ses plus proches collaborateurs qui, aujourd'hui, sont pour l'essentiel des industriels.

« Je ne suis donc pas très inquiet. Je suis néanmoins convaincu que Michel Rollier ne pourra pas rester très longtemps tout seul[1]. Alors après, qui choisira-t-il ? Aujourd'hui, j'imagine que René Zingraff et François Michelin, même s'ils sont retraités, ont bien dû garder quelques contacts avec l'entreprise et participer à la réflexion et aux conseils. » La succession de Michel Rollier a rassuré. « Autant j'ai senti une inquiétude auprès de certains de mes anciens collègues au moment du décès d'Édouard, autant je les sens aujourd'hui rassérénés. »

Les trois grands groupes Bridgestone, Michelin et Goodyear se

1. Cet entretien a été mené avant la décision de Michel Rollier de nommer deux gérants non commandités pour l'assister dans sa mission de gérant commandité.

partagent à eux seuls 54 % du marché mondial du pneu. Mais les grandes manœuvres dans ce secteur d'activité ne sont certainement pas terminées. L'avis général à Clermont, dans les milieux proches de Michelin, est que, après un an, Michel Rollier a plutôt bien réussi sa prise en main des leviers de commande de la manufacture. Sa formation de financier le pousse naturellement à veiller de près à la compétitivité de la manufacture. Il n'y a pas le choix, car la concurrence est de plus en plus rude. Tandis que Bridgestone a raflé la première place à Michelin en 2005, l'une des récentes illustrations de cette concurrence a été l'alliance, conclue en 1999, entre le Japonais Sumitomo et l'Américain Goodyear. Respectivement sixième et troisième producteurs mondiaux, les deux partenaires ont créé des sociétés mixtes en Europe, en Amérique du Nord et au Japon, avec l'ambition affichée de devenir le leader mondial du pneu.

L'auguste maison Michelin devra-t-elle se résoudre à dégringoler au troisième rang mondial ? La direction a promptement réagi en adoptant le mot d'ordre général que l'on sait sur la réduction des coûts. « Rollier imprime sa marque assez rapidement. Depuis le début de l'été (2006), on assiste à, selon leur langage, une "accélération" de la restructuration, de la maîtrise des coûts », estime le journaliste Manuel Armand. Ces suppressions d'emplois s'accompagneront d'une restructuration industrielle et de regroupements d'usines. En France, la direction du groupe a fermé l'usine de Poitiers et celle de Toul. Celle de Bourges était au bord de la fermeture, mais a finalement été sauvée grâce à une spécialisation dans le pneu pour avions. D'autres petites usines qui n'ont pas la taille critique devront probablement être démantelées. C'est d'ailleurs ce que confirme Michel Rollier, pour qui le critère des usines regroupées de demain sera une production annuelle de 10 millions de pneus chacune, soit 100 000 tonnes par an au minimum[1].

1. *Challenges,* n° 74 du 5 avril 2007.

Conclusion

Qu'il est loin déjà le souvenir des bouillants frères fondateurs et de leur audace ! Lointaine aussi l'époque de ces grandes épopées industrielles et de ces entrepreneurs intrépides animés par le désir de créer et d'oser. Aujourd'hui, confrontées aux dures lois de la dictature de l'économie de marché, les grandes entreprises sont quasi toutes formatées dans un même moule. Priorité à la gestion financière. Dans ce grand tourbillon de la compétition mondiale, dans cette course effrénée aux profits, les impératifs économiques immédiats ont pris le dessus sur la volonté d'entreprendre, le goût du risque et la vision à long terme.

Le Bibendum gardera-t-il sa capacité à « boire l'obstacle » ou bien, face à une concurrence impitoyable, va-t-il au contraire devoir « boire la tasse » ? Pour survivre dans ce monde devenu un grand village où il n'y aura probablement plus la place pour dix fabricants de pneus, l'entreprise va-t-elle être contrainte de poursuivre sa « normalisation » ? Pour alors rejoindre la cohorte des multinationales sans âme et devenir une entreprise comme une autre, au prix de la perte de la spécificité qui est encore la sienne. La guerre des prix, la hausse des coûts des matières premières, la concurrence féroce, un marché devenu toujours plus exigeant, la crise énergétique, la remise en cause de l'automobile sont autant d'embûches sur la route de son développement futur.

On veut souhaiter bonne route au Bibendum au XXIe siècle. Mais, pour préparer l'avenir, les dirigeants de la maison devront constamment garder à l'esprit cette certitude, la seule qu'ils peuvent raisonnablement nourrir, que rien n'est jamais définitivement acquis et que tout est éphémère. Pour éviter de sombrer, il leur faudra nécessairement accepter la remise en question permanente, la poursuite de la lutte pour innover, coûte que coûte. Impossible de s'endormir sur ses lauriers. Encore fleuron du génie inventif de l'industrie française, Michelin devra, mondialisation oblige, poursuivre aussi son internationalisation, afin de rester au plus près des marchés de demain, puisque ceux d'aujourd'hui sont déjà trop étriqués. L'entreprise devra, en outre, continuer sur la voie des restructurations, puisque sa compétitivité est déjà bien écornée.

Question stratégie, la conquête de l'Asie paraît un bon choix, car une bonne partie des marchés en forte croissance s'y trouvent. Mais pourra-t-on y transférer longtemps son savoir-faire et sa technologie sans craindre d'y être copié et doublé par des concurrents locaux qui, un jour, pourraient bien faire aussi bien et moins cher ? Mais Michelin avait-il véritablement le choix ? Que la Chine soit devenue une priorité pour l'entreprise n'est pas surprenant quand on songe qu'en moins de trente ans le marché chinois de l'automobile, pour ainsi dire inexistant en 1980, est devenu le deuxième du monde en 2006, après les États-Unis et avant l'Union européenne[1] ! Quelque 7,22 millions de véhicules ont été vendus en Chine en 2006, dont 5,18 millions de voitures particulières, soit une hausse spectaculaire de 24,3 % si l'on compare à 2005. Incidemment, le groupe PSA a fait le même pari chinois que Michelin : il construit une nouvelle usine géante en Chine. Celle-ci doit ouvrir ses portes en 2009 et aura une capacité annuelle initiale de quatre cent cinquante mille véhicules, à comparer avec deux cent mille véhicules sortis de ses usines chinoises existantes en 2006. Cette nouvelle usine doit devenir l'une des plus grandes de PSA dans le monde. « Le développement du marché chinois est tellement fort qu'il nous faut préparer l'avenir », déclarait en octobre 2006 le président de PSA, Jean-Martin Folz[2]. Mais, déjà, la concurrence en Chine même est rude. Les nombreux

1. Selon les statistiques officielles chinoises.
2. AFP, 27 octobre 2006.

constructeurs chinois et étrangers doivent rogner sur leurs marges pour espérer rester dans la course. Il en va exactement de même pour l'industrie du pneu. Michelin et Peugeot, même combat !

En attendant, la mutation du géant Michelin se voit déjà à Clermont-Ferrand. De l'usine historique de la place des Carmes, qui vit les débuts de Michelin au XIXe siècle, il ne reste plus guère qu'une cheminée en brique et des immeubles de bureaux. Les ateliers ont disparu. La production s'est arrêtée sur le site des Carmes qui n'abrite plus aujourd'hui que le siège social de la manufacture. « On ne produit plus rien ici, il n'y a plus que des cadres, mais on continue à dire usine[1] », dit André Malet, directeur des sites de Clermont. La délocalisation se poursuivant à grande allure, Michelin n'emploie plus que treize mille sept cents personnes dans les sites du Puy-de-Dôme. Il y a trente ans, 80 % des employés dans ces usines auvergnates étaient des ouvriers. Aujourd'hui, du fait des délocalisations et des suppressions de postes, les deux tiers sont des administratifs, des cadres ou des chercheurs. Michel Rollier a lancé un avertissement clair en septembre 2006 : « La compétitivité des usines européennes reste insuffisante. » Michelin devra réaliser quelque vingt mille départs à la retraite d'ici 2010, selon la feuille de route laissée par Édouard. Combien seront remplacés ? La question est posée.

Il n'y a donc plus de place pour les capitaines d'industrie et les flibustiers du pneu chez Michelin et ses concurrents. Cette époque est terminée. Pour prendre leur place, il y en a, en revanche, pour les gestionnaires rigoureux et les contrôleurs financiers, penchés sur les comptes d'exploitation et leurs « business plans ». De la faculté de l'entreprise à s'adapter aux exigences du monde tel qu'il va dépend pour une bonne part l'avenir de la saga Michelin. À défaut de pouvoir assurer la modernisation constante du groupe, la dynastie du Bibendum pourrait très bien connaître une fin définitive. Ce serait là un coup de tonnerre dans l'univers industriel français. Nous n'en sommes pas (encore) là.

1. *Libération,* 9 février 2007.

Bibliographie

BARRIÈRE, Antoine, *Michelin vu de l'intérieur, ce que j'ai vécu de 1950 à 1961*, Créer, 1983.

BLETTERIE, *Michelin – Clermont-Ferrand capitale du pneu, 1900-1920*, Éd. de Livry, juin 1981.

BONNET, Olivier, et GAZAGNES, Philippe, *Sur les traces de Michelin*, Éd. du Miroir, 2002.

CHAMPEAUX, Antoine, *Michelin et l'Aviation 1896-1945 : patriotisme industriel et innovation*, Lavauzelle, 2006.

DARMON, Olivier, *Le Grand Siècle de Bibendum*, Hoëbeke, 1997.

DUHAMEL, Marina, *Un demi-siècle de signalisation routière*, Presses de l'École nationale des Ponts et chaussées, Dunod, 1994.

DUPASQUIER, Pierre, *40 Ans de passion en sports mécaniques, le pneu X Michelin en compétition*, Éd. Textuel, 2007.

ÉCHEVIN, Pol, *Échec au roi, Charles Tissier, 40 ans de combats*, Les Éditions ouvrières, 1985.

GHOSN, Carlos, et RIÈS, Philippe, *Citoyen du monde*, Grasset, 2003.

GONZALEZ, Pierre-Gabriel, *Michelin et sa ville. Je t'aime moi non plus*, L'Ecir, 2007.

GUESLIN, André (dir.), *Michelin, les Hommes du pneu*, Les Éd. de l'Atelier, 1993.

JEMAIN, Alain, *Michelin, un siècle de secrets*, Calmann-Lévy, 1982.

L'Épopée Bibendum, une entreprise à l'épreuve de l'histoire, Privat, 2002.

LEMAIRE-DARNAUD, Jocelyne, *Paroles de Bibs*, film disponible en DVD, coproduction Jocelinéaste/Bac Films, disponible sur mailto : jocelineaste@gmail.com.

LOTTMAN, Herbert, *Michelin, 100 Ans d'aventures*, Flammarion, 1998.

MICHELIN, François, avec Ivan Levaï et Yves Messarovitch, *Et pourquoi pas ?*, Grasset, 1998.

MIQUEL, René, *Dynastie Michelin*, La Table ronde, 1962.

Table

RÉALISATION : IGS-CP À L'ISLE-D'ESPAGNAC
IMPRESSION : NORMANDIE ROTO IMPRESSION S.A.S. À LONRAI
DÉPÔT LÉGAL : JANVIER 2008. N° 91036 (073599)
IMPRIMÉ EN FRANCE